학교자율시간

과목 활동 바이블

2022 개정 교육과정 기반, 교육과정 설계부터 운영, 노하우까지

학교자율시간
과목 활동
바이블

초판 1쇄 발행 2024년 10월 28일
3쇄 발행 2025년 5월 21일

지은이 유영식, 권성희

펴낸이 이형세
펴낸곳 테크빌교육㈜
테크빌교육 출판 서울시 강남구 언주로 551, 5층 | **전화** (02)3442-7783 (333)

편집 한아정 | **디자인** 어수미

ISBN 979-11-6346-193-7 03370
책값은 뒤 표지에 있습니다.

테크빌교육 채널에서 교육 정보와 다양한 영상 자료, 이벤트를 만나세요!

블로그 blog.naver.com/njoyschoolbooks   **페이스북** facebook.com/teacherville
인스타그램 @tkvl_b   **티처빌** teacherville.co.kr
쌤동네 ssam.teacherville.co.kr   **티처몰** shop.teacherville.co.kr

교육과정 설계부터 운영, 노하우까지

학교자율시간
과목 활동
바이블

노하우 TIP

과목, 활동 운영

학교자율시간 설계

유영식 · 권성희 지음

테크빌교육

새로운 교육과정의 키워드는 학습자 주도성과 이를 위한 교육과정 자율성 확보
라 할 수 있다. 이를 위해서는 기존의 교과 교육만으로 채워지는 교육과정이 아
닌 학습자 특성에 맞는 맞춤형 교육을 할 수 있는 빈 공간(空間)이 필요하다. 이
빈 공간이 바로 학교자율시간이다. 학교자율시간은 교사를 지금까지 주어진 교
육과정을 소비하는 소비자 역할에서 교육과정을 생산할 수 있는 생산자로서의
역할을 할 수 있도록 한다. 교육과정 생산자로서의 역할이라 함은 기존 과목과
같은 하나의 개별적이고 독립적인 교육과정을 교사가 주체가 되어 만들어 내는
것을 의미한다. 물론, 과거에도 교육과정 재구성이나 주제 중심 교육과정, 프로
젝트 교육과정 등의 실천이 있었지만 이는 교과 시수라는 행정적 테두리와 교과
성취기준이라는 내용적 테두리 안에 갖춰서 이루어져 왔던 한계가 있었다. 그러
나 학교자율시간은 교과 시수 안에서 이루어지는 것이 아닌 학교자율시간 과목
과 활동을 위한 자체 시수를 부여받고, 성취기준을 개발할 수 있는 사실상 온전
한 독립적인 과목의 지위를 부여받았다.

이러한 독립적인 성격의 과목이나 활동 설계를 위해서는 교사들에게 교육과정 문해력을 바탕으로 학생 특성을 담아낸 교육과정 설계 역량이 요구된다.

　이 책은 새롭게 도입되는 학교자율시간 과목과 활동을 위해서 필요한 교육과정 설계 방법과 운영 방안을 2022 개정 교육과정 정책에 참여하고 실제 실천해 왔던 내용을 중심으로 구성하였다. 설계 방법은 필자가 2022 개정 교육과정 총론 설정 연구부터 2022 개정 교과 교육과정 개발인 각론 조정 연구에 참여하면서 과목이 되기 위한 교육과정 개발 노하우를 담아내 작성하였고 운영 방안은 2022 개정 교육과정 정책 연구학교 주무 담당자로서 실제 과목을 개발하고 운영해 온 경험과 실제 과목을 개설해 왔던 학교들을 컨설팅해 왔던 사례를 바탕으로 다음의 내용들로 구성하였다.

　1장에서는 학교자율시간의 의미와 필요성에 대하여 제시하였다. 2장에서는 학교자율시간을 위해 갖추어야 할 교육과정에 대한 내용을 제시하여 교사들이 학교자율시간 운영을 위한 교육과정 문해력을 다질 수 있도록 하였다. 3장에서는 학교자율시간 과목과 활동을 위한 설계 방법들을 목표부터 평가까지 수록하였다. 4장에서는 학교 현장에서 과목과 활동 개발을 위해서 필요한 다양한 주제의 내용체계와 성취기준을 제시하였다. 5장에서는 학교자율시간을 실제로 운영할 교사들에게 운영 노하우와 질의 응답 사항을 정리한 내용을 수록하여 학교자율시간을 원활하게 운영할 수 있는 방안을 제시하였다.

차 례

 Part **학교자율시간이란 무엇인가**

Part **학교자율시간을 위한 교육과정 기초 다지기**

Part 3 학교자율시간, 과목과 활동 설계하기

Part 4 학교자율시간의 뼈대, 내용체계와 성취기준 뱅크

학교자율시간 운영 노하우

Part

학교자율시간이란
무엇인가

학습자 주도성과 학교자율시간

국가 교육과정인 2022 개정 교육과정과 OECD 2030 프로젝트, IB학습자상 모두 학습자 주도성(Student agency)을 강조한다. 빠르게 변화하는 대전환의 시대에 학습자 주도성은 미래교육의 초점이라고 볼 수 있다. 학습자 주도성(agency)은 세계에 능동적이고 주도적으로 참여하면서 다른 사람과 주변 환경에 긍정적인 영향을 미치는 책임감을 내포하는 개념으로서, 주도성을 갖는 사람이란 목표를 설정하고 그에 맞는 행동을 설계할 줄 아는 능력을 갖는 것을 의미한다. 이를 위해 교육과정은 학생들을 동기화시키고 그들이 가진 이전 지식, 기능, 태도 및 가치를 인식하고, 학생의 주변으로부터 설계되어야 한다(2021, 교육부). 그러나 지금까지 대한민국의 교육과정은 앞에서 언급한 교육과정을 구현할 환경이 갖추어지지 않았다. 엄격한 국가 교육과정의 편제와 시수 체제하에서 학습자가 주도성을 발휘할 수 있는 공간이 부여되지 않았기 때문이다. 즉, 의무적으로 이수해야 하는 교과와 시수 그리고 이를 꽉 채우고 있는 수많은 교과 내용들은 학생 맞춤형 교육 내용들로 주도적인 교육을 할 수 있는 공간을 허용하지 않았다.

주도성을 발휘할 공간이 없는 교육과정 편제

국어	수학	사회	과학	도덕	음악	미술	영어	체육	실과

그러나 새로운 국가교육과정인 2022 개정 교육과정은 학습자 주도성을 위한 '학교자율시간'이라는 공간을 허용해 주었다.

주도성을 발휘할 공간이 있는 교육과정 편제

학습자 주도성을 위한 공간

국어	수학	사회	과학	도덕	음악	미술	영어	체육	실과	학교자율시간

학생들에게 주도성을 키워 줄 수 있는 교육을 하기 위해서는 이들에게 꼭 맞는 맞춤형 교육내용이 전제되어야 한다. 학습 내용이 학생들의 삶과 밀접한 관련이 있어야 하고, 배운 내용을 바로 삶 속에 투영하여 학생 스스로의 주도적인 생각을 만들어 줄 수 있어야 한다. 이를 위해서는 교과 교육이라는 체제를 벗어난 새로운 공간이 필요하다. 물론 과거에도 프로젝트 교육과정을 통하여 이를 구현하려 하였지만, 교과 성취기준 이수라는 압박에 성취기준 틀 안에서 움직이는 교육과정으로 주도성을 키우는 교육과정이라기에는 한계가 있었다. 그러나 학교자율시간은 교과와 성취기준이라는 압박에서 벗어난, 새로운 캔버스 같은 공간을 제공한다. 이는 학교 교육과정에 허용된 새로운 공간으로 학습자 주도성을 위한 시간으로 연결될 것이다.

교사 주도성과
학교자율시간

학교자율시간의 도입은 '주어진 교육과정'에서 '만들어 가는 교육과정'으로의 실질적인 전환을 의미한다. 학교 교육과정은 교사, 학생, 학부모가 상호작용하여 함께 만들어 가는 과정임을 인식하고 교사는 주어진 교육과정을 단순 실행하는 것에서 벗어나 교육과정 개발자 혹은 설계자로서의 역할을 수행해야 함을 시사한다. 또한 이러한 과정에서 학생이 학습목표와 내용, 방법 등을 스스로 결정할 수 있는 기회의 폭을 넓혀 학습자의 주도성과 역량을 기를 수 있다(교육부, 2024a). 이는 학습자 주도성을 키울 수 있는 학교자율시간의 설계와 운영에 교사 주도성이 전제되어야 함을 의미한다. 교사 주도성(Teacher Agency)이란, 교사가 교육과정을 효과적으로 실행하기 위해 자신의 전문적 지식, 기능, 소견을 사용하는 권한을 가져야 한다는 것을 의미하는 개념이다. 이 개념은 교사는 변화의

학습자 맞춤형 교육을 구현할 수 있는 학교자율시간

대상이 아닌 '변화의 주체(agent of change)'이며 교사의 역할을 중앙에서 결정한 것을 전달하고 시행하는 데 한정하지 않고, 교사가 학교 현장의 변화를 주도적으로 이끌어야 한다는 점을 강조한다(OECD, 2018). 교사는 학교의 변화를 주도적으로 이끌기 위해 학생의 특성 및 환경에 대한 이해를 바탕으로 학생에게 가장 적절한 학습 경험을 설계하는 전문성을 발휘할 수 있어야 한다(교육부, 2021).

즉, 학습자 주도성을 위한 학생 맞춤형 교육과정을 한다는 것은 교사가 교육과정의 사용자 역할에 국한될 것이 아니라 교육과정을 만들어 내는 생산자 역할을 부여받는다는 것을 의미한다. 학생들에게 주어진 학교자율시간이라는 새하얀 캔버스 같은 빈 공간을 채우기 위해서는 교사가 교육과정에 대한 주도성을 발휘할 수 있어야 한다.

이 캔버스를 그려 내기 위해서는 첫째, 그동안 정해져 있던 국가 교육과정 편제와 시수를 그대로 사용하는 것이 아니라 학생들에게 꼭 맞는 새로운 편제와 시수를 교사가 주체적으로 새롭게 만들어 내야 한다. 학교자율시간 시수는 기존 교과 시수를 활용하여 확보해 내는 것이기 때문에 학생에게 맞는 시수 편제로 재구조화하는 과정이 전제조건이기 때문이다.

둘째, 시수와 편제가 하얀 캔버스를 채우는 틀을 짜는 과정이었다면 이 빈 공간을 채우기 위해 기존 정해진 교과 내용이 아니라 학생을 둘러싼 다양한 교육자원을 교사의 교육과정으로 담고 엮어 낼 수 있는 과정이 필요하다. 이 과정에서 교사는 학생을 둘러싼 다양한 교육 생태계를 볼 수 있는 눈과 이를 학생에게 맞는 교육과정으로 선별하고 엮어 내는 재량권을 발휘하며 교육과정 개발자의 역할을 하게 되는 것이다.

셋째, 학습자 주도성을 위한 학교자율시간 디자인에는 비단 학교자율시간에 국한된 시수만을 채우는 것이 아니라 기존 교과 교육과정에 대한 재구조화도 필요하다. 학교자율시간 시수를 확보하기 위해서 기존 교과 교육과정 시수를 감축하고 이 시수에 맞추어 교과 교육과정을 운영하기 위해서 교육 내용에 대한 재해석을 바탕으로 교사 주도의 수업 구현이 필요하기 때문이다.

이 세 과정에 앞에서 설명한 교사 주도성이 발휘된다. 즉, 학습자 주도성을 위한 학교자율시간에는 교사 주도성이 전제되어 있다.

학교자율시간의
탄생 배경

학교자율시간은 2022 개정 교육과정 총론의 교육과정 편성 · 운영 기준 중 "학교는 지역과 연계하거나 다양하고 특색 있는 교육과정 운영을 위해 학교자율시간을 편성 · 운영한다."라는 항목에 의거하여 운영해야 한다. 이는 2022 개정 교육과정에서 이루어진 개정의 중점 배경 중 하나인 교육과정 자율화 · 분권화의 요구를 구체적으로 반영하는 것이다. 필자는 2022 개정 교육과정 개정 추진위원으로 참여하면서 다양한 교육 주체들로부터 과거와 같은 말뿐인 교육과정 자율화가 아닌, 구체적이고 물리적으로 자율권을 확보할 수 있는 교육과정 편성 · 운영에 대한 요구가 거센 것을 확인할 수 있었다. 이러한 요구를 반영하여 2022 개정 교육과정은 학교자율시간이라는 교육과정 자율화와 분권화를 실현할 수 있는 물리적 공간을 마련해 주게 된 것이다.

그러나 학교자율시간이라는 교육과정 편성·운영 방식은 새로운 교육과정의 도입에 의해서 급진적으로 적용되는 것은 아니다. 2022 개정 교육과정 이전에도 학교자율시간과 같이 학교 교육과정 운영에 자율권을 주는 교육과정 편성·운영 방식이 일부 시·도 교육청 단위로 운영되고 있었다. 가장 먼저 경기도교육청은 '학교자율과정', 전라북도 교육청은 '학교교과목'이라는 이름으로 교과의 일부 시수를 활용하여 학교에서 기존 교과 틀에 얽매이지 않고 자유로운 교육 내용과 방법을 편성·운영할 수 있도록 시·도 교육청 교육과정 총론에 제시하였다. 경기도교육청과 전라북도교육청 이외에도 충청남도는 '학교자율특색과정', 충청북도는 '학교자율탐구과정', 인천은 '학생중심 자율교육과정', 울산은 '배움성장 집중학년제' 등의 이름으로 학교에 교육과정 자율 편성·운영에 대한 권한을 부여하였다. 또한, 고등학교에서는 수업량 유연화 주간이라는 16+1의 교육과정 운영방식으로 학기 17주 중 1주는 자유로운 수업 내용을 운영하고, 이를 학교생활기록부 개인별 세부능력 및 특기사항들에 기록하는 교육과정을 운영하였다.

그러나 이와 같은 교육과정 자율화 운영방식은 한계점이 존재하였다. 국가교육과정의 편제와 국가교육행정정보시스템(NEIS)이 이를 뒷받침하지 못하기 때문이었다. 교육과정 자율화 운영방식을 먼저 도입한 지역에서는 교과별 20% 증감 규정을 활용하여 자율교육과정을 운영할 수 있는 시수를 확보하고 이를 실제로 수업으로 운영하였지만, 국가교육행정정보시스템(NEIS)에서는 이를 구현해 내지 못하였다. 이로 인하여, 학교에서는 자율 시수를 실제 수업으로 운영하기 위한 실제 수업용 장부, 나이스에 입력하기 위한 또 다른 행정적 장부의 이중 장부로 교육과정 편성·운영에 어려움이 있었다. 또한, 고등학교의 16+1 수업량 유연화 교육과정 운영방식은 고교학점제가 도입되는 2022 개정 교육과정 체제에서는 기준 수업 단위가 16주가 1학점이 되어 물리적으로 17주 중 1주의 수업시수를 확보하는 것이 불가능하게 되었다. 그리고 고교학점제 기반 교육과정 운영 자체가 학생 맞춤형 이수 경로를 설정하는 방식이기 때문에, 결과적으로는 학생 중심으로 교육과정이 개별화되어 편성·운영될 수 있다.

이러한 교육과정 자율화에 대한 학교 실태와 요구를 반영하여 2022 개정 교육과정에서는 초등학교와 중학교에 학교자율시간이라는 새로운 교육과정 편성·운영 기준을 제시하였다. 기존 시·도 교육청에서 운영했던 교육과정 자율화와 같이 교과의 틀에 얽매이지 않고 학교 특색을 반영한 과목이나 활동을 개설하고 이를 국가교육행정정보시스템(NEIS)에도 구현할 수 있게 된 것이다.

학교자율시간을 위한
2022 개정 교육과정 문해력 키우기

학교자율시간을 이해하려면 2022 개정 교육과정의 전체적 맥락을 살펴 보아야 한다. 총론의 맥락을 다음과 같이 구조화하여 표현해 보았다.

2022 개정 교육과정 총론 구조

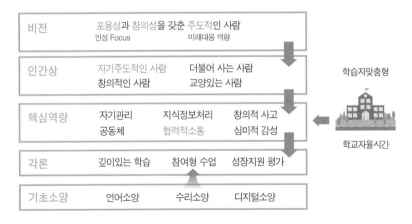

2022 개정 교육과정의 비전은 '포용성과 주도성을 갖춘 주도적인 사람'이다. 이 비전에는 두 가지 포인트가 있는데 첫째, 포용성은 개인의 인성 중에 특히 포용성에 초점을 맞춘 것으로서, 다원화되는 사회에서 포용성이라는 가치의 중요성이 비전으로 설정된 것이다. 또한 빠르게 변화하는 미래사회에 개인에게 필요한 주도성을 구현하기 위해서 4가지 인간상과 6가지 핵심역량이 설정되었다. 그리고 이와 같은 총론의 방향성을 구현해 내기 위해서 교과 각론은 깊이 있는 학습과 학생 참여형 수업을 강조했다. 깊이 있는 학습은 역량 함양을 위한 수업과 학생의 학습 방향성을 제시하였고, 학생 참여형 수업은 몸만 참여하는 단순 활동 중심 수업만이 아닌 생각과 사고가 함께 참여하는 수업을 의미하도록 하였다. 평가에서는 모든 교과에서 결과 중심 평가만이 아닌 과정 중심 평가를 함께 실시하여 학생의 성장을 지원하는 평가를 실시해야 함을 강조했다. 교과 각론은 전 교과에서 구현되는 것이며, 이 교과 학습이 원활하게 이루어지기 위해서는 언어소양, 수리소양, 디지털소양이라는 기초소양이 탄탄하게 갖추어져야 한다고 하며 기초소양이라는 개념을 새롭게 제시하였다. 이와 같은 교육과정 총론과 각론의 방향성은 학교마다 특색에 따라서 다른 방식으로 구현될 것이며, 이는 수업의 내용뿐만 아니라 이를 담아낼 수 있는 물리적 요소인 교과 편제의 다양화도 뒷받침되어야 한다. 이를 반영한 것이 학교자율시간이다. 다양한 방식으로 자율시간 과목과 활동을 편성하기 위한 교과와 창의적 체험활동 시수를 새롭게 편성하고, 학교만의 특색을 담아낼 수 있다.

2022 개정 교육과정 총론에 학교자율시간은 다음처럼 제시되어 있다.

초등학교

3) 학교는 3~6학년별로 지역과 연계하거나 다양하고 특색 있는 교육과
정 운영을 위해 학교자율시간을 편성·운영한다.

　가) 학교자율시간을 활용하여 이 교육과정에 제시되어 있는 교과 외에 새로운
　　과목이나 활동을 개설할 수 있으며, 이 경우 시·도 교육감이 정하는 지침
　　에 따라 사전에 필요한 절차를 거쳐야 한다.
　나) 학교자율시간에 운영하는 과목과 활동의 내용은 지역과 학교의 여건 및
　　학생의 필요에 따라 학교가 결정하되, 다양한 과목과 활동으로 개설하여
　　운영한다.
　다) 학교자율시간은 학교 여건에 따라 연간 34주를 기준으로 한 교과별 및 창
　　의적 체험활동 수업 시간의 학기별 1주의 수업 시간을 확보하여 운영한다.

중학교

3) 학교는 지역과 연계하거나 다양하고 특색 있는 교육과정 운영을 위해
학교자율시간을 편성·운영한다.

　가) 학교자율시간을 활용하여 이 교육과정에 제시되어 있는 교과목 외에 새로
　　운 선택 과목을 개설할 수 있다.
　나) 학교자율시간에 개설되는 과목의 내용은 지역과 학교의 여건 및 학생의
　　필요에 따라 학교가 결정하되, 학생의 선택권을 고려하여 다양한 과목을
　　개설·운영한다.
　다) 학교자율시간은 학교 여건에 따라 연간 34주를 기준으로 한 교과별 및 창
　　의적 체험활동 수업 시간의 학기별 1주의 수업 시간을 확보하여 운영한다.

위 총론을 기준으로 2022 개정 교육과정이 적용되는 시기부터 초등학교와 중학교는 학교자율시간을 운영해야 한다. 이에 대한 구체적인 사항은 다음과 같다.

- 2022 개정 교육과정 해설서 中 학교자율시간 부분

• 초등

학교자율시간 편성 · 운영

학교는 학교자율시간을 반드시 편성 · 운영해야 하며, 운영 학년 · 학기에 관한 사항은 학교장이 시 · 도 교육청 지침에 따라 결정한다. 학교에서는 국가 교육과정에 제시되어 있는 교과 외에 새로운 과목이나 활동을 개설한다. 새로운 과목이나 활동은 관련 교과(군)에 편성하며, 이때 해당 교과(군)는 20% 범위 내에서 시수를 증감하여 편성 · 운영할 수 있다. 단, 체육, 예술(음악/미술) 교과는 기준 수업 시수를 감축하여 편성 · 운영할 수 없다. 또한, 새로운 과목이나 활동을 개설할 때 세부 절차와 방법은 시 · 도 교육감이 정하는 지침에 따른다. '과목'으로 개설할 경우 평가는 편성된 교과(군)에 준하여 시 · 도 교육청의 학업성적관리시행지침에 따라 실시한다.

학교자율시간의 시수 확보 및 운영

학교자율시간은 원칙적으로는 연간 34주를 기준으로 교과별 및 창의적 체험활동 수업 시간 수의 학기별 1주의 수업 시간을 확보하여 학기 단위로 운영한다. 학교자율시간은 실제 교육과정을 운영하는 시간을 기준으

로 각 학년에서 편성한 '총 수업 시간 수'에 따라 편성한다. 예를 들어, 초등학교 3~4학년의 학교자율시간 운영 시수는 다음과 같이 확보할 수 있다. 초등 3~4학년은 학기당 29시간, 5~6학년은 각 32시간의 학교자율시간을 운영할 수 있다. 학교자율시간 확보를 위하여 운영 시수의 순증도 가능하며, 시수 확보 과정에서 특정 과목이나 영역의 시수가 지나치게 줄지 않도록 유의하여 균형 있는 학습이 이루어질 수 있도록 한다. 이렇게 확보된 학교자율시간은 특정 월이나 주에 집중적으로 운영하거나, 학기 내에 분산 운영할 수 있다.

• 중등

학교자율시간 편성 · 운영

학교자율시간의 운영 학년 · 학기에 관한 사항은 시 · 도 교육청의 지침에 따라 학교장이 결정하되, 한 학기 이상 반드시 편성 · 운영한다. 학교자율시간의 운영 시수는 연간 34주를 기준으로 교육과정을 편성할 때 교과별 및 창의적 체험활동 수업 시간의 학기별 1주의 수업 시간이며, 이를 학기 단위로 편성 · 운영하도록 한다. 그리고 교과(군)별 및 창의적 체험활동의 시수는 20% 범위 내에서 증감할 수 있으므로, 학교자율시간을 교과(군)에 편성할 때도 교과(군)별 증감 범위와 기준에 따라 편성해야 한다. 즉, 학교자율시간 과목의 시수는 관련 교과(군) 시수의 20% 범위 내에서 확보하여 운영할 수 있다. 이때, 특정 교과 및 창의적 체험활동 영역에서 학교자율시간 시수 확보를 위해 지나치게 시수를 감축하게 되면 해당 교과 및 활동에서 요구하는 학습을 저해할 수 있으므로, 학습이 균형 있게 이루어지도록 유의하며 학교자율시간을 편성해야 한다.

또한 교과(군)별 시수의 20% 범위 내 '감축' 운영 지침의 경우 체육, 예술(음악/미술) 교과(군)에는 적용할 수 없으므로, 학교자율시간을 편성할 때도 체육, 예술(음악/미술) 교과(군)의 기준 수업 시수를 감축하여 운영하지 않도록 주의해야 한다. 즉, 학교자율시간을 통해 체육, 예술(음악/미술) 교과(군)과 관련된 새로운 선택 과목을 개설하여 운영하여도 해당 교과(군)의 기준 수업 시수인 272시간 미만으로 감축하여 운영할 수 없다. 학교자율시간 시수 확보 및 편성 방안과 관련하여 시·도 교육청별로 구체적인 지침을 제공할 수 있으므로, 소속 시·도 교육청의 교육과정 편성·운영 지침이나 안내 자료 등을 확인해야 한다.

[예] 〈○○중학교의 학교자율시간 편성·운영 시수〉

○○중학교는 총 수업시수 3,366시간이므로 연간 34주 기준으로 학기별 1주 수업량은 33시간임. 따라서 학교자율시간은 한 학기에 33시간을 편성·운영함.

학교자율시간 시수	시수
교과와 창의적 체험활동의 3년간 총 시수	3,366시간
교과와 창의적 체험활동의 연간 총 시수	1,122시간
교과와 창의적 체험활동의 연간 주당 평균 수업 시수	66시간 (1,122시간÷17주)
교과와 창의적 체험활동의 학기별 주당 평균 수업 시수	33시간

- 학교자율시간 편성 운영 방식(초중 공통 사항)

– 학교자율시간 해당 학년, 학기

　초등학교(3~6학년), 중학교(1~3학년) 내 한 학기 이상 편성·운영
　(매 학년, 매 학기 편성 가능)

　학교의 여건에 따라 3~6학년 중 필요로 하는 학년이나 학기를 중심으
　로 편성 가능

　※ 단, 1,2학기 분산운영 불가(예, 생태과목 29시간을 1학기 19시간,
　2학기 10시간으로 분산하여 운영 불가)

– 시간운영 방법

유형	편성방식	비고
지속형	매주 학교자율시간의 시수 활용	- 매주 시수 활용 시 과목(활동) 운영의 지속성과 안정석 확보 가능 - 교과 간 융합 과목(활동)의 개설 운영에 용이
집중형	학기 초, 학기 중, 학기 말에 집중적으로 학교자율시간의 시수 활용	- 학교의 필요에 따라 유휴 시간에 활용 가능 - 과목(활동)의 특성에 따라 집중적인 학습 가능
혼합형	지속형과 집중형의 혼합	- 일정 기간 '지속형'으로 학교자율시간 운영 후 학기

– 평가

학교자율시간을 '과목'으로 편성하는 경우, 편성된 교과(군)의 평가 방식
에 준하여, 시·도 교육청의 학업성적관리 시행지침에 따라 실시해야 함.

출처: 2022 개정 교육과정 톺아보기

이상의 2022 개정 교육과정 총론과 해설서 내용을 종합해 보면 학교 자율시간에 대한 운영 방법을 다음과 같이 정리할 수 있다(유영식, 2023).

	초등학교	중학교
운영방식	과목 혹은 활동	과목
운영학년	3~6학년 내 한 학기 이상 운영	1~3학년 내 한 학기 이상 운영
	※ 구체적인 적용 학년과 학기는 시·도 교육청별로 상이할 수 있음.	
학기당 시수	학교자율시간 학기당 시수 = 해당 학년 총 시수 ※ 위 시간은 총 시수를 기준시수로 편성 시 학기당 자율시간임. 학년 총 시수를 순증하여 운영할 경우 (예: 총 시수÷34=29.xx) 학교자율시간을 29시간이나 30시간 두 가지 모두로 운영할 수 있음.	
시수 편성 시 유의사항	과목이나 활동은 관련 교과(군)에 편성하며, 이때 해당 교과(군)는 20% 범위 내에서 시수를 증감하여 편성·운영할 수 있음. 단, 체육, 예술(음악/미술) 교과는 기준 수업 시수를 감축하여 편성·운영할 수 없음.	
운영 시 유의사항	1, 2학기 분산운영 불가(예: 생태과목 29시간을 1학기 19시간, 2학기 10시간으로 분산하여 운영 불가)	

학기당 시수 표:

초3	초4	초5	초6	중학교
29시간	29시간	32시간	32시간	33시간

이는 국가 수준에서 제시한 학교자율시간의 기본 방침으로, 이를 실제 학교과 학년 교육과정에 적용하기 위해서는 세부 사항들에 대한 자세한 이해가 필요하다. 학교자율시간을 운영하기 위한 교과(군)과 과목, 편제 방식에 대한 사항들을 다음 장에 자세히 제시하였다.

과목과 활동,
무엇이 다른가?

학교자율시간을 적용하기 위해서는 우선 과목과 활동의 차이점을 알아야 한다. 초등학교의 경우 과목과 활동을 선택하여 운영할 수 있기 때문에 둘의 차이점을 확인하고 학교 실태에 적합한 방식으로 운영할 수 있어야 한다. 중학교는 학교자율시간을 과목으로만 운영해야 하기 때문에 과목의 요건을 면밀하게 살펴보아야 한다.

구분	과목	활동
절차	· 고시 외 과목 신설[1] 승인 · 기개발 과목 사용[2] (시행 학기 시작 전)	· 활동 사전 승인 (시행 학기 시작 전 학교운영위원회 심의)
교육 자료	· 인정도서 · 학습자료	· 학습자료 · 학습자료 미활용 가능

특징	· 학교에서 신설과목 승인 신청
	· 조건부 승인 절차에 따라 인정
	  도서 승인과 동시에 진행
	· 심사 절차에 의해 승인 또는
	  미승인
	· 과목 승인 후 나이스 과목 등재
		· 학교 자체로 유연하게 구성 가
		  능하나 목표, 활동 내용, 성취
		  기준, 평가 방향 등에 대한 계
		  획은 사전 수립

승인	교육감	학교장

❶ 신설 과목: 국가 교육과정에 제시되어 있는 과목 외에 새로운(고시 외) 과목을 개발하는 경우

❷ 개설 과목: 시·도 교육청 승인 과목을 학교 교육과정에 편성하여 사용하고자 하는 경우

출처: 대구광역시교육청 학교자율시간 운영 지침

위 표는 학교자율시간 과목과 활동을 행정적으로 구분했을 때 차이점을 확인할 수 있다. 우선 과목은 두 가지 종류로 운영할 수 있다. 첫 번째는 과목 신설로 학교에서 자체적으로 과목을 개발하여 승인을 받는 것이다. 두 번째는 과목 사용으로 시·도 교육청에서 기개발된 승인 과목을 사용하여 학교자율시간 과목을 운영하는 방식이다. 이 중 과목을 개발하는 첫 번째 방법은 시·도 교육청에 과목 승인 신청을 하여 교육감의 승인을 받아야 한다. 활동의 경우 과목과는 다르게 학교장 자체 승인으로 과목보다는 절차가 간소하다. 또한 과목의 경우 인정도서를 활용할 수 있다. 인정도서의 경우 교육내용이 학교 교육공동체가 주체가 되어 개발한 것이 아니기 때문에, 학교 특색 교육을 하는 학교자율시간의 취지와 맞지 않을 수 있다. 물론 디지털AI 등 특정 교육주제를 과목으로 선정할 경우 인정도서를 활용할 수 있지만, 학생 삶과 연계된 교육을 주제

로 할 경우 인정도서보다는 학교에서 자체개발한 학습자료를 활용할 수도 있다. 학교자율시간은 지역특색을 살리고, 학생의 선택을 강화한 교육이 주가 되기 때문에 기존의 학교와 관련 없는 외부 주체가 개발한 자료보다는 학교 자체에서 개발한 학습자료가 필요한 경우가 많을 것이다. 이 경우 학교운영위원회 자체 심의로도 학교에서 자체 개발한 학습자료를 학교자율시간에 사용이 가능하기 때문에 기존의 인정도서를 활용하는 것보다 절차도 비교적 간단하다.

  앞에서 설명한 내용을 표로 정리하여 학교자율시간에 이루어지는 과목(자체 개발과 기승인 과목 사용)과 활동 그리고 인정도서의 활용 유무에 따라 다음 표와 같이 분류할 수 있다.

학교자율시간 운영의 구분

유형		내용
학교자율시간 '과목' 신설	인정 도서 미개발	- 교과용 도서 없이 교수 · 학습 자료로 운영 - 기존 개발 도서(시중 유통 도서 포함)를 활용하여 운영
	인정 도서 개발	- 고시 외 교과목 인정 도서 　(승인 신청교 자체 개발 및 교육청 개발 도서) ※ 현재까지 승인된 적이 없는 신설 과목, 　도서명＝과목명

학교자율시간 '과목' 사용	인정 도서 사용	타 시·도 교육청에서 승인된 과목의 인정도서를 함께 사용(인정도서명= 과목명, 시·도 교육청 기승인 도서)
	인정 도서 미사용	타 시·도 교육청에서 승인된 과목이 인정도서가 아닌 학습자료를 활용하여 승인받은 경우(승인받은 과목의 학습자료를 활용하는 경우)
학교자율시간 '활동' 신설		– 교과용 도서 없이 교수·학습 자료 개발 – 교수·학습 자료 없이 활동 운영 가능 – 인정도서 사용도 가능

과목이나 활동 모두 하나의 교육과정이기 때문에 목표—내용—방법—평가의 교육과정 틀을 갖추어 개발할 필요가 있다. 이때 과목은 하위 영역 설정이나 내용체계 개발이 활동에 비해서 논리적이고 체계적으로 구성할 필요성이 있다. 실제 과목은 국가 교육과정 성취기준 이외 새로운 성취기준을 개발하여서 운영해야 하지만, 활동의 경우는 기존 국가교육과정 성취기준을 학교자율시간 주제 맥락에 맞추어 재구조화하는 방식으로도 운영할 수 있기 때문이다.

따라서 과목과 활동을 선택하여 운영할 수 있는 초등학교에서는 기존에 특색교육을 체계적으로 진행해 왔고 학습자료 또한 갖추어져 있다면, 과목으로 학교자율시간 운영을 시작해 볼 수 있지만, 교육과정 재구성 경험이 없는 교사들의 비율이 높거나 특색 있는 교육과정 운영이 이루어지고 있지 않다면 먼저 활동으로 학교자율시간을 시작해 보고 이를 바탕으로 세부 영역을 설정하고 내용체계와 성취기준을 가다듬은 후 차년도에 과목으로 전환하여 운영할 수 있다.

학교자율시간을 위한
교과와 과목 이해하기

학교자율시간은 적용하는 학년의 편제 안에 담아야 한다. 이를 위해서는 우선 2022 개정교육과정 총론 해설서에 제시된 다음 문구의 의미를 이해할 수 있어야 한다.

> 새로운 과목이나 활동은 관련 교과(군)에 편성

이 문구에는 과목, 교과라는 단어가 제시되어 있다. 이 두 용어의 차이점은 다음 퀴즈의 답을 찾아보면, 명확하게 구별할 수 있을 것이다.

Quiz
다음 중 교과는? ① 문법 ② 화법 ③ 국어 ④ 작문

네 가지 보기 중 교과는 국어이고 과목은 문법, 화법, 작문이다. 즉, 교과는 과목보다 상위 개념임을 확인할 수 있다. 교과에 대한 정확한 개념은 〈초·중등 교육법〉 시행령 43조에 다음과 같이 명시되어 있다.

제43조(교과) ①법 제23조제4항에 따른 학교의 교과는 다음 각 호와 같다.

1. 초등학교 및 공민학교 : 국어, 도덕, 사회, 수학, 과학, 실과, 체육, 음악, 미술 및 외국어 (영어)와 국가교육위원회가 필요하다고 인정하는 교과
2. 중학교 및 고등공민학교 : 국어, 도덕, 사회, 수학, 과학, 기술·가정, 체육, 음악, 미술 및 외국어와 국가교육위원회가 필요하다고 인정하는 교과
3. 고등학교 : 국어, 도덕, 사회, 수학, 과학, 기술·가정, 체육, 음악, 미술 및 외국어와 국가교육위원회가 필요하다고 인정하는 교과
4. 특수학교 및 고등기술학교 : 국가교육위원회가 정하는 교과

출차: 초·중등 교육법 시행령

다음 표를 보면 교과와 과목에 대한 이해가 명확해질 것이다. 국어 교과 밑의 공통국어 1, 2와 화법과 언어, 문학, 독서 토론과 글쓰기 등이 과목에 해당하는 것이다.

교과와 과목 구분

교과 (군)	공통 과목	선택 과목		
		일반 선택	진로 선택	융합 선택
국어	공통국어1 공통국어2	화법과 언어, 독서와 작문, 문학	주제 탐구 독서, 문학과 영상, 직무 의사소통	독서 토론과 글쓰기, 매체 의사소통, 언어생활 탐구
수학	공통수학1 공통수학2 기본수학1 기본수학2	대수, 미적분Ⅰ, 확률과 통계	기하, 미적분Ⅱ, 경제수학, 인공지능 수학, 직무 수학	수학과 문화, 실용통계, 수학과제 탐구
영어	공통영어1 공통영어2 기본영어1 기본영어2	영어Ⅰ, 영어Ⅱ, 영어 독해와 작문	영미 문학 읽기, 영어발표와 토론, 심화 영어, 심화 영어 독해와 작문, 직무 영어	실생활 영어 회화, 미디어 영어, 세계문화와 영어
사회 (역사/ 도덕 포함)	한국사1 한국사2 통합사회1 통합사회2	세계시민과 지리, 세계사, 사회와 문화, 현대사회와 윤리	한국지리 탐구, 도시의 미래 탐구, 동아시아 역사 기행, 정치, 법과 사회, 경제, 윤리와 사상, 인문학과 윤리, 국제 관계의 이해	여행지리, 역사로 탐구하는 현대 세계, 사회문제 탐구, 금융과 경제생활, 윤리문제 탐구, 기후변화와 지속가능한 세계
과학	통합과학1 통합과학2 과학탐구실험1 과학탐구실험2	물리학, 화학, 생명과학, 지구과학	역학과 에너지, 전자기와 양자, 물질과 에너지, 화학 반응의 세계, 세포와 물질대사, 생물의 유전, 지구시스템과학, 행성우주과학	과학의 역사와 문화, 기후변화와 환경생태, 융합과학 탐구

위 표를 참고하여 학교자율시간에서 개설하는 과목이나 활동이 어떤 교과와 가장 가까운지를 확인할 필요가 있다. 자율시간에 이루어질 과목이나 활동의 주제, 목표, 내용 등을 종합적으로 고려하여 가장 관련이 깊은 교과(군)으로 편성을 해야 한다. 과목으로 개설하는 것뿐만 아니라 활동의 경우도 개설하고자 하는 활동주제, 수업내용이나 방법 등을 고려하여 관련도가 높은 교과(군)에 편성을 해야 한다.

중학교 학교자율시간 과목 편성(예)

구분		교과	과목
교과(군)	국어	국어	국어
			생활 속 문학 학교자율시간
	사회(역사 포함)/도덕	사회	사회
		역사	역사
		도덕	도덕
	수학	수학	수학
	과학/기술·가정/정보	과학	과학
		기술·가정	기술·가정
		정보	정보
	체육	체육	체육
			생활스포츠의 이해 학교자율시간
	예술(음악/미술)	음악	음악
		미술	미술
	영어	영어	영어
	선택	한문	한문
		보건	보건

출처: 교육부(2024b), 2022 개정 교육과정 톺아보기(중학교)

이 예시를 참고하면 학교자율시간으로 개설하는 〈생활 속 문학〉의 경우 국어 교과와 관련된 내용이기 때문에 국어 교과에 편재되었다. 편성표를 분석하면 국어 교과 속 과목은 〈국어(고시 과목)〉와 〈생활 속 문학

(학교자율시간 활용 고시 외)〉이 되는 것이다. 〈생활스포츠의 이해〉도 내용
상 체육교과와 관련된 내용이기 때문에 체육 교과에 편재되어 있다. 이
경우 체육 교과에 〈체육(고시 과목)〉과 〈생활스포츠의 이해(학교자율시간
활용 고시 외)〉 과목이 되는 것이다.

이를 참고하여, 다음의 경우 개설하고자 하는 과목이나 활동이 '책과
함께', '민주시민', '디지털AI' 등과 같은 경우 어떤 교과(군)에 편성을 할
지 생각해 보자.

교과(군)	국어	사회/도덕	수학	과학/실과	체육	예술 (음악/미술)	영어
과목							

책과 함께 / 생활수학 / 신체놀이 / 민주시민 / 생태 / 여행영어 / 뮤지컬 / 마을의 이해 / 디지털AI

다음과 같이 과목이나 활동을 관련 교과(군)에 편성할 수 있다.

교과(군)	국어	사회/도덕	수학	과학/실과	체육	예술 (음악/미술)	영어
과목	책과 함께	민주시민 마을의 이해	생활수학	생태 디지털AI	신체놀이	뮤지컬	여행영어

학교자율시간,
시수 산출 원리

학교자율시간은 2022 개정 교육과정 총론 다음 문구에 의거하여 운영하는 시간이 설정된다.

> 학교자율시간은 학교 여건에 따라 연간 34주를 기준으로 한 교과별 및 창의적 체험활동 수업 시간의 학기별 1주의 수업 시간을 확보하여 운영한다.

총론에 제시되어 있는 이 문장의 주요 어휘들을 다음과 같이 분석하여 볼 수 있다.

연간 34주 : 교과와 창의적 체험활동의 교육과정이 연간 34주를 기준으로 설정되어 있음을 의미함.

교과별 및 창의적 체험활동 수업 시간 : 해당 학년도에 편성되는 모든 교과와 창의적 체험활동의 총 수업 시수를 의미함. 즉 학교자율시간이 적용되는 학년의 해당 학년도 총 수업 시수에 해당함.

학기별 : 학교자율시간은 학기 단위로 운영한다는 것을 의미함.

학기별 1주의 수업 시간을 확보하여 운영 : 교과와 창의적 체험활동 교육과정이 연간 34주이면, 한 학기는 절반인 17주로 설정된다. 학교자율 시간은 한 학기 17주 중 1주의 수업 시간을 확보하여 설정한다는 것을 의미함.

학교자율시간 학기별 시수 산출

학교자율시간은 연간 32주를 기준으로, 한 교과별 및 창의적 체험활동 수업 시간의 학기별 1주의 수업시간을 확보하여 운영

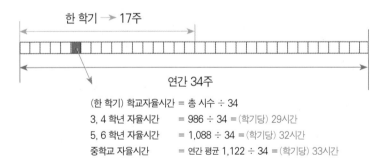

한 학기 → 17주

연간 34주

(한 학기) 학교자율시간 = 총 시수 ÷ 34
3, 4 학년 자율시간　　 = 986 ÷ 34 = (학기당) 29시간
5, 6 학년 자율시간　　 = 1,088 ÷ 34 = (학기당) 32시간
중학교 자율시간　　　 = 연간 평균 1,122 ÷ 34 = (학기당) 33시간

앞서 설명한 학교자율시간 총론 시수 관련 문장과 설명을 조합하여 앞의 그림과 같이 연결하여 나타낼 수 있다. 초 · 중학교 교과와 창의적 체험활동의 연간 기준시수는 34주를 기준으로 설정된다. 이 중 학교자율시간은 학기를 기준으로 산정되기 때문에 연간 34주의 1/2인 17주를 기준으로 1주를 산출하여 시수가 산정된다. 이는 앞의 그림으로 연결해 보면 연간 총 시수에 해당하는 34칸(34주) 중 1칸(1주)이 한 학기에 운영하는 학교자율시간의 양임을 알 수 있다. 이를 시수로 환산하여 계산하면 연간 34주는 총 시수를 의미하며, 이 중 1주가 자율시간이기 때문에, 학교자율시간을 적용하는 공식은 해당 학년도의 (총 시수) ÷ 34를 하면 해당 학년도 한 학기 학교자율시간 시수가 산출되는 것이다. 학교가 국가교육과정의 해당 학년도 기준 시수를 그대로 적용한다고 하였을 때 초등학교 3, 4학년은 학기당 학교자율시간이 각각 29시간, 5, 6학년은 각각 32시간이 되는 것이다. 중학교는 3년 총 시수가 3,366시간인데, 이를 한 학년의 평균 총시수로 계산하면 1,122시간이 된다. 이 시수에 34를 나누면 33시간이 되고, 이 시간이 한 학기에 운영하는 학교자율시간 시수가 되는 것이다. 물론 학교가 국가교육과정 기준시수가 아닌 순증을 할 경우 자연히 학교자율시간은 늘어날 것이다. 학기를 기준으로는 이와 같이 초 3, 4학년– 29시간, 초 5, 6학년– 32시간, 중 – 33시간 내외가 산출되지만, 만약 학교가 한 학년에서 학교자율시간을 1, 2학기 모두 편성 · 운영할 경우 초 3, 4학년– 29시간×2개 학기= 58시간, 초 5, 6학년– 32시간×2개 학기= 64시간, 중– 33시간×2개 학기= 66시간이 된다.

학교자율시간
팩트 체크 4

① 학교자율시간, 최소 1개 학기 이상 운영

학교자율시간은 초등학교 3~6학년과 중학교 1~3학년에 적용된다. 그러나 이는 적용가능 학년을 의미하는 것이지, 모든 학년이 학교자율시간을 전부 운영해야하는 것은 아니다. 교육부 기준 운영 조건은 학교에서 최소 한 개 학기 이상 학교자율시간이 운영되고 있으면 되는 것이다.

초등	3-1	3-2	4-1	4-2	5-1	5-2	6-1	6-2
	위 8개 학기 중 최소 한 개 학기 이상 학교자율시간 운영							
중등	1-1		1-2		2-1		2-2	3-1	3-2
	위 6개 학기 중 최소 한 개 학기 이상 학교자율시간 운영							

단, 학교자율시간에 대한 세부 운영 사항은 시·도 교육청 지침에 따르는 것이기 때문에, 일부 시도에서는 초등 학년군별(1, 2학년군 제외) 각 1개 학기 이상 운영과 같이 제시되어있기도 하기 때문에, 반드시 해당 시·도 교육청의 세부 지침을 확인해 봐야 한다.

② 학교자율시간은 2025학년도부터 운영해야 한다.

학교자율시간은 2022 개정 교육과정이 적용되는 시점부터 적용된다. 이에 따라, 2025학년도는 초등학교 3~4학년과 중학교 1학년이, 2026학년도는 초등학교 3~6학년과 중학교 1~2학년이, 2027학년도부터는 학교자율시간 적용대상인 초등 3~6학년과 중학교 모든 학년이 학교자율시간 운영 대상이 되는 것이다.

이로 인하여 2025학년도와 2026학년도는 학교자율시간을 운영하지 않는 학교가 있을 수 있다. 예를 들어 2025학년도에 A초등학교가 학교자율시간을 6학년을 대상으로 적용한다고 계획을 세웠을 경우 A초등학교는 2025학년도에는 학교자율시간이 운영되지 않고 2026학년도에 운영이 되는 것이다. 중학교의 경우도 학교자율시간을 3학년에 도입할 계획을 세운 경우 2025학년도 혹은 2026학년도에는 학교자율시간이 운영되지 않을 수 있다.

		2025학년도	2026학년도	2027학년도 이후
학교자율시간 적용대상 학년	초	3, 4학년	3, 4, 5, 6학년	3, 4, 5, 6학년
	중	1학년	1, 2학년	1, 2, 3학년

③ 학교자율시간은 1개의 과목 혹은 활동으로만 운영한다.

중학교의 경우 학교자율시간을 과목으로만 운영해야 하지만, 초등의 경우 학교자율시간을 과목 혹은 활동으로 운영할 수 있다. 또한 일부 시·도 교육청의 경우 과목의 최소 시수를 17시간으로 정한 경우도 있기 때문에 초등은 학교자율시간 운영이 다음과 같은 경우의 수로 나올 수 있다.

초등학교 운영사례	학교자율시간 과목 혹은 활동 운영 방안
사례 1	1개의 과목으로만 운영(예: A과목 32시간)
사례 2	1개의 활동으로만 운영(예: A활동 32시간)
사례 3	2개의 활동으로 운영(예: A활동 16시간, B활동 16시간)
사례 4	과목, 활동 각각 1개 운영(예: A과목 17시간, B활동 15시간)
사례 5	2개의 과목으로 운영(예: A과목 17시간, B과목 15시간) ※ 일부 시·도 교육청은 과목 최소 조건을 17시간 이상으로 정하였기 때문에 이 경우 사례 5는 운영 불가함.

※ 32시간은 초 5~6학년군 기준 학교자율시간 시수임.

④ 학교자율시간은 학기 단위로 운영한다.

학교자율시간 과목이나 활동 모두 학기 단위로 운영해야 한다. 이는 학년도 단위로 과목을 운영했던 교사들에게 생소한 방식이기 때문에 다음과 같은 정리가 필요하다.

학기 단위 운영으로 인한 학교자율시간 세부 운영 사항

① 한 개의 과목이나 활동을 1, 2학기로 시수를 나누어서 분산 운영 금지

② 2개 학년 이상 운영하는 경우 각 학년을 서로 다른 과목 및 활동 이름으로 운영

③ 한 개 학년에서 1, 2학기 모두 학교자율시간을 운영하는 경우 각 학기를 서로 다른 과목 및 활동 이름으로 운영

첫째 항목인 '한 개의 과목이나 활동을 1, 2학기로 시수를 나누어서 분산 운영 금지'는 A라는 과목·활동의 총 시수를 1학기와 2학기 절반씩 나누어서 운영하면 안 되는 것을 의미한다. 둘째 항목인 '2개 이상의 학년에서 학교자율시간을 운영하는 경우 다른 과목으로 운영'한다는 것은 예를 들어 중학교에서 B과목을 개발하고 이를 2-1학기에 적용하는 경우 3-1학기에는 B과목 이외에 다른 과목을 적용해야 한다는 것을 의미한다. 셋째 항목은 3-1학기에 C과목을 운영하였을 경우 3-2학기에는 C과목을 제외한 다른 D과목을 운영해야 함을 의미한다.

2 Part

학교자율시간을 위한
교육과정 기초 다지기

학교자율시간을 위한
맞춤형 실태분석

학교자율시간은 기존의 교과를 위한 시간이 아닌 학생을 위한 시간이다. 교과 시간은 꼭 이수해야 할 각 교과별 내용요소와 성취기준이 있는 주어진 교육과정을 활용하는 시간이지만, 학교자율시간은 해당 학교 학생들에게 꼭 필요한 교육내용을 직접 선정하고 개발할 수 있는 무에서 유를 창조하는 공간이다. 따라서 학교자율시간이 학생들에게 꼭 필요한 의미 있는 시간이 되기 위해서는 이에 맞는 다양한 실태분석이 필요하다.

먼저 학생실태 분석이 필요하다. 학교자율시간은 학생 주도성 신장과 밀접한 관련이 있기 때문에, 학생들이 공부하고자 하는 주제, 관심사 등을 선별하여 학생 선택 중심으로 자율시간을 운영할 수 있다. 초등 3 ~ 4학년은 발달단계상 교사나 학부모 등의 의견을 반영한 비중이 높을 수 있으나, 중학교나 초등학교 고학년의 경우 학생 희망 주제를 반영하여 학교자율시간 과목이나 활동의 주제를 선정할 수 있다.

다음으로 학생들의 학력에 대한 실태분석이 필요하다. 2022 개정 교육과정에서는 언어, 수리, 디지털 소양이 강조된다. 모든 교과학습을 하는 데 이 3가지 소양이 기초가 되어 교과학습을 원활히 할 수 있기 때문이다. 그러나 언어, 수리 소양과 밀접한 관련이 있는 국어와 수학 기초학력이 떨어지는 학생들에게 무리하게 해당 교과 시수를 감축하여 학교자율시간을 운영하는 것은 학교자율시간이 해당 학생들에게 오히려 역효과를 일으킬 수 있다. 이외에도 다문화 학생 비율, 인성 관련 실태(학교폭력 발생 비율), 체력발달 수준, 문화체험 경험 등 학생들에게 꼭 필요한 맞춤형 주제를 선정하기 위한 다양한 실태를 조사할 수 있다.

학교실태로는 학교에서 전통적으로 이루어지고 있는 교육 프로그램을 확인해 볼 필요가 있다. 예술교육, 외국어교육, 체육관련 활동, 다문화 교육, 생태교육 등 이전부터 학교 특색 교육으로 이루어지고 있는 교육활동이 있다. 이 교육활동들은 대개 학생실태나 학교 주변 교육자원 등을 기반으로 운영된 것들이기 때문에, 기존 교육 프로그램과의 위계성을 확보하여 지속성과 안정성을 갖춘 학교자율시간 과목이나 활동으로 운영할 수 있다. 또한 학교의 교육목표나 비전, 가치, 중점역량 등을 확인하고 이를 학교자율시간에 반영할 수 있다. 그리고 무엇보다 중요한 것은 교사실태 분석이다. 학교자율시간은 비록 30시간 내외의 시간일지라도 새로운 교육내용을 생산해 내야 하는 수준 높은 교육과정 설계와 실행 능력을 요구한다. 따라서, 근무하는 선생님들의 교육과정 재구성 및 프로젝트 수업 경험 유무, 교육과정 문해력 수준 등 학교자율시간 운영을 위한 교육과정 수준 진단이 필요하다. 이 진단을 바탕으로 교육과정 수준이 높을 경우 학교자율시간을 여러 학년과 학기에 적용할 수 있고 초등의 경우 활동이 아닌 과목으로도 운영할 수 있다. 또한, 교육과정 수준이 높은 교사들을 동학년에 배치하고 해당 학년에서 학교자율시간을 시범으로 우선 운영하고, 차년도에 해당 학년 교사들이 여러 학년으로 흩어져서 운영 노하우를 다양한 학년에 적용해 보는 방식으로 운영할 수 있다. 또한 교육과정 운영 경험이 없는 학교에서 처음부터 과목으로 운영하는 것이 어려울 수 있기 때문에, 먼저 활동으로 운영해 보고 이를 바탕으로 과목으로 전환하는 방식으로 실태를 반영할 수 있다.

지역실태의 경우 학교 주변 마을과 연계한 마을 기반 교육과정을 염두해 두어야 한다. 학생들의 배움이 실현되는 곳은 실제 학생들이 살아가는 마을이기 때문에, 마을 교육자원을 학교자율시간에 적극 반영하는 것이다. 최근에는 교육지원청이나 시·군 지자체 주도로 지역의 특색을 반영한 교육 프로그램을 개발하고 이를 학교에서 선택하여 운영할 수 있도록 하고 있다. 학교에서도 학교자율시간을 학교 자체적으로만 구성하는 것보다 마을 교육자원을 활용하는 것이 운영 면에서 훨씬 수월할 수 있기 때문에 이러한 마을 교육자원 실태를 분석하고 이를 학교자율시간 과목이나 활동 주제에 반영할 필요가 있다. 이상의 내용을 반영하여 학교자율시간 과목이나 활동 주제 선정을 위한 설문을 할 때 꼭 필요한 필수 문항을 다음과 같이 제시하였다.

학교자율시간 필수 설문문항

1. ○○초 학생들을 위하여 필요한 교육 주제는 무엇이라고 생각하십니까?

① 시민성(인성) 교육　　② 생태교육　　　③ 국제이해 · 다문화교육

④ 진로교육　　　　　⑤ 디지털 · AI 교육 ⑥ 기타 (　　　　　　　　)

2. 학교자율시간을 운영한다면, 어떤 학년과 학기에 적용하는 것이 적절하다고 생각하십니까?　※ 중복선택 가능

• 초등학교

3-1	3-2	4-1	4-2	5-1	5-2	6-1	6-2

• 중학교

1-1	1-2	2-1	2-2	3-1	3-2

3. 학교자율시간을 운영하기 위해서는 기존 교과 시수 감축이 필요합니다. 시수 감축을 하여도 무방한 교과를 선택해 주시기 바랍니다.

• 초등학교

국어	수학	사회	과학	도덕	영어	실과	창의적 체험활동

• 중학교

국어	수학	사회	역사	과학	도덕	영어	기술 · 가정	정보	창체

학교자율시간 필수 설문문항

1. 다음 〈보기〉 중 실천 경험이 있는 것에 ○표 해 주시기 바랍니다.

내용	실천여부	내용	실천여부
교육과정 재구성		성취기준 재구조화	
주제 중심 교육과정		프로젝트 수업	

2. ○○초 학생들을 위하여 필요한 교육 주제는 무엇이라고 생각하십니까?

① 시민성(인성) 교육   ② 생태교육   ③ 국제이해 · 다문화교육

④ 진로교육   ⑤ 디지털 · AI 교육 ⑥ 기타 (   )

3. 학교자율시간을 운영한다면, 어떤 학년과 학기에 적용하는 것이 적절하다고 생각하십니까?   ※ 중복선택 가능

• 초등학교

3-1	3-2	4-1	4-2	5-1	5-2	6-1	6-2

• 중학교

1-1	1-2	2-1	2-2	3-1	3-2

4. 학교자율시간을 운영하기 위해서는 기존 교과 시수 감축이 필요합니다. 시수 감축을 하여도 무방한 교과를 선택해 주시기 바랍니다.

• 초등학교

국어	수학	사회	과학	도덕	영어	실과	창의적 체험활동

• 중학교

국어	수학	사회	역사	과학	도덕	영어	기술 · 가정	정보	창체

[5~6] 다음 교육 프로그램은 지난 학년도 ○학년에서 운영한 교육프로그램입니다. 이를 보고 다음 물음에 답해 주시기 바랍니다.

에코 생태 프로젝트	디지털 미디어 리터러시
세계 문화 체험	프로젝트수업
다문화 감수성 프로그램	그림책 테라피
AI와 친구되기	

☞ 위 예시를 참고하여 각 학교에서 특색 있게 운영하고 있는 교육 프로그램으로 대체하여 제시하고 설문할 것

5. 위 프로그램 중 학생들에게 교육적 효과가 미비했던 것은 무엇입니까?

교육효과 미비 프로그램	
이유	

6. 위 프로그램 중 학교자율시간 과목이나 활동으로 연계할 수 있는 프로그램은 무엇입니까?

학교자율시간 연계 가능 프로그램	
이유	

학교자율시간 필수 설문문항

1. 여러분들이 공부해 보고 싶은 교육 주제는 무엇입니까?
① 시민성(인성) 교육　　② 생태교육　　　③ 국제이해 · 다문화교육
④ 진로교육　　　　　⑤ 디지털 · AI 교육　⑥ 기타 (　　　　　　　)

[2~3] 다음 교육 프로그램은 지난 학년도 ○학년에서 운영한 교육 프로그램입니다. 이를 보고 다음 물음에 답해 주시기 바랍니다.

에코 생태 프로젝트	디지털 미디어 리터러시
세계 문화 체험	프로젝트수업
다문화 감수성 프로그램	그림책 테라피
AI와 친구되기	

☞ 위 예시를 참고하여 각 학교에서 특색 있게 운영하고 있는 교육 프로그램으로 대체하여 제시하고 설문할 것

2. 위 프로그램 중 여러분들 성장에 도움이 되지 않았던 것은 무엇입니까?

도움이 되지 않았던 프로그램	
이유	

3. 위 프로그램 중 더욱 자세하게 공부해보고 싶은 프로그램은 무엇입니까?

더욱 공부해 보고 싶은 프로그램	
이유	

학교자율시간 과목과
활동 명칭 정하기

학교자율시간 과목과 활동 모두 목표와 성격, 그 안에서 이루어지는 수업 내용 들을 포괄적으로 담아낼 수 있는 이름(명칭) 선정이 필요하다. 따라서 과목이나 활동 명칭을 선정하기에 앞서 실태분석을 토대로 이를 학교자율시간에 담아낼 주제나 가치, 중점역량 등을 선정할 필요가 있다. 주제를 기반으로 과목이나 활동 명칭을 정할 경우 생태교육, 민주시민교육, 디지털·AI교육, 다문화교육, 세계시민교육, 진로교육 등이 과목이나 활동 명칭에 포함될 수 있다. 가치를 중심으로 선정하는 경우 학교의 비전이나 중점 가치를 바탕으로 인성교육에 초점을 맞추어 이름을 선정할 수 있다. 중점역량의 경우 여러 가지 다양한 분야의 교육 주제의 수업을 다루고 이를 포괄적으로 담아낼 수 있도록 미래역량, 주도성 등의 적용 범위가 큰 역량 용어를 활용하여 과목이나 활동 이름으로 선정할 수 있다.

학교자율시간 과목이나 활동 명을 정할 때 이를 먼저 운영한 2022개정 교육과정 정책 연구학교의 과목명을 분석해 볼 필요가 있다. 정책 연구학교나 지역 특례법에 의하여 자율학교 중심으로 학교특색과목 개설을 선도적으로 운영하고 있는 제주도 지역 학교들의 과목명칭을 분석해 보면, 과거 주제 중심 프로젝트에서 주제명으로 선정하였던 것들을 과목이나 활동명으로 활용하고 있는 것을 확인할 수 있다.

학교자율시간 과목명 예시

우리는 생태환경 지킴이, 소프트웨어는 내 친구, 우리가 꿈꾸는 마을, 진로독서 탐구, 숲愛서 GREEN, 多가치 함께, 꿈바라기 아이들, 디지털 탐구생활, 슬기로운 경제활동 등

출처: 2022 개정 교육과정 연구학교 홈페이지, 한국교육과정평가원(2023), 제주형 자율학교 홈페이지

이는 학교자율시간이 본격 도입 되기 이전, 과거 학교에서 특색을 살린 교육과정을 주제 중심 프로젝트 방식으로 운영해 왔던 것에서 이유를 찾을 수 있다. 이는 학교의 특색을 살린 교육과정 운영 방식이 주제 중심 프로젝트에서 학교자율시간의 도입으로 학교개설 과목과 활동으로 넘어가는 과도기적 시기에 놓여 있기 때문이다. 이에 학교현장에서 학교자율시간 과목이나 활동 명칭을 체계적으로 선정할 수 있도록 다음 3가지 유형의 명칭 선정 방식을 제시하였다.

학교자율시간 과목, 활동 명칭 선정 유형

	제목 형식	예
유형 1	단일 주제 강화형	해양생태, 민주시민
유형 2	두 가지 이상의 주제나 가치 조합형	디지털과 진로, 다문화와 세계시민
유형 3	문장이나 구(句)형	우리는 마을 전문가

　유형 1의 경우 단일 주제로 과목을 개설할 때 활용하는 방식이다. 간결하게 과목의 주제를 명사형으로 제시할 수 있다. 유형 2의 경우 과목이나 활동의 내용을 2개 이상의 주제를 활용하여 포괄적으로 제시할 때 활용할 수 있다. 예를 들어 디지털 AI교육 내용과 이를 바탕으로 디지털을 활용한 진로교육을 함께 다룬다면 과목이나 활동 명칭을 두 가지 주제를 모두 담아내어 '디지털과 진로'로 설정할 수 있다. 유형 3의 경우 활동이나 과목을 프로젝트 방식으로 운영할 경우 활용할 수 있다. 프로젝트의 전체 주제를 과목이나 활동 이름으로 선정하는 경우이다. 이외에 연구학교나 특색과목 운영학교들을 분석해 보면 학교의 다양한 특색 교육활동 주제를 약자로 정하고 앞글자를 따서 조합어 방식으로 과목이나 활동 명칭을 선정하는 경우도 있었다.

학교자율시간
시수 산출 방법

학교자율시간은 과목이나 활동을 담아낸 새로운 편제를 만들어 내어야 한다. 2022 개정 교육과정 시기 이전의 교육과정 편제는 시수 증감 규정인 교과별 ±20% 범위 내에서 교과 간 시수 증감 조정만 하는 방식이었다. 그러나 학교자율시간은 개발한 과목·활동을 담아낼 교과를 선택하고 그 교과(군)으로 편제 후 이를 담아내기 위한 적극적인 시수 조정이 필요하다. 30시간 내외의 새로운 과목·활동을 담아내기 위해서는 20% 시수 증감 규정을 최대한 활용하면서도, 시수 편성에 대한 기준들을 모두 만족시킬 수 있어야 한다. 이를 위해 학교자율시간 과목과 활동 시수 편성을 알아보도록 하겠다.

학교자율시간 편제표 만들기

학교자율시간 편제표를 만들 때에는 학교자율시간 과목이나 활동의 주제를 대략적으로 선정한 후 이를 담아낼 수 있는 가장 관련도가 높은 교과를 선택한다. 과목으로 개설할 경우 아래 표와 같이 과목이 포함되는 교과(군) 항목 안에서 독립적인 과목 칸을 새롭게 설정하여 다음과 같이 편제를 설정할 수 있다.

학교자율시간 '과목' 편제 예시

구분		교과	과목
교과 (군)	국어	국어	국어
	사회/도덕	사회	사회
			자율시간 과목 민주시민
		도덕	도덕
	수학	수학	수학
	과학/실과	과학	과학
		실과	실과
	체육	체육	체육
	예술(음악/미술)	음악	음악
		미술	미술
	영어	영어	영어

예를 들어, 민주시민 과목을 개설할 경우 앞의 편제표와 같이 사회 교과 속 개별 과목의 항목으로 설정할 수 있다. 이 경우 사회/도덕 교과(군) 속에는 사회와 도덕 교과가 편성되어 있고, 사회 교과 안에는 사회과목과 학교자율시간으로 개설한 민주시민 과목이 편성되는 것이다.

학교자율시간을 활동으로 개설할 경우도 과목과 마찬가지로 편제표를 다음과 같이 제시할 수 있다. 생활작문이라는 활동을 개설할 경우 국어와 관련된 내용이기 때문에 국어 교과 속 활동으로 편성한다. 활동이지만 앞의 과목과 같이 독립적 시수를 배정받고 작은 단위의 교육과정 영역이 생성되는 것이기 때문에 편제표에 다음과 같이 설정한다.

학교자율시간 '활동' 편제 예시

구분		교과	활동
교과 (군)	국어	국어	국어
			자율시간 활동 생활작문
	사회/도덕	사회	사회
		도덕	도덕
	수학	수학	수학
	과학/실과	과학	과학
		실과	실과
	체육	체육	체육
	예술(음악/미술)	음악	음악
		미술	미술
	영어	영어	영어

이 편제표의 체제를 바탕으로 각 교과(군)별 기준 시수와 20% 시수 증감 규정에 의거하여, 학교자율시간으로 개설한 과목이나 활동의 시수를 다음과 같이 설정한다.

학교자율시간 과목 · 활동 시수 편성하기

학교자율시간 시수는 기본적으로 2022 개정 교육과정 편성 · 운영 기준을 적용받는다. 이와 관련하여 2022 개정 교육과정 해설서에는 "새로운 과목이나 활동은 관련 교과(군)에 편성하며, 이때 해당 교과(군)는 20% 범위 내에서 시수를 증감하여 편성 · 운영할 수 있다. 단, 체육, 예술(음악/미술) 교과는 기준 수업 시수를 감축하여 편성 · 운영할 수 없다."와 같이 제시되어 있다.

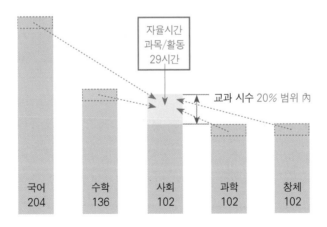

학교자율시간 해설서에서 제시된 시수에 대한 사항은 위 그림으로 간단하게 표현할 수 있다. 우선 학교자율시간 과목이나 활동이 편성되는 교과(군)을 선택한다. 일반적으로 교과(군) 안에 새로운 과목이나 활동이 추가적으로 편성되는 것이기 때문에 과목이나 활동이 편성되는 교과(군)의 시수를 증배하는 것이 일반적이다. 위 그림과 같이 과목이나 활동이 편성되는 교과(군)의 시수를 20% 범위 안에서 증감이 가능하기 때문에, 자율시간 과목이나 활동이 편제되지 않는 타 교과(군)의 시수를 끌어와 이를 담아낼 시수를 최대한 확보한다. 이를 기본으로 교과(군) 20% 시수 증감 규정을 활용하여 다양한 방법으로 학교자율시간 과목이나 활동 시수를 편성할 수 있다.

① 교과 기준시수 + 과목/활동 29시간 편성

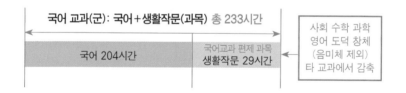

국어 교과와 같이 시수 총량이 큰 경우 20% 시수 증감 범위 내에 학교자율시간 과목이나 활동 시수가 포함될 수 있다. 위 그림과 같이 국어를 3학년 분량의 기준시수인 204시간 그대로 운영하고, 국어 교과에 편제되는 생활작문 과목이나 활동 29시간을 개설할 수 있다. 이때 생활작문

학교자율시간 과목 활동 바이블

을 구성하기 위한 29시간은 예술/체육 교과를 제외한 나머지 교과에서 끌어올 수 있다.

② 교과 기준시수 이내 과목/활동 편성

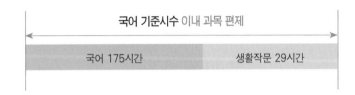

위 경우는 해당 학년도 국어 기준시수가 204시간인 경우 학교자율시간 개설 과목/활동을 국어 교과로 편제하고 과목/활동 시간만큼을 교과에서 감축(기준 감축 범위 20% 이내에 해당하는 범위)하고, 감축한 시간을 개설 과목/활동으로 채우는 방식이다. 이 경우 국어교과(군) 기준시수 = 국어과목 시수 + 학교자율시간 과목/활동 시수가 된다. 자체 교과(군) 기준시수 안에서 기존 교과와 개설 과목/활동 모두 편성가능 하기 때문에, 타 교과(군) 시수를 활용하지 않아 편리할 수 있지만, 국어 교과에서 꼭 이수해야 할 성취기준이나 주요 내용 요소들이 누락되지 않도록 주의해야 한다.

③ 타 교과(군) 시수 활용 과목/활동 편제

학교자율시간 과목/활동 주제로 생태나 시민성 교육 등을 설정하는 경우가 많다. 이 경우 과학이나 사회 교과(군)을 활용하여 편성하는데, 과학이나 사회 교과의 경우 시수 증감 범위가 한 학기 학교자율시간 범위를 넘어서기 때문에 타 교과(군) 시수를 적절히 활용하여 편제를 설정해야 한다.

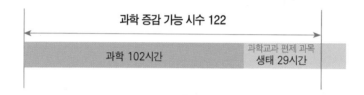

위 그림과 같이 한 개 학년도 과학 기준시수가 102시간일 경우 감축하지 않고 생태 과목/활동을 편성하면 기준 시수 범위를 초과한다.

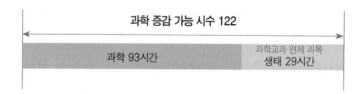

과학이나 사회 교과처럼 증감 가능 시수 범위가 한 학기 학교자율시간 시수를 초과하는 경우 편제되는 기존 교과의 시수를 감축하고 과목/

활동을 함께 편성하여 둘의 시수 합이 기존 교과 기준시수의 20% 증가 범위 안에 들어오도록 편성할 수 있다. 예를 들어 과학 기준시수 102시간에서, 93시간으로 감축하고 학교자율시간으로 개설한 생태 과목 29시간을 과학/실과 교과(군)으로 편성하여 총 122시간으로 시수를 배정할 수 있다. 이 경우 타 교과(군)에서 20시간을 끌어와야 하지만, 아래의 경우 타 교과(군)에서 최소한의 시수를 끌어와도 되는 경우이다.

위 그림과 같이 과학 시수를 기준시수 이내에서 최대한으로 감축하고 학교자율시간 과목/활동을 편제할 경우 타 교과(군)에서 9시간만을 끌어오면 되는 것이기 때문에, 타 교과(군) 시수 감축에 대한 부담을 덜어낼 수 있다. 물론, 시수는 학년군 단위로 산정되기 때문에 앞에서 예를 들어 설명한 과학이나 사회 교과도 위에서 제시한 시수보다 많은 시수를 감축할 수 있다. 그러나 현실적으로 대부분 학교는 학년군에 배정된 시수를 어느 특정 학년에서는 증배하고 다른 학년에서는 감축하는 방식으로 운영하지 않고, 균등 배분하여 운영하는 것이 일반적이다. 예를 들어 초등 3~4학년군 과학과 기준시수가 204시간이기 때문에 40시간을 3학년에서 증배하여 3학년 142시간으로 운영할 수 있지만, 이 경우 타 교과(군)

시수를 무리하게 감축해야 하며, 만약 4학년에서도 과학 교과에 학교자율시간을 편성할 경우 시수 확보에 어려움이 있을 수 있다. 따라서 편성·운영 기준상 시수 증감은 학년(군) 단위로 계산하지만, 실제 이 경우 학년별·교과별 시수 균형에 어려움이 있을 수 있어, 학교자율시간이 적용되는 그 학년 시수를 기준으로 산정하는 것이 현실적인 방안이다.

④ 16+1 설계 원리를 활용한 과목/활동 편제

앞에서 제시한 20% 시수 증감 규정을 활용한 방법과 함께 16+1의 설계 원리도 학교자율시간을 편성할 때 활용할 수 있다. 16+1 설계 원리를 제시하는 이유는 학교자율시간의 태생적 배경에 있다. 필자는 2022 개정 교육과정 개정 추진위원과 총론 주요사항 설정 연구위원, 각론 조정 연구위원으로 참여하면서 학교자율시간의 도입취지와 변화과정을 확인할 수 있었다. 초창기 학교자율시간은 모든 교과와 창의적 체험활동에서 한 학기 17주 분량 중 1주를 학교자율시간으로 운영하는 방식으로 도입되었다. 초창기 초등 5~6학년군에서 연간 64시간, 3~4학년군은 58시간, 중등의 경우 66시간으로 산술적으로 학년 총 시수 ÷ 17에 의하여 설정된 것이다. 이때에는 예술(음악/미술)과 체육도 포함한 모든 교과에서 16주는 교과 수업을 하고 1주 분량을 자율시간으로 산정하여 운영하는 것이었다. 따라서 2022 개정 교육과정 각론인 모든 교과 설계 시에도 이를 반영하여 성취기준이나 학습 내용을 16주 분량으로 개발하였다. 그러나 2022 개정 교육과정이 실제 적용되는 과정에서 예술(음악/미술), 체육 교과 시수 감축이 학교자율시간에서 불가하게 되어, 16+1 설계 방식보다는 앞에서 설명한 20%를 적극 활용하는 방식으로 2022 개정 교육과정 해설서에서 제시되었다. 물론 앞에서 설명한 20% 증감 규정만을 활용하여 학교자율시간 과목/활동 시수를 산정할 수 있지만. 모든 교과가 16주 분량으로 만들어진 각론 설계 원리를 고려한다면 16+1 설계 방식을 활용하여 학교자율시간 시수를 산정하는 것이 2022 개정 교육과정 전체적인 교과 설계 원리와 결을 같이할 수 있다. 이러한 이유 외에도 중학교의 경우 16+1의 설계원리를 적극 활용하는 것이 실태에 적합할 수 있다. 초등의 경우 모든 교과를 맡아서 수업하는 담임 교사가 학교자율시간을 운영하기 때문에 특정 교과에서 학교자율시간이 편제되어도 운영상에는 문제가 없다. 그러나 중등의 경우 교사별 정해진 교과가 있고, 이 시수에 의하여 교사 TO가 배정되는 것이기 때문에 특정 교과 교사만으로 학교자율시간을 운영하는 것은 현실적으로 어려움이 있을 수 있다. 따라서 모든 교과에서 균등하게 1주 분량의 시수를 끌어와서 학교자율시간을 구성한다면 교과별로 배분하여 학교자율시간을 균등 배분하여 운영할 수 있다. 16+1을 기반으로 한 학교자율시간 편성방법은 다음과 같다.

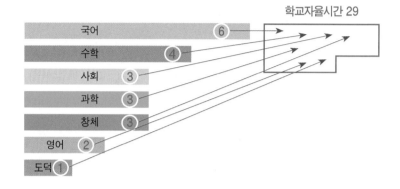

우선 예술(음악/미술), 체육 교과를 제외한 나머지 교과와 창의적 체험 활동의 한 학기 시수 중 1주 분량에 해당하는 시수를 끌어와 학교자율시간 시수를 구성한다. 예를 들어 국어 교과의 경우 한 학기 17주 중 한 주 분량의 수업시수는 6시수이고, 수학 4시수, 사회 3시수, 과학 3시수, 영어 2시수, 도덕 1시수, 창의적 체험활동 3시수가 한 주 분량에 해당하는 시간 수이다. 이 시수들을 해당 교과에서 감축하여 끌어오면 학교자율시간 전체 시수 중 우선 22시간이 채워진다. 이 경우 교과의 총 시수에 비례하여 균등하게 학교자율시간으로 시수를 감축하게 되는 것이다.

그러나 학교자율시간의 경우 초등 3~4학년군의 경우 한 학기 29시간 이므로, 나머지 7시간이 더 필요하다. 이 경우 다음의 3가지 방법으로 채울 수 있다.

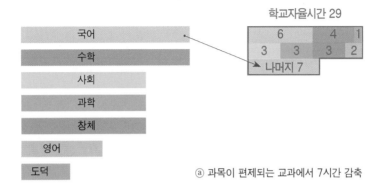

학교자율시간 29

6		4	1
3	3	3	2

국어
수학
사회
과학
창체
영어
도덕

나머지 7

ⓐ 과목이 편제되는 교과에서 7시간 감축

첫 번째 경우의 수는 학교자율시간이 편제되는 교과에서 나머지 7시간을 더 감축하여 편성하는 방식이다. 예를 들어 국어 교과에 편제되는 과목이나 활동을 개설할 경우 우선 음미체를 제외한 교과에서 1주 분량의 합인 22시간을 끌어오고 나머지 7시간은 국어 교과에 편성되기 때문에 국어에서 7시간을 추가로 더 감축하는 방식이다. 국어 교과와 관련된 과목이나 활동으로 개설하는 것이기 때문에 내용상 밀접한 관련이 있는 국어에서 감축하는 것이 전체 교과 밸런스를 맞추는 데 용이하기 때문이다.

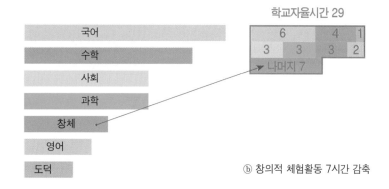

ⓑ 창의적 체험활동 7시간 감축

16+1 설계를 활용한 두 번째 방법은 창의적 체험활동을 활용하는 것이다. 창의적 체험활동은 학교자율시간과 유사한 성격을 갖고 있다. 특히, 자율·자치 영역의 경우 학교의 특색을 살린 자유로운 교육활동을 강조한다. 따라서 부족 시간 7시간을 창의적 체험활동에서 추가로 감축하여 학교자율시간 과목이나 활동 시수를 편성할 수 있다.

2022개정 교육과정은 교과와 창의적 체험활동 간에 시수 넘나들이가 창의적 체험활동을 기준으로 20% 이내에서 가능하기 때문에 창의적 체험활동에서 감축한 시수를 학교자율시간이 편성되는 교과(군)에 증배를 할 수 있기 때문이다.

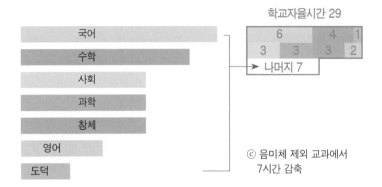

학교자율시간 29

| | 6 | | 4 | 1 |
| 3 | | 3 | 3 | 2 |

나머지 7

ⓒ 음미체 제외 교과에서
7시간 감축

국어
수학
사회
과학
창체
영어
도덕

16+1 설계를 기반으로 설계를 하고 부족한 시수를 위와 같이 학교에서 자율적으로 감축하여 편성할 수도 있다.

기본적으로 음미체를 제외한 모든 교과의 한 학기 1주 분량 시수를 감축하여 학교자율시간을 설정하고 나머지 시간은 다시 한 번 모든 교과에서 균등하게 1시간씩을 감축하는 방식으로 편성할 수 있다. 혹은 학교에서 교육적으로 감축이 필요하다고 판단되는 교과를 선정하여 그 교과에서 시수를 더욱 감축하여 한 학기 분량의 학교자율시간 시수를 산정할 수 있다.

학교자율시간을 산정하기 위하여 교과(군) 시수를 증감할 때 학년군 단위로 다음의 시수 증감 범위를 참고한다.

초등학교		3~4학년 (기준 시수)	증감 범위	5~6학년 (기준 시수)	증감 범위
교 과 (군)	국어	408	±81→327~489	408	±81→327~489
	사회/도덕	272	±54→218~326	272	±54→218~326
	수학	272	±54→218~326	272	±54→218~326
	과학/실과	204	±40→164~244	340	±68→272~408
	체육	204	+40→204~244	204	+40→204~244
	예술(음악/미술)	272	+54→272~326	272	+54→272~326
	영어	136	±27→109~163	204	±40→164~244
창의적 체험활동		204	±40→164~244	204	±40→164~244

중학교		기준 시수	증감 범위
교 과 (군)	국어	442	±88→354~530
	사회(역사 포함)/도덕	510	±102→408~612
	수학	374	±74→300~448
	과학/기술·가정/정보	680	±136→544~816
	체육	272	+54→272~326
	예술(음악/미술)	272	+54→272~326
	영어	340	±68→272~408
	선택	170	±34→136~204
창의적 체험활동		306	±61→245~367

학교자율시간
편제 예시

앞 장에서 제시한 학교자율시간 과목/활동 시수 편성 방법을 활용하여 다양한 방식으로 학교자율시간 편제표를 설정해 낼 수 있다. 학교자율시간을 담아낸 편제표는 교육과정 편성·운영 기준을 적극 활용할 필요가 있다. 중학교의 경우 교과 시수를 기준으로 교사 TO가 결정되어 교과와 학년 간 시수 증감 운영의 제한 사항이 있기 때문에, 다양한 방식의 편제표 설정보다는 교과별 17주 중 1주 분량의 방식으로 예술(음악, 미술), 체육을 제외한 모든 교과에서 동등한 비율로 학교자율시간을 산출하고, 나머지 분량은 창의적 체험활동이나 개발하는 과목이 편제되는 교과에서 시수를 추가로 산출하는 방식이 적절할 수 있다. 초등학교의 경우 시수 편성 기준이 학년군(2개 학년을 걸쳐 산정하는 방식)이기 때문에 학교자율시간을 적용하는 학년도뿐만 아닌 학교자율시간을 적용받는 학생의 이전 학년도나 이후 학년도의 시수도 함께 고려해야 한다. 예를 들어 3~4 학년군 국어 교과 기준시수가 408시간이지만, 실제 학교에서는 3학년 204시간과 4학년 204시간으로 균등 분배하여 운영하는 것이 일반적이기 때문에, 3학년에서 국어 교과 관련 과목/활동을 개설하기 위해서 시수를 무리하게 증배할 경우 4학년 국어 시수 운영에 제한이 생길 수도 있다. 이상의 경우들을 종합하여 학교에서 일반적으로 시수를 편성운영할 수 있는 편제표의 실제 예시를 다음에 제시해 두었다. 예시와 같이 실제학교에서는 학년군으로 설정된 기준시수를 학년으로 균등 배분하여 운영하는 것이 일반적이기 때문에 필자는 표준시수라는 개념을 제시하였다. 표준시수는 2개 학년군을 기준으로 제시되어 있는 시수를 절반으로 나누어 학년도를 기준으로 제시한 개념이다(예: 3-4학년군 국어 기준시수는 408시간이지만, 실제 학교에서는 3학년 204시간, 4학년 204시간을 표준으로 운영하기 때문에 표준시수라는 개념을 도입하여 시수 편제에 제시함.).

표준시수를 제시하는 이유는 학년군으로 시수가 제시되어 있지만, 3학년과 4학년, 5학년과 6학년의 교과별 성취기준 수와 학습분량이 균등하게 배분되어 제시되어 있기 때문이다. 이와 같이 학년별 이수해야 할 학습 내용이 균등하기 때문에 학교현장에서는 대부분 2년간의 기준 시수를 2로 나누어서 균등 운영하고 있다. 학습 내용의 요인 이외에도 학년 교육과정을 수립하는 주체들이 1년 단위로 매년 변동되기 때문에, 앞에서 제시한 표준시수를 기반으로 편제표를 산정하는 것이 필요하다. 이상의 내용들을 종합하여 학교자율시간 과목/활동을 담아낼 수 있는 실제 시수 편제 예시들을 다음과 같이 제시하였다.

〔유형 1〕 2개 교과(군) 과목/활동 개설 편제표 예시

구 분		3학년 과목	표준 시수	증감	최종 시수	4학년 과목	표준 시수	증감	최종 시수	3-4학년군 최종시수
교과(군)	국어	국어	204	-5	199	국어	204	•	204	403(-5)
	사회/도덕	사회	102	-10	92	사회	102	-9	93	282(+10)
		시민성(개설)		29	29	도덕	34	•	34	
		도덕	34	•	34					
	수학	수학	136	•	136	수학	136	•	136	272
	과학/실과	과학	102	-5	97	과학	102	-20	82	208(+4)
						생태(개설)		29	29	
	체육	체육	102	•	102	체육	102	•	102	204
	예술 (음악/미술)	음악	68	•	68	음악	68	•	68	272
		미술	68	•	68	미술	68	•	68	
	영어	영어	68	•	68	영어	68	•	68	136
소계		884		9	893	884		•	884	1,777(+9)
창의적 체험활동		102		-9	93	102		•	102	204(-9)
학년군 총 수업 시수		986		•	986	986		•	986	1,972

※ 표준시수: 2년간의 기준시수를 학년 단위 균등 배분하여 제시한 시수

위 유형의 경우는 학교자율시간을 3학년은 시민성 과목을 개발하고 사회/도덕 교과(군)으로 편성하고 4학년은 생태과목을 개설하여 과학/실과 교과(군)으로 개설한 경우이다. 3학년에서는 사회 교과에 포함된 시민성 과목 29시간을 개설하였고, 29시간을 확보하기 위하여 국어 5시간, 사회 10시간, 과학 5시간, 창의적 체험활동 9시간을 감축하였다. 4학년에서는 과학 교과에 포함된 생태 과목 29시간을 개설하였고, 이를 위하여 사회 9시간, 과학 20시간을 감축하였다. 3-4학년군 최종시수는 국어가 5시간 감축된 403시간, 사회/도덕 교과(군)은 10시간 증배된 282시간, 과학/실과 교과(군)은 4시간 증배된 204시간으로 설정되었다. 또한 3-4학년군 교과별 최종시수(편제표의 맨 오른쪽 칸)가 학년군 기준 20% 증감 범위 안에 들어오는 것을 확인할 수 있다.

[유형 2] 동일 교과(군) 과목/활동 개설 편제표 예시

구 분		5학년 과목	표준 시수	증감	최종 시수	6학년 과목	표준 시수	증감	최종 시수	5-6학년군 최종시수
교 과 (군)	국어	국어	204	-6	198	국어	204	-6	198	396(-12)
	사회/도덕	사회	102	-20	82	사회	102	-20	82	284(+12)
		인성(개설)		32	32	시민성(개설)		32	32	
		도덕	34	-6	28	도덕	34	-6	28	
	수학	수학	136	•	136	수학	136	•	136	272
	과학/실과	과학	102	•	102	과학	102	•	102	340
		실과	68	•	68	실과	68	•	68	
	체육	체육	102	•	102	체육	102	•	102	204
	예술 (음악/미술)	음악	68	•	68	음악	68	•	68	272
		미술	68	•	68	미술	68	•	68	
	영어	영어	102	•	68	영어	68	•	68	204
	소계	986		•	986	986		•	986	1,972
창의적 체험활동		102		•	102	102		•	102	204
학년군 총 수업 시수		1,088		•	1,088	1,088		•	1,088	2,176

　　위 유형의 경우는 5, 6학년 모두 사회/도덕 교과(군)으로 편성하여 과목/활동을 개설한 경우이다. 5학년에서는 인성을 주제로 32시간을, 6학년에서는 시민성을 주제로 32시간을 개설하였다. 이를 위해 5, 6학년 각각 국어과에서 학년별로 6시간씩 총 12시간을 감축하였다. 눈여겨볼 사항은 개설한 시민성과 인성이 사회/도덕 교과와 관련된 내용이기 때문에, 사회와 도덕 교과에서 20% 증감 범위를 최대한 활용하여 각각 20시간과 6시간씩을 학년별로 감축하여 새로운 과목/활동 시간을 확보하였다. 위 예시를 제시한 이유는 학교에서 보통 생태, 시민성 등 학교의 실태를 반영한 유사 주제의 교과를 개설하는 경우가 있기 때문에, 개설한 과목/활동이 동일 교과(군)에 편제되고, 내용상 연관된 교과의 시수를 적극 감축하는 경우를 나타내기 위해서이다.

[유형 3] 교과-창의적 체험활동 간 시수 넘나들이 활용형 편제표 예시

구 분		5학년 과목	표준 시수	증감	최종 시수	6학년 과목	표준 시수	증감	최종 시수	5-6학년군 최종시수
교과(군)	국어	국어	204	•	204	국어	204	•	204	408
	사회/도덕	사회	102	•	102	사회	102	-12	90	292(+20)
						시민성(개설)		32	32	
		도덕	34	•	34	도덕	34	•	34	
	수학	수학	136	•	136	수학	136	•	136	272
	과학/실과	과학	102	-12	90	과학	102	•	102	360(+20)
		생태(개설)		32	32					
		실과	68	•	68	실과	68	•	68	
	체육	체육	102	•	102	체육	102	•	102	204
	예술 (음악/미술)	음악	68	•	68	음악	68	•	68	272
		미술	68	•	68	미술	68	•	68	
	영어	영어	102	•	102	영어	102	•	102	204
소계		986		20	1,006	986		20	1,006	2,016(+40)
창의적 체험활동		102		-20	82	102		-20	82	204(-40)
학년군 총 수업 시수		1,088		•	1,088	1,088		•	1,088	2,176

위 유형의 경우는 2022 개정 교육과정에서 새롭게 제시된 교과와 창의적 체험활동 간 시수 넘나들이(창의적 체험활동 기준 20% 이내에서 교과-창체 간 시수 증감 가능)를 적극 활용한 것이다. 학교자율시간 과목/활동의 경우 기존 교과 맥락을 벗어나 학교특색의 자유로운 교육 내용을 개발하는 것이 가능하기 때문에 성격이 유사한 창의적 체험활동 시수를 적극 활용하여 시수를 만들어 낸 것이다. 5학년에서 과학 교과(군)으로 개설한 생태 과목의 경우 5-6학년군 학교자율시간 시수인 32시간 편성을 위하여 과학 교과에서 12시간을 감축하고 창의적 체험활동에서 20시간을 감축하였다. 6학년에서 사회/도덕 교과(군)으로 개설한 시민성 과목의 경우 사회 교과에서는 12시간을 감축하고 20시간을 창의적 체험활동 시수를 감축하여 32시간을 확보하였다.

학교자율시간 과목 활동 바이블

[유형 4] 학교자율시간을 과목과 활동으로 나누어서 개설한 경우 편제표 예시

구 분		3학년 과목	표준시수	증감	최종시수	4학년 과목	표준시수	증감	최종시수	3-4학년군 최종시수
교 과 (군)	국어	국어	204	•	204	국어	204	•	204	408
	사회/도덕	사회	102	-17	85	사회	102	-12	90	272
		시민성(과목)		17	17	인성(활동)		12	12	
		도덕	34	•	34	도덕	34	•	34	
	수학	수학	136	•	136	수학	136	•	136	272
	과학/실과	과학	102	-12	90	과학	102	-17	85	204
		생태(활동)		12	12	환경(과목)		17	17	
	체육	체육	102	•	102	체육	102	•	102	204
	예술 (음악/미술)	음악	68	•	68	음악	68	•	68	272
		미술	68	•	68	미술	68	•	68	
	영어	영어	68	•	68	영어	68	•	68	136
소계		884		•	884	884		•	884	1,768
창의적 체험활동		102		•	102	102		•	102	204
학년군 총 수업시수		986		•	986	986		•	986	1,972

　　학교자율시간을 한 학기를 기준으로 단 1개의 과목이나 활동만이 아닌 2개(과목+활동, 활동+활동)로 운영도 가능하다. 위 편제표 3학년의 경우 시민성 과목을 17시간으로 사회/도덕 교과(군)에 편성되는 과목으로 개설하고, 29시간 중 과목으로 배정한 17시간을 제외한 나머지 12시간은 과학/실과 교과(군) 12시간 생태 활동으로 편성을 하였다. 4학년의 경우 사회/도덕 교과(군) 속 인성 활동을 12시간 편성하였고, 과학/실과 교과(군) 속 환경 과목을 17시간 편성하였다. 일부 시·도 교육청은 과목의 경우 최소 17시간 이상으로 편성할 것을 지침으로 제시한 경우가 있기 때문에, 이를 반영하여 위 예시 편제표를 제시하였다.

〔유형 5〕 16+1 설계 기반형 중학교 편제표 예시

① 과목 편성을 위한 33시간 감축

구분			감축
교과(군)	국어		4
	사회(역사)/도덕	사회	2
		역사	2
		도덕	2
	수학		4
	과학/기술·가정/정보	과학	4
		기술·가정	2
		정보	1
	체육	체육	•
	예술	음악	•
		미술	•
	영어		4
교과 감축 총량			25
창의적 체험활동			8
총 감축량 → 과목개설 시수 확보			33

② 학교자율시간 적용 학년 증감 시수

구분			최종시수
교과(군)	국어		-4
	사회(역사)/도덕	사회	-2
		역사	-2
		도덕	-2
	수학		-4
	과학/기술·가정/정보	과학	-4
		기술·가정	-2
		정보	-1
	체육	체육	•
	예술	음악	•
		미술	•
	영어		-4
	선택	한문	•
		진로직업	•
		개설과목	+33
교과 증감 총량			+8
창의적 체험활동			-8

2022 개정 교육과정은 교과별 한 학기 분량을 16주를 기준으로 개발하였기 때문에, 교과별 1주 분량의 시수를 감축하여 학교자율시간 과목 개설을 위한 시수를 확보할 수 있다. 이 경우 위 표와 같이 학교자율시간이 적용되는 학기 편제표에서 교과별 1주 분량의 시수를 우선 감축하여 25시간을 확보하고 여기에 창의적 체험활동에서 8시간을 추가로 감축하여 33시간을 확보한다. 위 예시는 확보된 33시간을 선택교과(군)의 학교자율시간 33시간 과목으로 개설한 경우이다.

〔유형 6〕단일교과 기반형 중학교 편제표 예시

① 과목 편성을 위한 33시간 감축

구분			감축
국어			-33
교과 (군)	사회 (역사)/ 도덕	사회	•
		역사	•
		도덕	•
	수학		•
	과학/ 기술·가정 /정보	과학	•
		기술·가정	•
		정보	•
	체육	체육	•
	예술 예술	음악	•
		미술	•
	영어		•
교과 감축 총량			
창의적 체험활동			•
총 감축량 → 과목개설 시수 확보			33

② 학교자율시간 적용 학년 증감 시수

구분			최종시수
교과 (군)	국어	국어	-33
		생활국어	+33
	사회 (역사)/ 도덕	사회	•
		역사	•
		도덕	•
	수학		•
	과학/ 기술·가정 /정보	과학	•
		기술·가정	•
		정보	•
	체육	체육	•
	예술	음악	•
		미술	•
	영어		•
	선택	한문	•
		진로직업	•
교과 증감 총량			•
창의적 체험활동			•

위 편제 예시는 학교자율시간 과목을 단일교과 내용에 기반하여 개설하는 경우이다. 예를 들어 생활국어라는 학교자율시간 고시 외 과목으로 개설하는 경우, 국어 교과와 직접적으로 관련된 과목이기 때문에 국어 교과 내에서만 시수를 감축하여 33시간을 확보하고 생활국어를 국어 교과(군)으로 편성할 수 있다. 이 경우 수업과 평가를 국어 교과 교사가 진행한다. 국어를 예로 들었지만, 단일 교과에 기반한 과목을 개설할 경우 위와 같은 방식으로 편제를 설정할 수 있다.

〔유형 7〕 정보 관련 과목 개설형 중학교 편제표 예시

① 디지털 과목 편성을 위한 34시간 감축			② 디지털 과목 적용 학년 증감 시수		
구분		감축	구분		최종시수
국어		4	국어		-4
사회(역사)/도덕	사회	2	사회(역사)/도덕	사회	-2
	역사	2		역사	-2
	도덕	2		도덕	-2
수학		4	수학		-4
과학/기술·가정/정보	과학	4	과학/기술·가정/정보	과학	-4
	기술·가정	2		기술·가정	-2
	정보	·		정보	·
				디지털(개설)	34
체육	체육	·	체육	체육	·
예술	음악	·	예술	음악	·
	미술	·		미술	·
영어		4	영어		-4
교과 감축 총량		24	교과 감축 총량		+10
창의적 체험활동		10	창의적 체험활동		-10
총 감축량 → 과목개설 시수 확보		34	**총 감축량 → 과목개설 시수 확보**		34

(첫 번째 표의 "교과(군)" 세로 레이블과 두 번째 표의 "교과(군)" 세로 레이블 포함)

2022 개정 중학교 교육과정은 정보 관련 68시간 이상을 확보해야 한다. 기존 정보 고시 과목에서 34시간을 확보할 수 있지만, 나머지 34시간은 중학교 편성 운영 기준에 의거하여 학교자율시간을 활용하여 확보할 수 있다. 이 기준에 의거하여 학교자율시간 과목을 정보 관련 과목으로 개설하여 중학교 정보 68시간을 확보하려는 학교들이 실제로도 많이 있다. 이 경우 위 예시와 같이 타 교과와 창의적 체험활동에서 34시간을 확보하고 디지털이라는 과목을 과학/기술·가정/정보 교과(군)에서 34차시 과목으로 개설할 수 있다.

※ TIP. 학교자율시간을 한 학년에서 2개 학기 모두 운영 시 교과 편성 유의사항

구 분		3학년 표준시수	3학년 1학기	3학년 2학기
교과 (군)	국어	204	102 A과목/활동 29시간	102 B과목/활동 29시간
	사회/도덕	136	68	68
	수학	136	68	68
	과학/실과	102	51	51
	체육	102	51	51
	예술(음악/미술)	136	68	68
	영어	68	34	34
	소계	884	442	442
창의적 체험활동		102	51	51
학년군별 총 수업 시간 수		986	493	493

　　학교자율시간을 한 개 학년에서 1, 2학기 모두 운영할 경우에는 1학기와 2학기 과목이나 활동이 편성되는 교과를 다르게 하는 것이 필요하다. 위 예시와 같이 3학년 학교자율시간 과목이나 활동이 편제되는 국어 교과(군)의 경우 3학년에서만 58시간이 증배되기 때문에 타 교과에서 많은 시수 감축이 필요하고, 2년간 시수 증가 범위를 3학년에서 대부분 활용하여 4학년 국어과 시수 증감에 제한이 생길 수 있다. 따라서 학교자율시간을 한 학년에서 1, 2학기 모두 운영할 경우는 과목/활동이 편성되는 교과(군)을 다르게 설정하는 것이 한 개 교과에서 시수가 무리하게 증감되는 것을 방지할 수 있다.

학교자율시간을 위한
교육과정 디자인 원리 이해하기

학교자율시간 도입 이전 시기에 많은 학교에서 다양한 교육과정 재구성 방식을 실천해 오고 있었다. 학생실태를 반영한 특정 주제를 정하고 그 주제에 맞추어 교과 성취기준들을 활용하여 교육과정을 재구성하는 주제 중심 교육과정 방식을 많이 실천해 왔다. 그러나 학교자율시간을 위한 교육과정은 과거 주제 중심 교육과정과 차이점이 있다. 필자가 경험해 본 학교자율시간 실습 연수에서 이 차이점을 간과하고 과거 교과 성취기준이나 교과 내용을 바탕으로 교육과정을 재구성해 오던 방식을 학교자율시간에서도 그대로 적용하려는 선생님들을 적지 않게 볼 수 있었다. 또한 학교자율시간 과목/활동 시수를 산출해 내기 위해서 타 교과에서 시수를 감축하는 것 때문에, 감축해 온 교과 시수만큼 그 교과의 내용을 학교자율시간 수업 내용으로 구현해 내야 하는 것으로 착각하는 경우도 볼 수 있었다. 예를 들어 3학년 학교자율시간 마을 활동 29시간을 추출하기 위해서 국어에서 10시간을 갖고 오는 경우 이 10시간은 국어와 관련된 마을 내용으로 학교자율시간 활동을 구성해야 한다고 생각하는 선생님들이 있었다. 학교자율시간 과목/활동 시수를 산출하기 위해서 타 교과에서 갖고 오는 것은 단순 시수의 양이지 그 교과의 내용이 아닌 것이다. 이는 현재 학교 현장의 교육과정이 과거 주제 중심 교육과정 재구성 방식에서 학교자율시간을 활용한 교육과정 생성의 단계로 넘어가는 과도기적 단계에 놓여 있기 때문이다. 2022 개정 교육과정 이전의 학교와 교사 교육과정은 주어진 교육과정을 그대로 사용하거나 조금 바꾸는 방식이었다면 학교자율시간으로 인하여 만들어지는 과목/활동은 교사가 새로운 교육내용과 방법들을 만들어가는 생성 교육과정이다. 과거, 다양한 교육과정 재구성과 프로젝트 교육과정 등이 현장에서 이루어져 왔지만 교과 성취기준 틀 안에 갖춰진 교육과정이라는 한계가 있었다.

학교와 교사 교육과정의 주요한 구성요소 중 하나는 성취기준이다. 과거 교육과정은 국가 교육과정 성취기준을 바탕으로 만들어 갔다면 이제는 국가 교육과정 성취기준이 아닌 학교와 교사들만의 성취기준을 만들어 나갈 수 있는 것이다. 따라서 학교자율시간에 임하는 교사들의 교육과정 마인드는 이제는 교과라는 틀에서 벗어나 학생이라는 틀에서 바라볼 필요가 있다. 교과라는 틀을 벗어나 학생을 바라본다면 교사들의 상상력과 학생들에게 필요한 다양하고 새로운 성취기준들이 활발하게 만들어질 것이다. 필자가 2022 개정 교육과정 각론 조정 연구에 참여하면서 느낀 것이 있었다. 교과 교육과정 개발자들의 개발 관점에는 학생

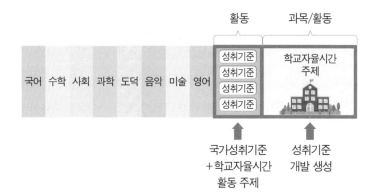

보다는 교과가 우선이었다는 것이다. 교과의 전통적 내용과 위계들이 최우선 고려 대상인 것을 확인할 수 있었다. 교과라는 틀은 학생 중심 교육과정에 보이지 않는 천장으로 작용할 수 있다.

그러나 학교자율시간은 위 그림의 오른쪽 부분과 같이 과목과 활동모두 교과라는 눈에 보이지 않는 틀에서 벗어나 새로운 성취기준을 개발할 수 있다. 활동의 경우도 기존 성취기준을 학교자율시간 활동 주제 맥락에 맞추어 교사의 적극적 개입에 의하여 성취기준을 변경할 수 있다. 즉, 학교자율시간으로 인하여 교육과정의 색깔이 위 그림과 같이 세 부분으로 나뉘게 될 것이다. 학교자율시간이 아닌 순수 교과 시간은 위 그림의 왼쪽 부분이 될 것이다. 학교자율시간은 맨 오른쪽 영역의 성취기준을 개발하는 교육과정 생성의 영역 그리고 기존 성취기준을 재구조화하는 중간지대의 영역으로 구현될 것이다.

학교자율시간 효율적 운영을 위한 시간표 짜기

학교자율시간을 위한 편제와 시수를 만들어 냈다면, 과목과 활동이 실제 수업으로 이루어지기 위한 시간표를 짜야 한다. 학교자율시간을 위한 시간표는 학교 실태에 맞추어 자유롭게 운영할 수 있지만, 다음 표와 같이 분류할 수 있다.

구분	시수 편성	장점	단점
고정형	· 일정 기간 동안 고정적인 일시에 지속적으로 학교자율시간 시수 편성	· 일관되고 지속적인 교육 실천 가능 · 안정성과 내실화 확보 가능 · '활동'보다는 '과목' 운영에 유리할 수 있음.	· 교육과정 편성이나 시간표 마련 시 어려움. · 담당 교사 배정 및 지도 부담 증가

		・교육 몰입 및 집중도 향상됨. ・학교 상황에 맞춘 시간 사용 가능 ・과목보다는 활동 운영에 유리할 수 있음. ・고정형에 비해 교사의 부담이 상대적으로 완화됨.	・행사 및 이벤트로 운영되지 않기 위한 노력 필요함. ・집중 편성 기간 동안 학생의 흥미도 지속 노력 필요함. ・특정 부서 및 특정 과목 담당자 부담이 있을 수 있음.
집 중 형	・특정 기간에 집중적으로 학교자율시간의 시수 편성		
혼 합 형	・일정 기간에는 고정형으로, 특정 기간에는 집중형으로 학교자율시간 시수 편성	・고정형과 집중형의 장단점 혼합	

출처: 대구광역시교육청(2024), 초등학교 학교자율시간 운영 지침

　고정형의 경우 주당 시간표에 특정 요일과 시간을 정해서 학교자율시간을 운영하는 경우이다. 학교자율시간이 한 학기를 기준으로 30시간 내외의 시간이기 때문에 시간표상으로 아래와 같이 주당 약 2시간 정도를 배정할 수 있다.

학교자율시간 고정형 시간표

	월	화	수	목	금
1교시	수학	음악	사회	체육	과학
2교시	수학	음악	사회	체육	과학
3교시	사회	국어	영어	미술	도덕
4교시	사회	국어	영어	미술	도덕
5교시	음악	수학	수학	자율시간	음악
6교시				자율시간	

학교자율시간을 위와 같이 고정형으로 운영할 수도 있지만, 특정 시기에 집중적으로 운영할 수도 있다.

학교자율시간 집중형 시간표

기 간	월						화						수						목						금					
	1	2	3	4	5	6	1	2	3	4	5	6	1	2	3	4	5	6	1	2	3	4	5	6	1	2	3	4	5	6
7. 1.-7. 5.	영	국	수	사	과		국	수	체	도	음		영	국	수	창	창		국	국	수	사	미	미	과	과	사	체	창	
7. 8.-7.12.	영	국	수	사	음		국	수	체	도	음		영	국	수	수	음		국	국	수	사	창	창	과	과	사	체	창	
7.15.-7.19.	영	국	수	사	과		음	수	사	도	음		영	국	창	창	음		국	사	자율시간				자율시간					
7.22.-7.26.	자율시간						자율시간						자율시간						자율시간						창	창	창	창		

프로젝트 방식으로 학교자율시간을 운영할 경우 1~2시간 분량으로 산발적으로 운영하는 것보다는 집중적으로 운영하는 것이 효율적이다.

또한, 학교자율시간을 음미체 제외 모든 교과에서 16+1을 기반으로 산출한 경우 16주는 교과를 운영하고, 마지막 1주를 학교자율시간으로 집중하여 운영할 수 있다.

앞의 고정형과 집중형의 방식을 혼합하여 운영할 수도 있다. 학교자율시간 과목/활동 중 과목의 지식과 관련된 부분은 시간표를 고정하여 운영하고 실제 체험/실천 등의 교육 내용은 집중형으로 운영할 수 있다.

학교자율시간 혼합형 시간표

기 간	월					화					수					목						금				
	1	2	3	4	5	1	2	3	4	5	1	2	3	4	5	1	2	3	4	5	6	1	2	3	4	5
5.20.-5.24.	영	창	수	사	과	국	수	체	도	음	영	창	수	국	자율	국	국	수	사	창	창	과	과	사	체	창
5.27.-5.31.	영	과	수	사	수	국	수	체	도	창	영	수	국	국	자율	국	국	수	사	미	미	과	과	사	체	창
6. 3.-6. 7.	영	창	수	과	과	국	수	체	도	음	영	수	미	미	자율											
6.10.-6.14.	영	과	수	수	창	국	수	체	도	음	영	국	수	수	자율	국	국	사	사	미	미	과	과	사	체	음
6.17.-6.21.	영	국	수	사	과	국	도	체	음	음	영	미	미	수	자율	국	국	수	사	창	창	과	과	사	체	창
6.24.-6.28.	영	국	수	사	음	국	수	체	도	음	영	국	수	과	자율	국	국	수	사	미	미	과	과	사	체	창
7. 1.-7. 5.	영	국	수	사	과	국	수	체	도	음	영	국	수	창	자율	국	국	수	사	미	미	과	과	사	체	창
7. 8.-7.12.	영	국	수	사	음	국	수	체	도	음	영	국	수	수	자율	국	국	수	사	창	창	과	과	사	체	창
7.15.-7.19.	영	국	수	사	과	음	수	사	도	음	영	국	창	창	자율	국	사	수	음	미	미	과	과	사	음	국
7.22.-7.26.	자율시간					자율시간					자율시간					자율시간							창	창	창	창

3 Part

학교자율시간,
과목과 활동 설계하기

학교자율시간
문서 체계 틀 만들기

학교자율시간은 과목 혹은 활동 중 어느 쪽을 개설하더라도 새로운 교육과정을 만드는 과정이라는 점에서는 차이가 없다. 온전한 하나의 교육과정이라면 어떤 목적을 가지고 무엇을 어떻게 교육할 것인지, 교육 후에 어떤 성장을 이루어 냈는지를 기록하고 평가할 수 있어야 한다. 따라서 학교자율시간의 성격과 목표, 내용, 교수·학습 방법, 평가 등을 담아낼 과목/활동 문서 틀이 필요하다.

과목의 경우 시·도 교육청의 승인을 받아야 하는데 대부분의 교육청에서는 목표-내용-방법-평가의 틀로 승인 양식을 제시하고 있다. 활동의 경우에도 큰 틀은 이와 같은데 이는 국가 교육과정 각론 문서(교과 교육과정)와 동일한 체제다. 따라서 문서 틀의 각 항목별로 어떤 내용을 작성해야 하는지를 안내하고자, 필자가 공동 연구원으로 참여했던 2022

과목/활동명	
1. 성격/목표	
2. 내용	
3. 교수·학습	
4. 평가	

개정 교육과정 각론 조정 연구보고서의 내용을 과목/활동 성격에 맞게 수정·보완하여 다음과 같이 제시하였다.

성격 및 목표

① '성격' 항목에는 학교자율시간 과목/활동의 필요성과 특징을 제시한다.

성격	진술 방향
과목/활동의 필요성	해당 과목(활동)을 배워야 하는 이유와 해당 과목(활동)을 학습하는 것이 학생들에게 왜 중요한지를 제시함. 예 1: 디지털 대전환 시대를 대비하여 학생들에게 모든 교과 학습에 필요한 디지털 소양을 체계적으로 키워 줄 수 있는 과목이 필요하다. 예 2: '환경'은 학습자들이 환경의 중요성과 가치를 인식하고, 다른 사람들과 더불어 지구 생태계 내에서 조화로운 삶을 살아가는 데 요구되는 의지와 역량을 갖추어, 기후변화와 생물다양성 감소 등 인류가 직면한 환경 문제를 해결하고 지속가능한 사회를 만드는 데 기여할 수 있게 하는 과목이다(출처: 2022 개정 교육과정 중학교 환경 과목).

과목/활동의 특징	과목/활동의 특징을 제시하며 편성되는 교과와는 다른 새롭게 개설되는 과목/활동만이 갖고 있는 고유한 특징들을 제시할 수 있음.
	예: 생태 과목은 지구온난화와 기후위기 시대를 대비하여 과학과 사회, 도덕 교과에서 배운 내용들을 이론적 앎의 상태에 한정하는 것이 아니라 학생들의 삶과 연계하여 실생활에서 실천할 수 있는 생태감수성과 실천역량을 강화하는 데 중점을 두도록 한다.

② '목표' 항목에는 학교자율시간 과목/활동을 통하여 성장시키고자 하는 인지적 · 정의적 요소를 종합적으로 제시하며 과목/활동을 통해 성장한 학습자의 모습을 구체적으로 제시한다.

> 자연 현상과 환경 변화에 대한 관심과 감수성을 가지고, 통합적 탐구를 통하여 인간과 환경과의 관계를 이해하며, 다른 사람들과 더불어 환경 문제를 해결하고, 지속가능한 사회 속에서 조화로운 삶을 살아가는 데 필요한 환경 소양과 실천 역량을 기른다.
>
> 가. 인간과 환경 간의 상호의존 관계를 파악하고, 환경 체계, 기후변화 등 환경 문제 및 지속가능한 사회와 삶의 양식을 이해한다.
>
> 나. 환경을 탐구하고 환경 문제의 통합적 해결책을 찾는 데 필요한 시스템 사고, 창의적 문제해결력, 의사소통 능력 등을 기른다.
>
> 다. 환경에 대한 다양한 경험과 성찰을 통해 환경 감수성과 환경 친화적인 태도를 기른다.

라. 우리와 미래 세대를 위해 건강하고 쾌적한 환경을 보전하고 지속가능
한 삶을 실천하는 다양한 수준의 활동에 적극적으로 참여한다.

출처: 2022 개정 교육과정 환경 과목 목표

이와 함께 과목/활동 주제와 관련된 사항, 주도성과 핵심역량 및 기초
소양 신장, 학교교육 목표 등을 다음 표와 같이 제시할 수 있다.

목표 유형	진술 방향
과목/활동 주제 관련 제시	과목/활동의 주제와 관련된 사항을 목표로 제시함. 다음 예와 같이 시민성 과목의 경우 시민성 주제와 관련된 요소를 목표로 제시함. 예: 시민성 과목을 통하여 **민주시민의식과 더불어 살아가는 데 필요한 가치와 태도**를 함양할 수 있다.
역량 및 소양 신장 제시	과목/활동 교육을 통하여 학습자 주도성 혹은 핵심역량(총론 6가지 핵심역량), 기초소양 등 역량 및 소양과 관련된 요소 신장을 제시함. 예 : 프로젝트형 생태전환 과목 운영을 통하여 **학생 주도성, 협력적 소통 역량, 공동체 역량**을 신장시킬 수 있다.
학교교육 목표와 연계하여 제시	과목/활동 교육을 학교의 비전이나 목표 신장과 연계하여 제시함. 학교 중점 교육 사항을 과목/활동 교육을 통하여 신장시킬 수 있도록 제시함. 예: 디지털 AI와 친구되기 과목/활동을 통하여 미래 사회에 필요한 **창의성(학교교육 목표)**을 신장시킬 수 있다.

내용

'내용'에는 학교자율시간을 어떠한 내용으로 운영할 것인지를 내용체계와 성취기준으로 제시한다. 내용체계는 2022 개정 교육과정의 내용체계 양식(핵심 아이디어, 지식·이해, 과정·기능, 가치·태도)을 활용한다. 개발 내용에 따라 각 영역을 구분하여 내용체계와 성취기준을 제시할 수 있다.

가. 내용 체계

핵심 아이디어	· ·
범주 \ 구분	내용 요소
지식·이해	· · ·
과정·기능	· · ·
가치·태도	· · ·

나. 성취기준

〔코드명〕 성취기준(1)
〔코드명〕 성취기준(2)

교수 · 학습

'교수 · 학습'에는 해당 과목/활동 운영을 위해 필요한 특화된 수업방법이나 유의점 등을 제시한다. 기본적으로 각 교과 교육과정 교수 · 학습 방법을 살펴본 후 학교에서 개설하고자 하는 과목/활동에 필요한 수업 방법과 밀접한 관련이 있는 내용들을 참고해 제시할 수 있다.

> 가. 학습자가 교수 · 학습의 과정에서 자신의 학습 방법이나 학습 소재 등을 주도적으로 선택할 수 있도록 함으로써 학습자 개개인의 발달과 성장을 지원할 수 있는 학습자 맞춤형 교수 · 학습 및 자기 선택적 교수 · 학습을 계획하고 운용한다.
>
> 나. 창의적 사고력, 비판적 사고력, 문제 해결력, 의사 결정력, 메타 인지 등과 같은 고차 사고력 함양에 적합한 교수 · 학습 방법을 통해 학습자 스스로 지식을 구성하고 자기주도적 학습 능력을 향상시킬 수 있도록 학습을 전개한다.
>
> 다. 학습자의 실생활과 가까운 학습 맥락을 제공하여 흥미와 동기를 높이며, 학습자가 상호 협력적으로 문제를 해결할 수 있도록 교수 · 학습을 계획하고 운용한다.
>
> 라. 학습자가 실생활에서 활용할 수 있는 디지털 도구를 적극적으로 활용할 수 있도록 교수 · 학습을 계획하고 운용한다.
>
> 출처: 교육부(2022a), 초 · 중등 교육과정 총론

이외에 과목/활동의 수업 내용과 방법들을 학생과 함께 구성하는 수업 방법과 지역과 연계된 교육자원을 활용한 사항 등을 교수·학습 항목으로 제시할 수 있다.

- 학생과 함께 수업내용과 방법을 구성하는 항목
  (예) 생태과목과 관련된 수업 내용 및 방법 등을 학생과 함께 선택하여 구성한다.
- 지역 연계 교육 수업내용과 방법 항목
  (예) 민주시민 과목은 마을 교육자원을 적극 활용하여 삶과 연계된 살아 있는 특색과목이 될 수 있도록 한다.

평가

'평가' 항목은 과목/활동 평가의 방향성과 구체적 방법 등을 제시한다. 평가의 방향성은 성적 산출이 목적이 아닌 학생의 교육적 성장을 위한 평가 철학 등을 제시할 수 있고, 구체적 평가 방법에는 포트폴리오 평가, 디지털 도구를 활용한 평가 등의 방법을 제시할 수 있다. 또한 편성되는 교과 평가 지침에 의거하여 평가 후 세부능력 및 특기사항에 기입할 성적처리에 대한 사항을 제시할 수 있다.

시원하게 정리해 보는
핵심 아이디어

2022 개정 교육과정은 교과 내용 체계표에 핵심 아이디어라는 새로운 구성요소를 도입하였다. 핵심 아이디어는 영역을 아우르면서 해당 영역의 학습을 통해 일반화할 수 있는 내용을 핵심적으로 진술한 것이다. 또한 핵심 아이디어는 해당 영역의 학습에 초점을 부여하여 깊이 있는 학습을 가능하게 하는 토대가 된다(한국교육과정평가원, 2022). 그런데 이 설명을 들은 교사 대부분은 핵심 아이디어라는 새로운 개념이 명확하게 이해되지는 않는다는 반응을 보인다. 개발되어 있는 핵심 아이디어들을 곱씹어 읽어 보아도 상황이 크게 달라지지는 않는다고 한다. 그러면 핵심 아이디어라는 개념이 왜 새롭게 생겨났고 필요한지, 어떻게 이해해야 하는지 함께 살펴보자.

핵심 아이디어는 왜 필요할까? 2022 개정 교육과정은 특히 교과에서 배운 내용과 기능을 학생이 생활 속 장면에 적용하고 발전시킬 수 있는 역량 함양 교육을 추구하고 있다. 이를 구현하기 위해 교과 내, 교과 간 통합을 추구하는데 전이가 가능한 개념들을 엮어 이를 실현할 수 있다. 이전의 교육과정 내용 체계가 각 교과의 구체적 지식과 정보, 기능에 대한 나열에 불과했다면 2022 개정 교육과정의 내용체계는 영역을 담아내는 큰 바구니이자 더 높은 층위로 '핵심 아이디어'를 새롭게 설정한 것이다. 2015 개정 교육과정에서도 핵심 개념과 일반화된 지식을 중심으로 구조화를 하였으나 전이가 용이한 포괄적 형태의 개념이 아니라 주제나 소재 위주의 성격을 띄는 경우가 많았다. 또한 상위 조직자의 배치가 존재하지 않는 문제점도 있었기에 이를 보완하기 위해 핵심 아이디어가 신설되었다.

핵심 아이디어는 3가지 특징을 가지고 있다. 첫째, 핵심 아이디어는 추상적이고 포괄적이다. 제시된 표는 2022 개정 교육과정 수학과 '수와 연산' 영역의 내용체계이다. 핵심 아이디어는 교과 영역의 학습을 통해 학습자가 얻게 되는 개념에 대한 진술문으로 이 경우에는 초등학교 1학년부터 중학교 3학년까지 9년간 수학과 '수와 연산' 영역을 모두 학습하게 되면 얻어지는 지식을 문장화한 것이다. 즉, 지식이 추상적이고 포괄적으로 일반화된 모습을 문장으로 표현한 것으로 다른 일반화와 연결되며 전이될 수 있다. 학생이 학습을 통해 이전의 지식과 새로운 지식을 연결하고 삶에 적용하여 발전적 형태로 만들어 낼 수 있도록 핵심 아이디어가 매개가 되는 이 과정을 학습의 전이라고 칭할 수 있다. 즉, 핵심 아이디어는 각 교과의 본질을 드러낸다.

수학과 '수와 연산' 영역의 내용체계 (교육부, 2022a)

핵심 아이디어	·사물의 양은 자연수, 분수, 소수 등으로 표현되며, 수는 자연수에서 정수, 유리수, 실수로 확장된다. ·사칙계산은 자연수에 대해 정의되며 정수, 유리수, 실수의 사칙계산으로 확장되고 이때 연산의 성질이 일관되게 성립한다. ·수와 사칙계산은 수학 학습의 기본이 되며, 실생활 문제를 포함한 다양한 문제를 해결하는 데 유용하게 활용된다.					

구분 / 범주	내용 요소					
	초등학교			중학교		
	1~2학년	3~4학년	5~6학년	1~3학년		
지식 · 이해	·네 자리 이하의 수 ·두 자리 수 범위의 덧셈과 뺄셈 ·한 자리 수의 곱셈	·다섯 자리 이상의 수 ·분수, 소수 ·세 자리 수의 덧셈과 뺄셈	·약수와 배수 ·수의 범위와 올림, 버림, 반올림 ·자연수의 혼합 계산	·소인수분해 ·정수와 유리수	·유리수와 순환소수	·제곱근과 실수
과정 · 기능	·자연수, 분수, 소수 등 수 관련 개념과 원리를 탐구하기 ·수를 세고 읽고 쓰기 ·자연수, 분수, 소수의 크기를 비교하고 그 방법을 설명하기 ·사칙계산의 의미와 계산 원리를 탐구하고 계산하기			·최대공약수와 최소공배수 구하기 ·정수, 유리수, 실수의 대소 관계 판단하기 ·정수, 유리수, 근호를 포함한 식의 사칙계산의 원리를 탐구하고 계산하기		
가치 · 태도	·자연수, 분수, 소수의 필요성 인식 ·수와 연산 관련 문제해결에서 비판적으로 사고하는 태도			·음수, 무리수의 필요성 인식 ·수 체계의 논리적 아름다움에 대한 관심		

둘째, 핵심 아이디어는 지식이나 앎의 관점으로 진술된다. 핵심 아이디어는 내용 요소의 상위 조직자 역할을 하여야 하므로 지식·이해, 과정·기능, 가치·태도보다 층위를 높여 학습자의 앎의 모습을 나타낸 것이다. 흔히들 핵심 아이디어를 읽으면서 도통 이해할 수 없다는 생각을 갖게 되는데 이는 진술되는 관점이 익숙하지 않기 때문이다. 교사들은 일반적으로 교육을 통해 학생의 행동 변화(Outcome)를 불러일으킬 수 있도록 하는 '~할 수 있다.'와 같은 행동 및 목표지향적 서술이 익숙하다. 그래서 핵심 아이디어는 지식의 관점으로 진술되어 의미가 모호하고 이해할 수 없는 형태라고 생각하기 쉽다. 그럼 이 진술 방식을 쉽게 받아들이려면 어떻게 해야 할까? 지식은 형태가 눈에 보이지 않고 이를 습득한 학생들이 특별한 모습이나 형태를 드러낸다고 보기 어렵다. 그렇기에 핵심 아이디어는 학생이 학습을 통해 습득하였을 때 인지 구조 속에 자리 잡는 지식의 형태를 문장으로 나타낸 것으로 받아들이면 된다. 핵심 아이디어는 해당 영역을 통해 학생들이 온전히 체득한 지식의 형태, 즉 학생들이 도달할 것으로 보이는 총체적인 앎의 형태를 문장화한 것이다. 그래서 핵심 아이디어는 '(개념)은 기초가 된다.' 혹은 '~하는 행위이다.' 등의 형태로 서술된다. 그렇기에 '탐구한다.', '실천한다.', '파악한다.'와 같이 학생의 행동 및 결과 중심의 진술과는 다르게 진술해야 한다.

셋째, 핵심 아이디어는 해당 영역의 정체성을 나타낸다. 다음은 다양한 교과 및 영역의 핵심 아이디어를 제시한 표이다. 국어 교과의 읽기 영역에 대해 떠오르는 이미지는 무엇인가? 핵심 아이디어를 탐독하기 전, 필자는 읽기 영역은 다양한 국어 작품을 읽고 해석할 수 있는 능력을 갖추도록 가르쳐야 한다고 생각했었다. 그러나 아래 표와 같이 읽기는 배경지식이나 경험을 활용하여 의미를 능동적으로 구성하는 행위이다. 단순히 해석하고 파악하는 수동적 독자가 아닌 다양한 기호나 매체로 표현된 글을 읽어 능동적 독자가 되도록 하는 것이 읽기 영역의 역할이다.

영역의 정체성을 나타내는 핵심 아이디어

교과	영역	핵심 아이디어
국어	읽기	읽기는 독자가 자신의 배경지식이나 경험을 활용하여 언어를 비롯한 다양한 기호나 매체로 표현된 글의 의미를 능동적으로 구성하는 행위이다.
국어	매체	매체는 소통을 매개하는 도구, 기술, 환경으로 당대 사회의 소통 방식과 소통 문화에 영향을 미친다.
사회	자연환경과 인간 생활	우리나라와 세계 각지에 다양한 지형 경관이 나타나고, 해당 지역의 인문환경과 인간 생활에 중요한 영향을 미친다.
사회	법	우리 사회에는 일상을 규율하는 다양한 법들이 있으며, 사람들은 재판을 통해 권리를 실현할 수 있다.
사회	한국사	각 시대의 모습에는 당시 사람들의 생활상과 사고방식이 반영된다.
음악	연주	음악은 고유한 방식과 원리에 따라 인간의 느낌, 생각, 경험을 다양한 소리의 어울림으로 표현한 것이다.
미술	감상	감상은 다양한 삶과 문화가 반영된 미술과의 만남으로 자신과 공동체의 문화를 이해하게 한다.
체육	스포츠	스포츠는 인간이 제도화된 규범과 움직임 기술을 바탕으로 타인 및 주변 세계와 소통하며 바람직한 구성원으로 성장하는 데 이바지한다.

또 다른 예로 확인해 보자. 사회 교과의 한국사는 왜 배우고 가르쳐야 하는 걸까? 한국사를 배우는 이유는 단순히 지식을 습득하고 과거를 회상하는 것이 아닌, 시대적 흐름에 따라 당시의 생활상과 사고방식이 반영되므로 이를 통해 학생들이 삶에서 배울 점을 이끌어 내기 위함이다. 이렇게 정체성을 나타내는 핵심 아이디어는 해당 영역에 대한 교사의 이해를 도울 뿐만 아니라 해당 영역의 방향성을 담은 교수 · 학습이 이루어질 수 있게 한다.

이러한 특징을 바탕으로 핵심 아이디어를 보다 더 이해하기 쉽게 유형화할 수 있을까? 필자는 초 · 중학교 교육과정 모든 교과 영역의 핵심 아이디어를 분석하고 유형화하여 분류해 보았다. 그 결과, 핵심 아이디어는 대체적으로 3가지 유형으로 진술되고 있었다. 각 유형의 핵심 키워드는 바로 정체성, 총체적 앎의 모습, 학생의 기대 결과 형태이다.

핵심 아이디어의 유형

유형 1	해당 교과 영역의 정체성
유형 2	학생이 습득할 것으로 예상되는 총체적인 앎과 기능의 모습
유형 3	해당 영역의 역할과 전이의 모습 형상화

대부분의 핵심 아이디어는 이 세 가지 중 한 가지 유형으로 구분된다. 구체적인 적용 예시는 다음과 같다. 국어와 사회와 같은 인문교과는 영역의 정체성을 나타내는 유형 1이 많이 나타나고 명확한 개념이 제시되

는 수학, 과학과 같은 교과와 기능을 나타내는 예체능 교과는 유형 2나 유형 3이 많은 편이다.

핵심 아이디어의 유형에 따른 예시

유형 1	해당 교과의 영역의 정체성
유형 2	학생이 습득할 것으로 예상되는 총체적인 앎과 기능의 모습
유형 3	해당 영역의 역할과 전이의 모습 형상화

유형	교과	영역	핵심 아이디어
유형 1	도덕	자신과의 관계	자아에 대한 탐구와 성찰은 자신을 존중하는 마음을 기르는 도덕 공부의 기초이다.
유형 1	체육	운동	운동은 체력과 건강을 관리하는 주요 방법으로, 생애 전반에 걸쳐 건강한 삶의 토대가 된다.
유형 1	국어	쓰기	쓰기는 언어를 비롯한 다양한 기호나 매체를 활용하여 인간의 생각과 감정을 글로 표현함으로써 의미를 구성하는 행위이다.
유형 2	수학	수와 연산	사물의 양은 자연수, 분수, 소수 등으로 표현되며, 수는 자연수에서 정수, 유리수, 실수로 확장된다.
유형 2	과학	물질	화학 반응을 통해 물질은 다른 물질로 변하며, 화학 반응의 규칙성은 새로운 물질의 생성 원리가 된다.
유형 2	사회	자연환경과 인간생활	지표상에는 다양한 기후 특성이 나타나며, 기후 환경은 특정 지역의 생활양식에 중요하게 작용한다.

유형 3	국어	읽기	독자는 읽기 경험을 통해 읽기에 대한 긍정적 정서를 형성하고 삶과 공동체의 문제 해결을 위해 공동체 구성원과 함께 독서를 통해 소통함으로써 사회적 독서 문화를 만들어 간다.
유형 3	미술	미적 체험	미적 체험은 감각을 깨워 미적 감수성을 풍부하게 하며 미적 가치를 발견하도록 한다.
유형 3	실과	인간발달과 주도적 삶	가정일과 생활 습관은 변화하는 일상에서 개인 및 가족의 요구와 문제를 해결해 나갈 수 있게 하면서 생활방식과 진로를 스스로 개척하고 성장하기 위한 바탕이 된다.

　　지금까지 2022 개정 교육과정에 새롭게 도입된 핵심 아이디어의 특징과 그 유형에 대해 알아보았다. 핵심 아이디어를 자세하게 살펴본 이유는 과목/활동 개발 시 학습에 초점화를 부여하여 깊이 있는 학습으로 이루어질 수 있다는 교육적 효과 때문이다.

핵심 아이디어
200% 활용법

핵심 아이디어는 과목/활동 설계에서 다음과 같은 역할을 할 수 있다. 첫째, 핵심 개념을 추출하여 깊이 있는 학습을 설계할 수 있게 한다. 2022 개정 교육과정에서 핵심 역량을 함양하기 위한 구체적 방법으로 제시한 것이 '깊이 있는 학습'이다. 깊이 있는 학습은 학습자가 학습 자료를 스스로 자신의 것으로 만들고 배운 것을 새로운 상황에 적용할 수 있도록 소수의 핵심 내용을 깊이 있게 배우는 것을 의미한다(한국교육과정평가원, 2022). 깊이 있는 학습을 위해서는 교과 간 연계와 통합, 삶과 연계한 학습, 학습 과정에 대한 성찰 과정이 필요하다. 핵심 아이디어는 여러 교과 간 연계와 통합 과정을 설계할 때 활용할 수 있고 실제 생활에 적용하는 모습의 구체화에 도움이 된다. 앞서 제시한 핵심 아이디어의 특징과 유형에 따르면 핵심 아이디어는 해당 영역의 지식이 일반화된 모습을 담고 있으며 다른 영역 및 교과로 연결되는 고리 역할, 즉 전이의 매개 역할을 한다.

　예를 들어 오른쪽 표처럼 세 가지 교과 영역의 핵심 아이디어를 분석하고 개념을 추출하면 '문제 해결과 인간의 역할'이라는 연결고리가 만들어진다. 세 가지 교과 영역의 핵심 아이디어를 바탕으로 교과 간 연계성을 고려하는 수업 설계 시, 학생들이 도달할 수 있는 지식의 일반화는 '우리 사회의 다양한 사회문제를 해결하기 위해 적절한 전략을 활용하고 인류의 삶에 바람직한 영향을 미치는 시민의 역할이 필요하다.'로 설정할 수 있다. 이를 바탕으로 해당 학년 군의 관련 내용 요소를 추출하여 다양한 교수·학습 방법으로 구체화하여 지도할 수 있다.

　둘째, 핵심 아이디어를 활용하여 학교자율시간을 설계할 수 있다. 교육과정에 제시되어 있지 않은 교과 외의 새로운 과목이나 활동을 개설하는 것이 학교자율시간이다. 그렇기에 기존의 내용체계의 내용 요소와 성취기준은 사용할 수 없는 것이 일반적이고 성취기준을 재구조화하거나 개발해야 한다. 교사들은 수업과 관련된 활동 개발에 익숙한 반면, 교육과정의 영역인 내용체계와 성취기준 개발에는 생소하다. 이때 기존 교과의 핵심 아이디어를 중심으로 우리 학교 학생들에게 필요한 개념을 추출하여 관련 활동을 구상하는 과정을 거치면 쉽게 내용체계와 성취기준을 만들 수 있다. 이렇게 개념을 초점화하여 활동을 구안하면 학생들은 교수·학습 활동을 통해 해당 개념을 보다 온전히 습득하고 전체 교수·학습이 방향성을 잃지 않는 이점이 생긴다.

핵심 아이디어를 활용한 깊이 있는 학습 설계

국어과
듣기 말하기

실과과
기술적 문제해결과 혁신

사회과
사회문화

교과	영역	핵심 아이디어	5-6학년군 내용 요소
국어	듣기 말하기	화자와 청자는 의사소통 과정에 협력적으로 참여하고 듣기·말하기 과정에서의 문제를 해결하기 위해 적절한 전략을 사용하여 듣고 말한다.	· 토의, 토론 · 의견 비교하기 및 조정하기 · 매체 활용하여 전달하기 · 듣기 말하기에 대한 적극적 참여
사회	사회 문화	우리 사회는 급격한 사회 변동과 다양한 사회문제를 경험하고 있으며, 이에 대응하기 위해서는 시민의 역할이 중요하다.	· 지구촌의 문제 · 지속가능한 미래 · 사회 변화의 양상과 특징 조사하기 · 사회 변화에 주체적으로 대응하는 태도
실과	기술적 문제 해결과 혁신	기술은 인간의 필요와 욕구를 충족하기 위한 혁신적인 문제 해결 활동으로 인류 문명을 주도하고 사회·문화·경제 등에 바람직한 영향을 끼치도록 활용되어야 한다.	· 기술적 문제 해결과 발명사고 기법 · 창의적인 제품 구상하기 · 발명품의 특허 정보 검색하기 · 기술에 대한 가치 인식

▼

일반화	우리 사회의 다양한 사회문제를 해결하기 위해 적절한 전략을 활용하고 인류의 삶에 바람직한 영향을 미치는 시민의 역할이 필요하다.

▼

다양한 교수 · 학습 방법으로 구체화

		민주시민교육	

교과	영역	핵심 아이디어	추출 개념
사회	정치	다양한 정치 주체가 정치과정에 참여하며, 민주주의는 여러 제도와 시민 참여를 통해 실현된다.	민주주의 시민참여 실현
사회	법	인권 보장을 위해 헌법에 기본권을 규정하고, 국가와 시민은 기본권 보장을 위해 노력한다.	국가와 시민의 노력
사회	사회 문화	우리는 일상생활에서 여러 문화를 접하고 있으며, 이로 인해 다양한 문화를 이해하고 존중하는 태도가 필요하다.	다양한 문화 이해와 존중 태도
도덕	타인과 의 관계	차이의 존중은 갈등을 평화적으로 해결하고 타인과 더불어 사는 삶으로 이끈다.	차이의 존중 평화적 해결 더불어 사는 삶
	사회 공동체 와의 관계	사회 정의는 시민의 인간다운 삶을 보장하는 도덕공동체의 토대가 된다.	사회 정의 인간다운 삶 보장

학교 자율시간 담을 내용	- 인간다운 삶을 보장하기 위한 국가와 개인의 노력의 예 - 상대방을 이해하고 존중하는 토의·토론 활동 - 다양한 사회문제의 평화적 해결 방법 탐구 - 학생 삶과 연계하여 학교 및 사회 문제 인식과 해결 경험 - 주도성을 키우는 학생 참여 활동

지식 · 이해	과정 · 기능	가치 · 태도
· 공동체 속 다양한 문제 · 합리적인 문제해결 방법 · 인간다운 삶의 보장 방법 · 참여와 사회 공헌 · 인권과 정의	· 평화적 해결 방법 탐구하기 · 학교와 사회 문제 인식하기 · 정의를 위한 방법 조사하기 · 인간다운 삶에 관한 토의·토론하기 · 사회 문제 해결 방안 구상하기	· 더불어 사는 태도 · 자발적 참여의식 · 주도적 삶의 태도 · 민주시민의 자세

성 취 기 준 개 발	· 인간다운 삶의 보장 방법을 이해하고 쟁점이 드러나는 주제로 토의·토론할 수 있다. · 민주시민으로의 참여와 사회공헌의 의미를 파악하여 자발적인 참여의식을 기른다. · 인권과 정의의 중요성을 이해하고 사회 문제 해결 방안을 구상하여 더불어 사는 태도를 지닌다.

다양한 교수 · 학습 방법으로 구체화

　예를 들어 민주시민교육과 관련한 주제로 학교자율시간을 설계하고자 할 때 민주시민교육과 관련 있는 기존 교과의 영역을 먼저 확인한다. 민주시민교육과 관련 있는 기존 교과는 사회 교과의 정치, 법, 사회문화이며 도덕과의 타인과의 관계, 사회 공동체와의 관계 등이 있다. 먼저, 민주시민교육과 관련한 기존 교과 영역의 핵심 아이디어를 제시하고 그 속에서 개념을 추출한다. 핵심 아이디어에서 꾸며 주는 말들을 걷어내고 가장 중요한 단어를 2~4가지로 추리게 되면 영역에 대한 핵심 개념이 명확하게 추출된다.

개념을 추출하고 나면 학교자율시간에 담을 내용을 구상한다. 이렇게 주요 개념들을 추출한 상태에서 학교자율시간에 담을 내용을 구상하면 학교자율시간 안에 담을 다양한 교수·학습이 방향성을 잃지 않고 실현되며 목표의 진술도 쉬울 뿐만 아니라 학교자율시간 과목/활동 개발 시, 내용체계와 핵심 아이디어도 쉽게 만들 수 있다.

학교자율시간에 담을 내용을 구상하고 다양한 활동을 통해 학생들이 얻을 수 있는 지식·이해, 과정·기능, 가치·태도의 내용 요소를 추출하고 이를 조합하여 성취기준을 만들 수 있다. 개발한 성취기준을 다양한 교수·학습 방법으로 구체화하면 핵심 아이디어-내용체계-성취기준-수업이 일관성을 갖는 학교자율시간이 완성될 것이다.

핵심 아이디어,
어떻게 만드는가?

다음은 2022 개정 교육과정 각론 조정 연구 보고서에 따른 핵심 아이디어 선정 시 참고 질문이다. 이 질문들을 모두 만족시키고자 점검을 거듭하며 핵심 아이디어를 개발하는 과정은 쉽지 않다. 그래서 핵심 아이디어를 쉽게 만들 수 있도록 해 주는 구체적 방안을 3단계로 제시하였다.

핵심 아이디어 선정 시 참고 질문 (한국교육과정평가원, 2022)
· 교과의 본질과 얼개를 드러내는가?
· 교과의 핵심을 관통하는가?
· 해당 교과를 구성하는 영역들을 아우르는가?
· 해당 교과와 다른 교과를 연계할 수 있는가?
· 교과 학습 및 교실 밖 삶에서 강력한 전이력을 가지고 있는가?
· 학생이 '발견'해야 할 것으로 깊이 있는 사고와 탐구를 필요로 하는가?

1단계 주제와 관련된 핵심 아이디어 수집하기

국가 교육과정에 개발되어 있는 핵심 아이디어들은 핵심 아이디어의 개념을 이해하고 그 성격을 분석하기 위한 좋은 예로 활용할 수 있다. 이 때 초·중등 교육과정뿐만 아닌 고등학교 교육과정도 함께 살펴볼 필요가 있다. 고등학교는 고교학점제로 인하여 진로선택과 융합선택에 다양한 과목들이 편성되어있기 때문에 학교자율시간 과목과 활동 주제가 유사하다면 이를 참고자료로 활용할 수 있다. 다음 표는 고등학교 과목을 정리한 표이다.

고등학교 과목	
국어	화법과 언어, 독서와 작문, 문학, 주제 탐구 독서, 독서토론과 글쓰기 등 10종
사회	세계시민과 지리, 사회문제 탐구, 기후변화와 지속가능한 세계 등 17종
도덕	현대사회와 윤리, 윤리와 사상, 인문학과 윤리, 윤리문제 탐구 4종
수학	대수, 미적분 1-2, 확률과 통계, 인공지능 수학과제 탐구, 실용 통계 등 13종
과학	과학의 역사와 문화, 기후 변화와 환경 생태, 융합과학 탐구 등 17종
기술가정	로봇과 공학세계, 생활과학 탐구, 창의공학 설계, 지식 재산 일반 등 7종
정보	정보, 인공지능 기초, 데이터과학, 소프트웨어와 생활 4종
체육	체육 1-2, 운동과 건강, 스포츠 문화, 스포츠 과학, 스포츠 생활 1-2 7종
음악	음악, 음악 연주와 창작, 음악 감상과 비평, 음악과 미디어 4종
미술	미술, 미술 창작, 미술 감상과 비평, 미술과 매체 4종
연극	연극 1종
영어	영어 발표와 토론, 실생활 영어 회화, 미디어 영어, 세계 문화와 영어 등 13종
제2외국어	독일어, 프랑스어, 스페인어, 중국어, 일본어, 일본 문화, 중국문화 등 32종
한문	한문, 한문 고전 읽기, 언어생활과 한자 3종
교양	진로와 직업, 생태와 환경, 논리와 사고, 인간과 철학, 인간과 심리 등 10종

2022 개정 교육과정 예술 계열 선택 과목	
음악	음악이론, 음악사, 시창 · 청음, 합창 · 합주, 음악공연 실습, 음악과 문화 등 7종
미술	미술이론, 드로잉, 미술사, 조형탐구, 미술 매체 탐구, 미술과 사회 등 7종
무용	무용과 몸, 안무, 무용 제작 실습, 무용 감상과 비평, 무용과 매체 등 8종
문예창작	문예 창작의 이해, 문학 감상과 비평, 소설창작, 극 창작, 문학과 매체 등 7종
연극	연극과 몸, 연극과 말, 무대미술과 기술, 연극 감상과 비평, 연극과 삶 등 7종
영화	영화의 이해, 촬영 · 조명, 편집 · 사운드, 영화 감상과 비평, 영화와 삶 등 6종
사진	사진의 이해, 사진 표현 기법, 영상 제작의 이해, 사진과 삶 등 6종

　예를 들어, 문화예술을 주제로 학년별로 미술표현, 음악연주, 연극, 영화를 학교자율시간으로 운영하는 학교의 경우, 초 · 중학교에 나온 음악, 미술 과목을 참고하여 핵심 아이디어를 구현해 내야 하는데 그 내용으로 학생들이 9년 동안 학습하는 지식의 총체를 담으려면 너무 광범위하고 포괄적이다. 이때 고등학교 교육과정의 음악, 미술, 연극 교육과정이나 특성화 고등학교에서 사용하는 예술 계열 선택 과목들의 핵심 아이디어를 살펴보면 한결 구체적인 방향성을 확인하고 참고할 수 있을 것이다. 운영하고자 하는 학교자율시간 주제와 관련 있는 고등학교 교육과정 과목들의 내용체계와 핵심 아이디어를 확인하고 유관한 내용을 추출하여 한눈에 나타내 보도록 한다.

학교자율시간 주제 : 문화예술			
3학년	4학년	5학년	6학년
미술 표현	음악 연주	연극	영화

관련 고등학교 과목			
· 미술 창작 · 미술 매체 탐구 · 미술 감상과 비평 · 미술과 사회	· 음악연주와 창작 · 음악 감상과 비평 · 음악 공연 실습 · 합창 · 합주	· 연극 · 연기 · 무대미술과 기술 · 연극 감상과 비평	· 영화의 이해 · 촬영 조명 · 편집 사운드 · 영화와 삶

3학년 미술 표현 관련 핵심 아이디어 추출

- 창작은 삶과 관련된 주제를 탐색하고 매체를 탐구하는 과정을 설계하며 자신의 미적 관심을 발견하고 창조하게 한다.
- 미술 감상은 작품의 조형적, 맥락적 다의성을 발견하고 이해하여 미술과 삶을 연결하게 한다.
- 미술을 통해 인간은 사회와의 관계를 폭넓게 이해하고 소통한다.

⋮

4학년 음악 연주 관련 핵심 아이디어 추출

- 음악은 고유한 방식과 원리에 따라 다양한 인간의 속성을 여러 연주 형태를 활용하여 소리의 상호작용으로 조화롭게 표현한 것이다.
- 음악은 고유한 방식과 원리에 따라 인간의 창의적인 의도와 사고를 체계적으로 구성 및 조직하여 여러 양식으로 산출한 것이다.

⋮

5학년 연극 관련 핵심 아이디어 추출

- 연극은 주제에 맞는 이야기를 선정하고 모든 참여자가 임무를 분담하여 지속해서 연습하고 협력하는 과정으로 만들어진다.
- 연극의 내용과 표현 양식은 시대적, 사회·문화적 배경을 반영하며 변화한다.
- 배우는 자신의 연기 능력을 다양한 분야로 확장하여 적용할 수 있도록 개방적 사고와 도전 자세가 필요하다.

⋮

6학년 영화 관련 핵심 아이디어 추출

- 영화는 이미지의 움직임과 결합을 통해 의미를 소통하고, 또 새로운 의미를 만들어 내기도 한다.
- 편집은 전달하려는 의도를 정확하게 표현하는 것이며, 창의적이고 유연하게 발현한다.
- 영화는 우리의 생활을 기록할 수 있으며 자기 생각과 이야기를 영상으로 표현할 수 있는 매체이다.

⋮

관련 개념 추출하기

　핵심 아이디어를 모은 다음 학교자율시간의 목표와 역량에 부합하는 개념을 추출하는 단계이다. 핵심 아이디어는 과목이 추구하는 방향과 역량 등을 담고 있기 때문에 유관 과목의 핵심 아이디어들을 추출, 활용하여 진술문을 만들 수 있다. 고등학교의 핵심 아이디어가 초·중학교의 교육과정에 적합할지에 대한 의문이 생길 수 있으나 핵심 아이디어는 영역의 핵심만을 뽑아 일반화한 것이기 때문에 학습자 수준을 고려하여 습득이 어려운 개념을 제외하거나 수정하면 된다.

음악 연주 관련 핵심 아이디어에서 개념 추출하기

- 음악은 고유한 방식과 원리에 따라 다양한 인간의 속성을 여러 연주 형태를 활용하여 소리의 상호작용으로 조화롭게 표현한 것이다.
- 음악은 고유한 방식과 원리에 따라 인간의 창의적인 의도와 사고를 체계적으로 구성 및 조직하여 여러 양식으로 산출한 것이다.
- 개인적 혹은 협력적 음악 표현과 산출은 연주자의 해석과 창작자의 의도, 맥락과 배경에 따라 다양하게 나타난다.
- 인간은 생활 속에서 다양한 방법과 매체를 연계 융합하여 음악적으로 실천하고 소통하며 공동체 발전에 기여한다.
- 인간은 다양한 음악의 표현·산출 과정을 협력적으로 구성하여 결과로 공개하며 음악적 실행력을 높인다.
- 인간은 생활 속 다양한 음악 공연 활동을 통해 공동체와 소통하며 창의적인 문화 발전에 기여한다.
- 개인적 혹은 협력적인 합창·합주 활동은 사회·문화적 맥락이나 여러 영역과의 연계 속에서 다양하게 나타난다.

3단계 개념과 개념 연결하기

　2단계에서 추출한 개념을 모아 진술문 형태로 연결해 주면 핵심 아이디어가 완성된다. 2단계에서 추출한 핵심 아이디어를 면밀히 살펴보면 주어는 '인간은', '음악은'의 형태이며, 종결어미는 '나타난다.', '기여한다.' 등으로 이루어져 있다. 실제 핵심 아이디어들의 종결어미를 분석한 결과 주요 서술 형태가 아래처럼 제시되고 있으니 참고하여 개발한다. 앞서 제시한 것처럼 핵심 아이디어의 성격은 세 가지 유형으로, 영역의 정체성을 언급하거나 해당 영역에서 얻어지는 총체적인 앎 혹은 기능을 밝히거나 영역의 역할과 전이의 모습을 드러낸다. 이를 유념하고 추출한 개념들에 주어와 종결어미를 적절히 조합하면 아래와 같이 핵심 아이디어를 만들 수 있다.

주요 서술 형태	~ 이끈다.	~ 기여한다.	~ 하는 행위이다.
	~ 영향을 미친다.	~ 기초가 된다.	~ 함양한다.
	~ 나타난다.	~ 기반이 된다.	~ 만들어 간다.

개념과 개념의 연결로 핵심 아이디어 개발하기

- 인간은 생활 속에서 소리의 상호작용으로 여러 연주 형태를 활용하여 음악적으로 실천하고 소통하여 공동체 발전에 기여한다.
- 음악 연주는 사회 문화적 맥락과 배경 속에서 연주자의 해석과 창의적인 사고를 체계적으로 구성하고 조직하여 표현한 것이다.

학교자율시간 4학년 주제 : 문화예술-음악연주

관련 고등학교 과목

· 음악연주와 창작	· 음악 공연 실습
· 음악 감상과 비평	· 합창 · 합주

4학년 음악 연주 관련 핵심 아이디어 추출

- 음악은 고유한 방식과 원리에 따라 다양한 인간의 속성을 여러 연주 형태를 활용하여 소리의 상호작용으로 조화롭게 표현한 것이다.
- 음악은 고유한 방식과 원리에 따라 인간의 창의적인 의도와 사고를 체계적으로 구성 및 조직하여 여러 양식으로 산출한 것이다.

⋮

관련 핵심 아이디어에서 개념 추출하기

- 음악은 고유한 방식과 원리에 따라 다양한 인간의 속성을 여러 연주 형태를 활용하여 소리의 상호작용으로 조화롭게 표현한 것이다.
- 음악은 고유한 방식과 원리에 따라 인간의 창의적인 의도와 사고를 체계적으로 구성 및 조직하여 여러 양식으로 산출한 것이다.
- 개인적 혹은 협력적 음악 표현과 산출은 연주자의 해석과 창작자의 의도, 맥락과 배경에 따라 다양하게 나타난다.
- 인간은 생활 속에서 다양한 방법과 매체를 연계 융합하여 음악적으로 실천하고 소통하며 공동체 발전에 기여한다.
- 인간은 다양한 음악의 표현 · 산출 과정을 협력적으로 구성하여 결과로 공개하며 음악적 실행력을 높인다.
- 인간은 생활 속 다양한 음악 공연 활동을 통해 공동체와 소통하며 창의적인 문화 발전에 기여한다.
- 개인적 혹은 협력적인 합창 · 합주 활동은 사회 · 문화적 맥락이나 여러 영역과의 연계 속에서 다양하게 나타난다.

개념과 개념의 연결로 핵심 아이디어 개발하기

- 인간은 생활 속에서 소리의 상호작용으로 여러 연주 형태를 활용하여 음악적으로 실천하고 소통하여 공동체 발전에 기여한다.
- 음악 연주는 사회 문화적 맥락과 배경 속에서 연주자의 해석과 창의적인 사고를 체계적으로 구성하고 조직하여 표현한 것이다.

내용체계와 성취기준,
왜 만들어야 하는가?

내용체계와 성취기준은 학교자율시간 과목과 활동의 뼈대 역할을 한다.
만약, 내용체계와 성취기준이 없다면 학교자율시간에서 이루어지는 많
은 수업이 아래 그림과 같이 방향성 없는 중구난방이 되어 버릴 것이다.

수업들이 하나의 목적과 방향성을 갖게 하기 위해서는 이정표 역할을 할 수 있는 무언가가 필요하다. 이 역할을 하는 것이 내용체계와 성취기준이다.

내용체계와 성취기준은 약 30시간 분량으로 진행되는 학교자율시간의 수업들이 학교 교육공동체의 필요에 의해 개설했던 과목, 활동의 목표로 틀림없이 수렴되도록 한다.

그리고 내용체계는 학교에서 유사 주제로 여러 개의 과목, 활동을 개설하는 경우 발생할 수 있는 내용의 중복을 방지해 준다. 학년군, 학교급 간 내용을 분류하여 위계성과 체계성을 확보하는 것이 국가 교육과정 내용체계의 주요 역할이기 때문에, 유사 과목과 활동을 한 학교에서 운영하게 되는 경우에 각 과목과 활동의 내용체계를 비교하면 각 수업이 고유한 특성을 유지하며 위계와 계열을 갖추어서 체계성을 갖도록 할 수 있다.

또한 학교자율시간은 이를 적용받는 학년의 교사 모두가 진행하게 되는 것이고, 한번 개설한 과목이나 활동은 차년도 또는 2022 개정 교육과정이 적용받게 되는 여러 해에 걸쳐 진행하게 될 수 있다. 이 경우 수많은 교사가 학교에서 개발한 과목과 활동으로 수업을 하게 될 텐데 이 다양한 교사들에게 수업의 이정표를 제시해 주는 역할을 내용체계와 성취기준이 할 수 있다. 단 내용체계와 성취기준을 수업으로 구현해 내는 것은 교사 개개인이기 때문에 지나치게 구체적인 수업방법을 제시하기보다는 꼭 필요한 교육 내용과 방법 등 방향성을 제시하는 역할을 하여, 교사가 자신의 수업철학을 중심으로 자율성과 융통성을 발휘할 수 있도록 해야 한다.

이외에도 내용체계와 성취기준은 교사들에게 수업 개발자 역할을 넘어 교육과정 개발자 역할을 할 수 있도록 한다. 학습목표와 이를 위한 수업활동을 개발하는 것이 수업의 영역이라면 학교자율시간을 어떤 내용과 방법으로 설계할 것인지를 고민하고 만드는 과정은 교육과정 개발의 영역이기 때문이다.

내용체계 만드는 법

학교자율시간 과목/활동이 단순 일회성 체험형 프로그램이 아닌 체계적인 교육과정이 되기 위해서는 무엇을 어떻게 가르칠 것인지가 명확하게 설정되어 있어야 한다. 이를 표로 정리하여 구조적으로 나타낸 것이 내용체계이다.

　학교자율시간은 2022 개정 교육과정에 의거하여 운영되는 것이기 때문에, 학교에서 개발하는 내용체계도 2022 개정 교육과정의 교과 내용체계 틀에 맞춰 조직한다. 내용체계 틀과 각 항목에 대한 설명은 다음과 같다.

2022 개정 교육과정 교과 내용체계 틀

핵심 아이디어	•
	•

구분 범주	내용 요소
지식·이해	• • •
과정·기능	• • •
가치·태도	• • •

- 핵심 아이디어: 영역을 아우르면서 해당 영역의 학습을 통해 일반화할 수 있는 내용을 핵심적으로 진술한 것
- 지식 · 이해: 교과 학습을 통해서 알아야 할 구체적 내용과 그것에 대한 이해의 내용을 가리킴. 해당 교과 영역에서 알고 이해해야 할 내용 요소, 개념, 원리 등을 포함함.
- 과정 · 기능: 지식을 습득하는 데 활용되는 사고 및 탐구 과정이면서 동시에 그 자체로서 학습되어야 할 교과 고유의 절차적 지식 등을 포함함.
- 가치 · 태도: 교과 활동을 통해서 기를 수 있는 고유한 가치 및 태도

한국교육과정평가원(2022), 2022 개정 교육과정 각론 조정 연구

이에 따라, 학교에서 과목/활동을 개발할 때는 먼저 과목/활동의 정체성, 과목을 학습함으로서 학생들의 삶에 전이되는 모습, 과목의 내용 요소들을 아우르는 총체를 '핵심 아이디어'로 선정한다(핵심 아이디어 진술에 대한 자세한 사항은 앞 장을 참고한다). 그리고 과목/활동 학습을 통해서 학생들이 알게 될 지식이나 이해하게 될 개념, 원리 등을 '지식 · 이해' 항목에 제시한다.

'과정 · 기능' 항목에는 과목/활동의 지식을 습득하는 데 필요한 사고 및 탐구 과정을 제시한다. 과정 · 기능 항목 선정 시 유의할 점은 단순 활동이나 기능(~을 만들기, 그리기, 발표하기 등)을 제시하지 않도록 한다. 과정 · 기능 항목 선정 시 국가 교육과정에서 개발하고자 하는 과목/활동과 가장 유사한 교과/영역의 내용체계를 참고하면 유용하다. 예를 들어 민주시민 과목을 개설하는 경우 사회과의 '정치', '법', '사회 · 문화' 영역과, 도덕과의 '타인과의 관계', '사회 · 공동체와의 관계' 영역의 내용체계를 참고할 수 있고 생태 관련 과목을 개설하는 경우 중학교 선택 과목인 '환경', 과학과 '생명', '과학과 사회' 영역, 도덕과 '자연과의 관계', 사회과 '지속가능한 세계' 영역의 내용체계를 참고할 수 있다.

'가치 · 태도' 항목은 과목/활동 학습을 통해서 길러 줄 수 있는 항목들과 과목/활동 학습을 한 후 학생들이 지니고 있어야 할 마음가짐이나 가치 · 태도를 제시한다. 구체적으로 다음 항목을 개설하고자 하는 과목/활동 주제와 연결하여 제시할 수 있다.

내용체계는 과목/활동의 뼈대를 구축하는 과정이기 때문에 학교 교육 공동체 모두의 협력을 바탕으로 마련할 필요가 있다. 또한 아무것도 없는 상태에서 내용체계를 선정하기보다는 학교에서 과목/활동의 기반이 될 활동들을 토대로 선정하면 실제 수업과의 연계성을 높일 수 있다. 학교자율시간 과목/활동을 구성할 활동이나 프로그램 혹은 프로젝트 들을 대략적으로 생각한 뒤 이를 통해 학생들이 알아야 할 것, 할 수 있어야 할 것, 지녀야 할 마음가짐이나 태도 등을 추출하고 이것을 내용체계로 연결하는 것이 바람직하다. 이 과정을 간과하고 단순히 내용체계 항목 채우기만을 이행하면, 즉 내용체계 개발을 위한 내용체계를 만들면 이는 또 하나의 캐비닛 속 교육과정으로 끝날 가능성이 높다.

내용체계에 대한 보다 구체적인 예시는 이 책의 주제별 내용체계 예시를 제시한 장을 참고할 수 있고, 각 학교에서 개발한 내용체계가 논리적이고 체계적으로 개발되었는지는 과목/활동 체크리스트 장을 참고할 수 있다.

과목과 활동,
영역 설정하기

국가 교육과정 각론인 교과 교육과정을 살펴보면 모든 과목에 영역이 설정되어 있는 것을 확인할 수 있다. 영역은 교과 내용을 범주화해 놓은 것으로서 교과의 내용을 이루는 가장 큰 분류 체계이자 최소 구성 요소로서 교과의 얼개 또는 구조를 드러낸다(한국교육과정평가원, 2022). 학교자율시간으로 과목이나 활동을 개설할 때에도 영역을 설정한다면 내용을 유목화함으로써 과목이나 활동을 체계적으로 선정하는 데 유익하다.

다음에 제시한 표는 학교자율시간 주제별로 하위 영역을 설정한 예다. 진로과목을 개설하는 경우 '직업이해와 진로설계' 영역으로 순수 진로교육에 대한 내용을 첫 번째 영역으로 설정하고, 2022 개정 교육과정에서 강조되는 전환기 교육인 '진로연계교육'을 또 다른 영역으로 설정한다. 그리고 디지털 시대에 맞는 진로교육을 포괄하고자 AI 활용 개인 진로 설정 역량 강화를 내용으로 하는 '디지털 진로 리터러시' 영역을 별도로 설정할 수 있다.

과목 종류별 영역 설정 예

과목명	영역 설정
디지털 · AI	디지털 시대의 이해와 디지털 리터러시
	AI의 이해와 활용
	디지털 · AI 진로
민주시민	인성
	미디어 리터러시
	실천하는 민주시민
생태전환	생태와 환경
	생태 시민성
	지속가능발전
진로	직업이해와 진로설계
	진로연계교육
	디지털 진로 리터러시

예로 제시한 영역 외에도 학교에서 교사들이 과목 주제별로 더욱 특화된 내용을 포함하고 싶은 경우 이를 별도 영역으로 추가 구성하면 된다. 이처럼 영역을 설정하는 경우 약 30시간으로 진행되는 일련의 수업에서 각 수업이 내용상 확실히 유목화되어 각자의 역할을 함으로써 의미 있는 시간들이 이어질 수 있다.

성취기준 톺아보기

성취기준 개발을 위해서는 우선 국가 교육과정에서 성취기준이 어떤 목적과 원리로 만들어졌는지를 확인해 볼 필요가 있다. 국가 교육과정 성취기준 개발의 기준을 확인하고, 이 기준으로 개발한 결과물 일부를 함께 살펴보고 나면 과목과 활동을 설계할 때 단순 수업목표나 교수요목 개발을 위한 성취기준 개발에 그치지 않고 학습자가 성취할 기준으로서의 역할을 분명히 하는 성취기준을 개발할 수 있을 것이다.

우선 2022 개정 교과 교육과정 성취기준 개발 지침 중, 학교자율시간 과목/활동 개발 시 참고할 사항은 다음과 같다.

1. 성취기준은 교과(목) 학습을 통해 학생들이 할 수 있어야 할, 또는 할 수 있기를 기대하는 결과 혹은 도달점(outcome)으로 진술한다.

2. 성취기준 구성 방식(정합성)

   내용 체계의 내용 요소와 성취기준이 연계성을 가질 수 있도록 진술한다. 성취기준은 내용 체계표에 영역별로 제시된 세 가지 범주, 즉 [지식 · 이해], [과정 · 기능], [가치 · 태도]에 근거하여 진술한다. 이때, 성취기준의 진술은 내용 체계표의 [지식 · 이해], [과정 · 기능], [가치 · 태도]의 세 가지 범주 중 두 가지 이상의 범주를 정합하는 방식으로 진술한다. 한 가지 범주만으로 진술하는 것도 가능하지만, 이러한 경우 성취기준의 수가 지나치게 많아질 수 있으므로 가급적 지양한다.

3. 학습량 적정화 계획에 따라 성취기준의 수를 조정하여 개발하되, 하나의 성취기준에 지나치게 많은 내용이 포함되지 않도록 한다.

출처: 한국교육과정평가원(2022), 2022 개정 교육과정 각론 조정 연구

2022 개정 교과 교육과정 성취기준 개발 지침의 첫 번째 항목은 성취기준의 성격에 관한 것이다. 성취기준의 본질은 수업 활동이나 내용에 대한 진술이 아니라 해당 성취기준을 다룬 수업을 학생이 이수했을 때 나타날 학습 결과나 도달점(outcome)에 대한 진술이다. 따라서 진술된 성취기준은 내용으로 학습할 내용이나 활동을 포함하고 있으면서도 학습 결과나 도달점까지 제시하고 있으므로 자연스럽게 평가에서도 준거로 활용할 수 있다는 것을 의미한다. 즉 학교자율시간에 대한 성취기준을 개발하면 이를 기초로 성취기준–수업–평가–기록의 일체화(일관성)를

확보할 수 있다.

　교육과정 성취기준 개발 지침의 두 번째 항목은 정합성이다. 이는 성취기준을 구성하는 방식에 관한 지침으로 성취기준과 내용체계 지식·이해, 과정·기능, 가치·태도 요소들 간의 연계성을 확보해야 한다는 것을 의미한다. 과거 교육과정 성취기준을 분석해 보면 내용체계에 제시된 내용 요소가 성취기준에는 제시되어 있지 않거나, 성취기준에 제시되어 있지만, 내용체계에는 빠져 있는 경우도 있었다. 이 경우 하나의 교육과정으로서의 체계성과 연계성이 결여될 수 있기 때문에 문제가 된다. 이에 2022 개정 교육과정은 아래 그림과 같이 내용체계의 내용 요소와 성취기준 간의 매크로를 강화할 수 있도록 하였다. 따라서 학교자율시간 과목/활동을 개발하는 경우에 있어서도 내용체계와 성취기준 간의 정합성을 확보하여 개발하여야 한다.

내용체계와 성취기준과의 정합성

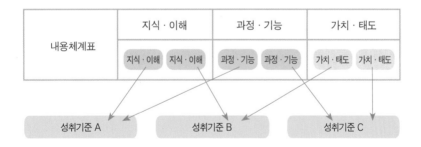

2022 개정 교육과정에서는 성취기준을 개발할 때 교사의 수업 자율권을 확보해 주는 데에도 신경을 썼다. 성취기준이 지나치게 많은 내용을 포함하거나 특정 수업 방법으로 진행할 것을 제시하는 방식으로 진술되는 경우, 교사의 수업 자율권과 재량권은 폭이 좁아질 수 있다.

2015 개정과 2022 개정 성취기준 비교

2015 개정 교육과정 성취기준	2022 개정 교육과정 성취기준
[6사03-01]고조선의 등장과 관련된 건국 이야기를 살펴보고, 고대 시기 나라의 발전에 기여한 인물(**근초고왕, 광개토대왕, 김유신과 김춘추, 대조영 등)**의 활동을 통하여 여러 나라가 성장하는 모습을 탐색한다.	[6사04-02] 역사 기록이나 유적과 유물에 나타난 고대 사람들의 생각과 생활을 추론한다.

위 표를 보면 2015 개정 교육과정과 2022 개정 교육과정의 성취기준 특징을 확연하게 비교해 볼 수 있다. 성취기준의 내용은 유사하지만 2015 개정의 경우, 괄호 안에 많은 학습 내용을 이수하도록 명시하고 있다. 이는 수업 내용을 괄호 속 내용으로 특정 지음으로써 교사의 수업 재량권을 축소한다고도 볼 수 있다. 이를 방지하기 위해 2022 개정 교육과정에서는 교사가 다양한 모습의 수업을 구현할 수 있도록 간략하게 제시하였다. 학교자율시간 과목/활동의 성취기준을 개발할 때에도 수업의 내용이나 방법을 특정하고 제한하는 경우 그 과목/활동을 진행하게 될 동학년의 교사들, 다음 학년도의 또 다른 교사들이 모두 똑같은 수업을

해야 한다는 부작용을 초래할 수 있다. 따라서 학교 자율시간 과목/활동의 성취기준은 수업이 여러 가지 방식으로 구현될 수 있도록 개발할 필요가 있다.

성취기준,
어떻게 개발해야 하는가?

앞 장에서 제시한 국가교육과정의 성격과 특징을 기초로, 학교에서 과목/활동을 위한 성취기준을 쉽게 개발하는 방안을 제시해 보도록 하겠다. 성취기준을 개발할 때 교사들이 우선 짚고 넘어가야 할 것은 성취기준과 학습목표와의 차이점이다. 성취기준과 학습목표에는 물리적 차이와 질적 차이가 있다.

물리적 차이는 다음 예시와 같이 성취기준을 학습목표로 쪼개어 보는 상황을 통해 확인할 수 있다. 학습목표는 보통 1~2차시 수업 활동을 목표로 만들어지는데 성취기준은 이보다 큰 단위의 수업 분량을 대상으로 함을 알 수 있다.

성취기준	지역에서 이루어지는 민주주의 사례를 통해 주민 자치와 주민 참여의 중요성을 파악하고, 지역사회의 문제 해결에 참여하는 태도를 기른다.

↑

학습목표1	① 지역에서 이루어지는 민주주의 사례를 조사할 수 있다.

+

학습목표2	② 주민 자치의 의미를 알고 주민 참여의 중요성을 파악할 수 있다.

+

학습목표3	③ 지역 사회 문제 해결에 참여하는 태도를 지닌다.

학습목표와 성취기준의 질적 차이는 다음 그림을 통해 생각해 볼 수 있다. 성취기준인 "다양한 문화의 확산으로 인한 현상을 분석하고, 나와 다른 사람이나 집단의 문화를 존중하는 태도를 기른다."를 수업으로 구현해 내는 경우, 아래 부분에 제시된 것처럼 구체적인 수업 내용과 수업 방법 들을 활용할 수 있다.

학습목표와 성취기준의 비교

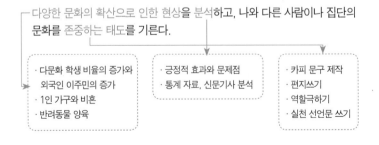

다양한 문화의 확산으로 인한 현상을 분석하고, 나와 다른 사람이나 집단의 문화를 존중하는 태도를 기른다.

· 다문화 학생 비율의 증가와 외국인 이주민의 증가
· 1인 가구와 비혼
· 반려동물 양육

· 긍정적 효과와 문제점
· 통계 자료, 신문기사 분석

· 카피 문구 제작
· 편지쓰기
· 역할극하기
· 실천 선언문 쓰기

만약에 수업 활동 중 하나인 '카피 문구 제작', '실천 선언문 쓰기' 등을 성취기준에 제시하는 경우, 이 성취기준을 사용하는 모든 교사가 특정 활동을 하는 수업을 똑같이 구현할 수밖에 없다. 이런 상황을 방지하고 교사들의 수업 철학이나 학생들의 성향 등을 고려하여 수업이 다양하게 구현될 수 있도록 하기 위해 성취기준의 내용과 표현은 포괄적이고 함축적일 필요가 있다.

따라서, 성취기준을 수업 내용에 관한 부분과 수업 방법에 관한 부분으로 나누어 볼 때 과목/활동을 위한 성취기준의 내용 부분은 어느 정도 학교나 지역의 특색을 반영하여 범위를 정해 진술할 수 있겠지만 이를 구현하는 방법적인 부분은 교사의 수업 성향이나 학생들의 수준 및 성향에 맞춘 다양한 수업 방법이 구현될 수 있도록 포괄적 수준의 언어로 제시해야 한다.

또한 성취기준을 개발할 때는 다음의 구조를 참고할 필요가 있다. 필자는 2022 개정 교육과정 초중고 각론 조정 연구에 참여하면서 성취기준을 유형화하여 분석해 보았고, 성취기준을 내용체계의 지식·이해, 과정·기능, 가치·태도의 조합에 따라 유형을 구분하여 다음 표와 같이 정리했다. 이외 내용 요소에는 제시되어 있지 않지만, 교과 고유의 내용과 연계된 특정 과제를 수행하면서 내용체계에 제시된 지식·이해, 과정·기능, 가치·태도를 성취할 수 있도록 제시되어 있는 성취기준의 유형들도 확인할 수 있다. 따라서 과목/활동 주제와 관련된 내용을 다음 표의 진술형식 연결어를 활용하여 개발하면 성취기준 개발이 수월해질 것이다.

성취기준 진술 유형

구성	진술형식	예
지식 · 이해 +과정 · 기능	~알고 / ~할 수 있다.	덧셈과 뺄셈의 계산 원리를 **이해하고** 그 계산을 **할 수 있다.**
지식 · 이해 +가치 · 태도	~알고 / ~태도를 지닌다.	봉사의 의미와 중요성을 **이해하고,** 타인이 처한 상황과 환경에 대한 주의 깊은 관심을 바탕으로 봉사를 **실천한다.**
과정 · 기능 +지식 · 이해	~을 하며 / ~을 이해한다.	우리나라의 계절별 기후 특징을 자료에서 **탐구하고,** 기후변화로 인한 자연재해의 심각성을 **이해한다.**
과정 · 기능 +가치 · 태도	~을 하며 / ~태도를 지닌다.	생활 주변 상황이나 이야기를 활용하여 음악을 **만들며,** 열린 **태도를 갖는다.**
지식 · 이해 +과정 · 기능 +가치 · 태도	~를 알고 / ~를 하여 / ~태도를 지닌다.	미디어의 의미와 역할을 **이해하고,** 미디어의 내용을 **비판적으로 분석하여** 올바르게 이용하는 **태도를 기른다.**
과제 +지식 · 이해	~을 통해 / ~을 이애한다.	독도의 지리적 특성과 독도에 대한 역사 기록을 **바탕으로** 영토로서 독도의 중요성을 **이해한다.**
과제 +과정 · 기능	~을 통해 / ~을 할 수 있다.	토의에 협력적으로 **참여하며** 서로의 의견을 **비교하고 조정한다.**
과제 +가치 · 태도	~을 통해 / ~태도를 지닌다.	재생에너지의 종류를 **조사하고,** 에너지를 지속가능하게 이용하는 방법에 **관심을 갖는다.**

학교자율시간 과목/활동은 30차시 내외의 수업으로 구성되는 하나의 교육과정이다. 이 안에는 과목/활동 주제와 관련된 지식이나 개념 등을 탐색하는 성취기준과 과목 고유의 사고나 기능을 습득하는 성취기준, 그리고 학습한 내용을 종합하여 내면화하고 이를 일상생활 속에서 실천해 내는 태도를 함양할 수 있는 성취기준이 필요하다. 앞서 언급한 성취기준의 특성을 종합하여, 이 성취기준들을 개발하는 포맷을 다음과 같이 제시할 수 있다.

과목/활동 개발 성취기준
기본 포맷

① (   )를 [조사 · 탐색 · 분석] 하여   (   )를 [이해, 설명] 할 수 있다.

② (   )를 [조사 · 탐색 · 분석] 하고, (   )이 [중요성, 필요한 이유]에 대해 토의한다.

③ (   )를 [조사 · 탐색 · 분석] 하여, (   )를 제작하고 발표한다.

④ (   )의 의미를 파악하고 (   )에 참여하는 태도를 기른다.

⑤ (   )하는 방법을 [조사 · 탐색 · 분석]하여 실천 계획을 세우고, 일상생활에서 실천할 수 있다.

학교자율시간,
성취기준 몇 개가 필요할까?

학교자율시간 과목이나 활동을 컨설팅해 보면 학교마다 개발한 성취기준의 개수가 천차만별이다. 한 학교 안에서도 수업시수는 같은데 학년별 성취기준 개수 차이가 큰 경우도 있다. 물론, 과목 개발에 필요한 성취기준 숫자가 정해져 있는 것은 아니지만 수업 차시와 성취기준의 관계를 국가 교육과정을 통해 우선 확인하고 참고해 보자.

다음의 표는 각 교과의 시수를 성취기준 개수로 나눈 결과를 정리한 것이다. 성취기준 한 개에 몇 차시 수업이 필요한지를 간접적으로 확인해 볼 수 있다. 만약 학교에서 개발하고자 하는 학교자율시간 과목/활동이 사회 교과와 관련된 것(민주시민교육, 마을프로젝트 등)인 경우, 사회과 성취기준 한 개당 수업이 7차시인데 학교자율시간이 30시간 내외임을 고려하면 교과 성취기준이 4~5개 필요하다는 점을 확인해 볼 수 있다.

성취기준당 수업차시

교과	성취기준당 수업차시(약)
국어	11
사회	7
도덕	5
수학	6
과학	4
실과	3
체육	7
음악	10
미술	10
영어	10

　　이처럼 학교에서 개발하고자 하는 주제와 관련된 교과 혹은 과목/활동이 편성되는 교과(군)의 개수를 확인하면 대략 몇 개의 성취기준 개발이 필요한지를 짐작할 수 있다. 물론 국가 교육과정은 모든 학교가 다양한 방식으로 수업을 구현하도록 개발하였기 때문에 성취기준에 포괄적, 함축적 성격이 강하고 성취기준 개수가 수업 차시에 비해 적은 수로 개발되었다고 볼 수 있다. 반면 학교 과목/활동의 경우 구체적인 수업 내용과 방법이 정해져 있다면 성취기준이 구체적인 성격을 띨 수가 있으므로 국가 교육과정의 성취기준에 비해 성취기준 개수가 많아질 수 있다.

　　단, 국가 교육과정의 성취기준 개수를 참고는 하되 중요한 것은 개발한 성취기준들이 학교자율시간에서 운영할 모든 수업을 포괄해 내야 한다는 점이라는 것을 잊지 말아야 한다.

학교자율시간 활동을 위한
준(semi)내용체계와 성취기준 만들기

학교자율시간 '과목'은 시·도 교육감 승인절차를 받는 행정 절차를 따라야 하고, 과목 승인 신청 양식에 내용체계와 성취기준이 제시되어 있다. 따라서 과목 승인을 받기 위해서는 국가 교육과정 내용체계와 성취기준 개발 원리를 이해하고 이에 최대한 맞추어 개발할 필요가 있다.

한편 학교자율시간 '활동'은 학교운영위원회를 통한 자체 승인을 받으면 되기 때문에 과목보다는 다소 쉽게 유연한 관점으로 내용체계와 성취기준에 접근할 수 있다. 물론 활동 또한 앞 장에서 제시한 내용체계와 성취기준을 개발하는 방식으로 개발하는 것이 궁극적으로는 필요하지만 학교자율시간을 처음 접하는 교사들이 어려움을 겪을 수 있기 때문에 국가 교육과정 내용체계와 성취기준 개발 방식보다 쉽게 접근할 수 있는 방안도 필요하다.

쉽게 만들면서도 학교자율시간 29시간과 32시간 수업의 이정표 역할을 분명히 해 줄 수 있는 준(準, semi)내용체계와 성취기준을 필자는 이하에 '활동체계표'와 '활동기준'이라는 명칭으로 제시하고자 한다. 이름 그대로 활동체계표는 학교자율시간 활동에서 진행될 수업 내용과 방법을 체계적으로 정리한 표이다. 활동기준은 학교자율시간 활동에서 이루어질 수업들의 기준점을 제시하는 문장이다.

활동체계표 만들기

국가교육과정의 내용체계는 핵심 아이디어, 지식·이해, 과정·기능, 가치·태도의 4가지 항목으로 제시되어 있다. 학교자율시간 활동체계표에서는 교사들이 작성에 가장 어려움을 겪는 핵심 아이디어를 삭제하여 간략화하였다.

학교자율시간 활동체계표 양식

항목	활동 요소
알고 있어야 할 것	
할 수 있어야 할 것	
지녀야 할 마음이나 태도	

핵심 아이디어는 삭제하였지만 활동의 성격과 목표 항목에 활동이 필

요한 이유와 특징, 그리고 학생들이 도달해야 할 목표를 뚜렷하게 제시한다면 수업들을 선정할 때 구심점 역할을 할 수 있을 것이다. 또한 국가 교육과정 내용체계의 지식·이해, 과정·기능, 가치·태도 항목 설정에 따르자면 다음 표의 관점을 모두 만족할 수 있어야 하기 때문에 내용 설정에 어려움을 겪을 수 있다.

한국교육과정평가원(2022), 2022 개정 교육과정 각론 조정 연구

지식 · 이해	– 학생들이 궁극적으로 이해하고 알아야 할 것을 담아내고 있는가? – 지식·이해의 요소가 지나치게 구체적인 사실이나 정보 수준의 것은 아닌가?
과정 · 기능	– 진술된 과정·기능이 교과의 내용 지식을 학습하는 사고 과정 또는 탐구 과정을 드러내고 있는가? – 진술된 과정·기능이 학생의 발달 및 수행의 복잡성에 따라 수준의 차이를 보여 주는가? – 과정·기능의 요소가 지나치게 단편적인 수준의 기능은 아닌가?(활동으로 오인될 여지는 없는가?)
가치 · 태도	– 해당 교과나 영역을 통해서 기를 수 있는 고유한 가치 및 태도가 학생의 발달에 따라 수준의 차이를 보여 주는가?

활동은 표에 제시된 검토 관점 모두를 만족하는 것보다 '무엇을 어떻게 가르치고 어떤 마음을 지닐 수 있도록 해야 하는가?'에 초점을 맞춘다. 따라서 국가 교육과정에 제시된 기준보다 다소 유연한 관점에서 활동기준표를 채워 나갈 수 있을 것이다.

학교자율시간 활동을 위한 성취기준 만들기

학교자율시간 활동 성취기준도 국가 교육과정의 성취기준과 같이 학습의 결과와 도착점으로 진술되고 내용체계와의 긴밀한 연계성과 정합성을 갖추며 발달 수준이 드러나도록 개발되는 것이 이상적 방향이기는 하다. 하지만 성취기준 개발을 처음 접하는 교사들이 이를 모두 만족하며 개발을 진행하는 데는 적지 않은 어려움이 따른다.

이에 국가 교육과정 성취기준과 동일한 엄격한 기준을 적용하지는 않으면서도 학교자율시간의 수업 설계 및 진행과 학생 성장의 기준으로서의 역할을 분명히 하는 준(準)성취기준을 마련하는 접근 방법의 필요가 분명하다.

이를 위해 우선 학교자율시간 수업을 구성할 교수요목(syllabus)을 선정한다. 3, 4학년 29차시 수업과 5, 6학년 32차시 수업 내용 하나하나의 주제와 학습목표를 처음부터 구성하는 것은 어렵기 때문에 학교자율시간 주제와 목표, 성격을 구현할 교수요목을 먼저 선정하는 것이다. 그리고 앞의 활동체계표 양식을 활용하여 이 교수요목을 진술한다.

학교자율시간을 처음 접하는 교사들에게 어려운 국가교육과정 성취기준 개발 관점을 무리하게 강요하는 경우 교육과정 개발에 대한 적극성이 크게 낮아지는 등 부작용이 클 수 있으므로, 과목이 아닌 활동을 설계하는 경우라면 앞서 설명한 활동기준 개발 방식으로 접근하여 교사들이 성취기준 개발에 대한 부담감을 덜어 내는 것이 유익할 것이다.

학교자율시간 활동을 위한
성취기준 재구조화법

학교자율시간 과목은 성취기준을 개발해야 하지만 활동의 경우 국가 교육과정 성취기준을 재구조화하는 방식으로 구성할 수 있다.

성취기준 재구조화는 다음과 같은 유형으로 구분할 수 있다(경기도교육청, 2024). ① 학습요소 추가하기, ② 성취기준 수정·변형하기, ③ 서로 다른 성취기준 연결하기, ④ 성취기준 일부분을 덜어내기, ⑤ 성취기준 분할하기 등의 성취기준 재구조화 방법이 있는데 학교자율시간 활동의 경우는 교과 외 새로운 내용으로 구성을 해야 하므로 ①, ② 유형의 방법으로 다음과 같이 재구조화를 할 수 있다.

만약 학교자율시간 활동의 주제를 '미래역량 키우기'라고 정했다면 아래 그림과 같이 국가교육과정 성취기준을 재구조화하여 학교자율시간 활동의 의미를 살릴 수 있다.

구분	성취기준 재구조화 방법
유형 ①	성취기준에 일부 내용(학습요소)을 추가하기 예 〔4국02-03〕 질문을 활용하여 글을 예측하며 읽고 자신의 읽기 과정을 점검한다. ⇒〔4생활작문-02〕 질문을 활용하여 글을 예측하며 읽고 자신의 읽기 과정을 점검하여, **글의 결론을 예측하여 쓸 수 있다.** ← 추가
유형 ②	성취기준을 적극적으로 수정·변형하여 최적화된 성취기준 구성하기 예 〔4국02-01〕 **글의 의미를 파악하며** 유창하게 글을 읽는다. ⇒ 〔4그림책-01〕 **그림책**(수정보완)**을 읽고 글과 그림이 담고 있는 의미를 파악하며, 나만의 그림책을 만들 수 있다**(수정보완).

학교자율시간 활동을 위한 성취기준 재구조화

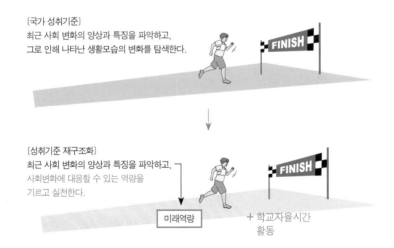

〔국가 성취기준〕
최근 사회 변화의 양상과 특징을 파악하고,
그로 인해 나타난 생활모습의 변화를 탐색한다.

〔성취기준 재구조화〕
최근 사회 변화의 양상과 특징을 파악하고,
사회변화에 대응할 수 있는 역량을
기르고 실천한다.

미래역량

+ 학교자율시간 활동

학교자율시간 활동을 위한 만능 성취기준

학교자율시간을 활동으로 운영할 때, 성취기준을 개발하여 활용할 수도 있지만 국가 교육과정의 성취기준을 수정하여 활용할 수 있다. 국가 교육과정 성취기준 중에는 어느 주제에나 적용하고 다양한 교수·학습 활동으로 구체화할 수 있는 전이가(轉移價)가 높은 성취기준들이 있는데 구체적 예시를 알아보자.

활동을 만들어 주는 성취기준은 '주제에 전이 가능한 성취기준'과 '도구 역할을 하는 성취기준'의 두 가지 형태가 있다. 주제에 전이가 가능한 성취기준은 학교자율시간 활동의 주제와 교과 교육과정의 영역 내 성취기준이 상호 호환 가능한 것을 말한다. 예를 들어 학교자율시간 활동의 주제가 민주시민교육이고 이를 6학년에서 편성하여 운영한다면 사회과의 '민주주의와 자치' 영역의 성취기준 두 개를 학교자율시간 주제의 맥

> [4사08–01] 학교 자치 사례를 통하여 민주주의의 의미를 이해하고, 학교
> 생활에서 민주주의를 실천하는 능력을 기른다.
>
> → 민주주의의 의미를 이해하여 학급의 문제를 학급회의를 통
> 해 해결하고 학교 생활에서 민주주의를 실천하는 의지를
> 가진다.
>
> [4사08–02] 지역에서 이루어지는 민주주의 사례를 통해 주민 자치와 주
> 민 참여의 중요성을 파악하고, 지역사회의 문제 해결에 참여
> 하는 태도를 기른다.
>
> → 지역에서 이루어지는 민주주의 사례를 탐구하여 주민 자치
> 와 주민 참여의 중요성을 파악하고 사람들에게 알리는 홍
> 보자료를 제작한다.

락에 맞추어 수정·보완해 재구조화할 수 있다.

각 교과의 교육과정에 개발되어 있는 여러 교과의 성취기준들은 학교
자율시간의 활동 주제로 통합·운영될 수 있고, 다양한 교수·학습 활동
으로 구체화되어 기존의 교과 수업에서 다루는 성취기준을 보다 심도 있
게 다루는 기회가 되기도 한다.

그렇다면 주제와 관련된 성취기준들은 어떻게 찾을 수 있을까? 국어
부터 영어까지의 10개 교과 총 46개 영역의 성취기준을 일일이 다 찾는
것은 쉽지 않은 일이다. 다음은 학교자율시간의 주제와 연결지을 수 있
는 교과 교육과정의 영역들을 주제별로 정리한 표이다. 운영하고자 하는

학교자율시간 주제에 연결된 교과 영역의 성취기준을 찾은 후, 실제 학교자율시간을 구성하기 위해 재구조화를 진행할 성취기준들을 추출하면 된다. 예를 들어 학교자율시간 주제로 '생태전환교육'을 선택할 계획이라면 사회 과목의 '자연환경과 인간생활', 도덕 과목의 '자연과의 관계', 과학 과목의 '생명' 영역의 성취기준을 살펴보고 일부를 추출하여 활용하면 된다.

주제에 전이가 가능한 성취기준 관련 영역 연결표		
주제	관련 과목	관련 영역
생태 전환 교육	사회	자연환경과 인간생활
	도덕	자연과의 관계
	과학	생명
	실과	생활환경과 지속가능한 발전
	실과	디지털 사회와 인공지능
민주 시민 교육	사회	정치
	사회	법
	사회	사회문화
	도덕	타인과의 관계
	도덕	사회 공동체와의 관계
	도덕	자연과의 관계
	실과	인간발달과 주도적 삶
	실과	생활환경과 지속가능한 발전
	실과	기술적 문제해결과 혁신
	실과	디지털 사회와 인공지능

세계 시민 교육	사회	사회문화
	도덕	사회 공동체와의 관계
	실과	생활환경과 지속가능한 발전
디지털 AI 교육	국어	매체
	도덕	타인과의 관계
	실과	기술적 문제해결과 혁신
	실과	지속가능한 기술과 융합
	실과	디지털 사회와 인공지능
진로 교육	과학	과학과 사회
	실과	인간발달과 주도적 삶
사회 이슈	사회	사회문화
	사회	인문환경
	도덕	사회 공동체와의 관계
	도덕	자연과의 관계
	과학	과학과 사회
경제 교육	사회	경제
	실과	생활환경과 지속가능한 발전
지역화 교육	사회	지리인식
	사회	지역사
인성 교육	도덕	자신과의 관계
	도덕	타인과의 관계
	도덕	사회 공동체와의 관계
	도덕	자연과의 관계
	실과	인간발달과 주도적 삶

	국어	문학
	체육	운동
	체육	스포츠
문화 예술 체육	음악	연주
	음악	감상
	음악	창작
	미술	미적체험
	미술	감상
	국어	읽기
	국어	문학
독서 교육	국어	매체
	영어	이해
	영어	표현

　도구 역할을 하는 성취기준은 교과 영역의 목표와 추구하는 방향 자체가 내용체계의 과정·기능에 해당하여 여러 교수·학습 활동으로 구체화할 수 있는 성취기준을 말한다. 이 성취기준에 학교자율시간 활동에서 가르쳐야 할 지식·이해를 조합하기만 하면 어디에든 활용 가능하다.

　예를 들어 다음과 같이 국어과 '매체' 영역 성취기준은 학생들이 주도적으로 자료를 선별하고 제작하고 공유하는 구체적 활동을 수반한다. 이 성취기준에서 내용을 학교자율시간 주제 관련 내용으로 바꾸어 주면 성취기준의 재구조화가 간단히 진행되어 다음 표와 같이 여러 주제에 두루 활용할 수 있다.

[6국06-03] 적합한 양식과 수용자의 반응을 고려하여 복합양식 매체 자료를 제작하고 공유한다.

▼

관련 주제	성취기준의 재구조화
생태전환교육	[6국06-03수정] **기후 변화에 대처하는 우리의 자세에 관한** 복합 양식 매체 자료를 제작하고 공유한다.
민주시민교육	[6국06-03수정] **민주적 의사결정 과정에 대한** 복합 양식 매체 자료를 제작하고 공유한다.
진로연계교육	[6국06-03수정] **중학교의 교육과정과 생활에 대한** 복합 양식 매체 자료를 제작하고 공유한다.
디지털AI교육	[6국06-03수정] **인공지능이 인간에게 미치는 영향에 관한** 복합 양식 매체 자료를 제작하고 공유한다.
마을교육	[6국06-03수정] **우리 지역의 유래와 역사에 관한** 복합 양식 매체 자료를 제작하고 공유한다.

다음 표는 이와 같이 어느 주제에나 적용 가능하고 다른 교과와의 통합이 용이하며 다양한 교수·학습 활동으로 구체화할 수 있는 만능 도구 역할을 하는 성취기준들을 정리해 둔 것이다. 전이가(轉移價)가 높은 이 성취기준들은 특히 2022 개정 교육과정이 추구하는 역량교육을 가능하게 한다는 특징을 가지고 있으니 어디에나 적용 가능한 이 만능 성취기준들을 적극 활용하여 학교자율시간 활동을 구성하기를 권한다.

만능 도구 역할을 하는 성취기준

과목	성취 기준
국어	〔4국01-01〕 중요한 내용과 주제를 파악하며 듣고 그 내용을 요약한다.
	〔4국01-05〕 목적과 주제에 알맞게 자료를 정리하여 자신감 있게 발표한다.
	〔4국01-06〕 주제에 적절한 의견과 이유를 제시하고 서로의 생각을 교환하며 토의한다.
	〔4국03-04〕 목적과 주제를 고려하여 독자에게 마음을 전하는 글을 쓴다.
	〔4국06-01〕 인터넷에서 학습에 필요한 다양한 자료를 탐색하고 목적에 맞게 자료를 선택한다.
	〔6국01-02〕 주장을 파악하고 이유나 근거가 타당한지 평가하며 듣는다.
	〔6국01-05〕 자료를 선별하여 핵심 정보를 중심으로 내용을 구성하고 매체를 활용하여 발표한다.
	〔6국01-06〕 토의에 협력적으로 참여하며 서로의 의견을 비교하고 조정한다.
	〔6국01-07〕 절차와 규칙을 지키고 타당한 이유와 근거를 제시하며 토론한다.
	〔6국02-03〕 글이나 자료를 읽고 내용의 타당성과 표현의 적절성을 평가한다.
	〔6국03-02〕 적절한 근거를 사용하고 인용의 출처를 밝히며 주장하는 글을 쓴다.
	〔6국06-01〕 정보 검색 도구를 활용하여 자신의 목적에 맞는 매체 자료를 찾는다.
	〔6국06-03〕 적합한 양식과 수용자의 반응을 고려하여 복합양식 매체 자료를 제작하고 공유한다.

사회	〔4사03-01〕 최근 사회 변화의 양상과 특징을 파악하고, 그로 인해 나타난 생활모습의 변화를 탐색한다.
	〔4사09-01〕 생활 주변에서 찾을 수 있는 여러 가지 문제를 파악하고, 그 문제를 합리적으로 해결하는 능력을 기른다.
도덕	〔6도01-02〕 생활 습관에 대한 성찰을 통해 자기 생활을 점검하고 올바른 계획을 세워 이를 실천한다.
수학	〔4수04-03〕 탐구 문제를 해결하기 위해 자료를 수집, 정리하여 막대그래프나 꺾은선그래프로 나타내고 해석할 수 있다.
	〔6수04-03〕 탐구 문제를 설정하고, 그에 맞는 자료를 수집, 정리하여 적절한 그래프로 나타내고 해석할 수 있다.
실과	〔6실04-03〕 제작한 발표 자료를 사이버 공간에 공유하고, 건전한 정보 기기의 활용을 실천한다.
	〔6실05-01〕 컴퓨터를 활용한 생활 속 문제해결 사례를 탐색하고 일상 생활 속 문제를 해결하기 위한 알고리즘을 다양한 방법으로 표현한다.
체육	〔6체03-08〕 다양한 표현 활동 유형을 수용하고, 움직임 표현의 아름다움을 추구한다.
	〔4체03-07〕 움직임의 심미적 표현에 대한 호기심과 감수성을 나타낸다.
	〔6체03-08〕 다양한 표현 활동 유형을 수용하고, 움직임 표현의 아름다움을 추구한다.
음악	〔4음02-04〕 생활 속에서 음악을 들으며 느낌과 호기심을 갖고 즐긴다.
	〔6음02-04〕 생활 속에서 음악을 찾아 들으며 아름다움을 느끼고 공감한다.
미술	〔4미01-03〕 미적 탐색에 호기심을 갖고 참여하며 자신의 감각으로 대상의 특징을 이해할 수 있다.
	〔4미02-05〕 미술과 타 교과를 관련지어 주제를 표현하는 데 흥미를 가질 수 있다.

미술	〔4미03-02〕 미술 작품의 특징과 작품에 관한 자신의 느낌과 생각을 설명할 수 있다.
	〔4미03-04〕 작품 감상에 흥미를 가지고 참여하며 작품에 대한 자신의 감상 관점을 존중할 수 있다.
	〔6미01-01〕 다양한 감각과 매체를 활용하여 자신과 대상을 탐색할 수 있다.
	〔6미01-02〕 자신이나 주변 환경에서 찾은 감각적 특징, 느낌, 생각 등을 관련지어 나타낼 수 있다.
	〔6미01-03〕 주변 환경에 대한 민감한 태도로 대상과 상호 작용하며 새로운 의미를 발견할 수 있다.
	〔6미02-01〕 다양한 방법으로 아이디어를 연결하여 확장된 표현 주제로 발전시킬 수 있다.
	〔6미02-02〕 디지털 매체 등 다양한 표현 재료와 용구를 탐색하여 작품 제작에 활용할 수 있다.
	〔6미02-04〕 주제 표현에 의지를 갖고 표현 과정을 돌아보며 작품을 발전시킬 수 있다.
	〔6미02-05〕 미술과 타 교과의 내용과 방법을 융합하는 활동을 자유롭게 시도할 수 있다.
	〔6미03-03〕 공동체의 미술 문화 활동에 관심을 가지고 참여하며 경험을 공유할 수 있다.
	〔6미03-04〕 다양한 방법을 활용하여 작품을 감상하며 작품에 관한 서로 다른 관점을 존중할 수 있다.
영어	〔4영02-09〕 적절한 매체나 전략을 활용하여 창의적으로 의미를 표현한다.
	〔6영02-09〕 적절한 매체와 전략을 활용하여 창의적으로 의미를 생성하고 표현한다.
	〔6영02-10〕 의사소통 활동에 흥미와 자신감을 가지고 참여하여 협력적으로 수행한다.

국가 교육과정 내용체계 · 성취기준과는 이것이 다르다

다음 그림을 보면 학교자율시간 내용체계와 성취기준이 국가 교육과정 각 교과에서 개발한 내용체계 성취기준과 차이가 있다는 점을 확인할 수 있다. 국가 교육과정의 내용체계와 성취기준은 단어 그대로 대한민국 모든 학교를 대상으로 만든 것이다. 따라서 내용체계와 성취기준에 제시되는 진술의 성격 자체가 함축적이고 포괄적일 수밖에 없다. 함축적이고 포괄적인 성격으로 진술되어야 각기 다른 특징을 지닌 수많은 학교들이 이를 각자의 상황에 맞추어 수업으로 구현해 낼 수 있기 때문이다.

이와 달리 학교자율시간을 위한 내용체계와 성취기준은 대상이 명확하게 한정되어져 있다. 그 과목이나 활동을 사용하는 단 하나의 학교를 대상으로 한다. 따라서 국가에서 개발한 내용체계와 성취기준보다는 내용이 구체적으로 제시될 것이다. 학교의 과목과 활동을 위한 내용체계와

학교자율시간 내용체계와 성취기준의 위치

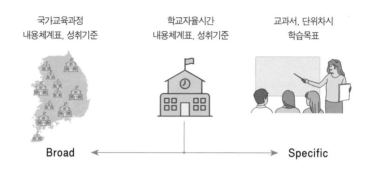

국가교육과정
내용체계표, 성취기준

학교자율시간
내용체계표, 성취기준

교과서, 단위차시
학습목표

Broad ←————————————————→ Specific

성취기준을 국가 수준처럼 광범위한 수준으로 개발한다면 그 문서만을 보고 이를 어떤 방향의 수업으로 구현해 내야 할지 막막해지기 때문이다. 그렇다고 내용체계와 성취기준을 너무 구체적인 내용으로 제시하는 것도 지양해야 한다. 내용체계와 성취기준은 동학년에 있는 비교적 많은 수의 교사들이 사용하게 된다. 차년도에도 사용될 수 있다. 따라서 교사 각자의 수업철학이나 학생실태에 따라서 다양한 방식의 수업으로 구현할 여지가 있어야 하기 때문에 너무 구체적인 내용으로 제시하는 것도 지양해야 한다. 제시한 그림처럼 단위 차시 수업과 국가 교육과정의 중간 정도의 수준으로 내용체계와 성취기준을 진술하는 것이 바람직하다.

실제 많은 학교에서 개발한 내용체계와 성취기준을 필자가 컨설팅한 결과, 어떤 내용을 다룰 것인가에 대한 부분 즉 내용체계나 성취기준 중 지식·이해에 해당하는 부분은 학교의 특색에 맞게 구체적으로 진술하고, 과정·기능 요소처럼 어떻게 구현할 것인가에 대한 요소는 포괄적 수준으로 진술하는 것이 합리적인 중간 수준의 진술방식이라고 할 수 있었다.

　학교자율시간에서 사용할 내용체계나 성취기준은 본질적으로 교사들에게 수업 이정표의 역할을 해 주어야 한다. 실제로 교사들은 내용의 경우 학교실태를 반영하여 각 학교의 구체적인 내용을 제시한 성취기준이 교사가 수업 내용을 선정하는 데 있어서 정확하고 편리한 지침의 역할을 수행한다는 반응을 보였다. 반면에 수업 방법을 제시할 때는 교사들마다 다양한 수업으로 구현해 낼 여지가 있도록 포괄적으로 큰 방향성을 제시한 성취기준이 수업의 자율성을 뒷받침해 주어 바람직하다는 결론에 이르렀다.

　따라서 학교자율시간을 위한 내용체계와 성취기준을 개발할 때는 앞의 그림에 드러난 국가 교육과정과의 차이를 유념하면서 우리 학교만의 특색이 드러나도록 개발하도록 한다.

기개발 과목 사용 학교를 위한 내용체계와 성취기준 재설정 방법

학교자율시간은 학교 자체적으로 과목을 개발하여 사용할 수도 있지만 기개발되어 있는 시·도 교육감 승인 과목을 사용할 수도 있다. 실제 많은 기관에서 개발한 승인 과목을 학교에서 선택해 사용하는 방식으로 학교자율시간을 운영할 수 있는데 이 방식은 학교 실태와 학생들의 요구를 반영한 특색 있는 교육을 위해 도입된 학교자율시간의 취지를 구현하기에 다소 불충분할 수 있다. 불특정 다수의 학교에서 사용 가능하도록 만들어져 있는 기개발 과목의 모든 내용이 우리 학교 학생들에게 딱 맞아떨어지기는 어렵기 때문이다.

이를 보완하기 위해, 기개발된 과목의 내용체계와 성취기준을 우리 학교에 맞게 재구성하여 새롭게 설정하는 역량이 필요하다. 이를 위해 필요한 관점은 대한민국의 수많은 불특정 학교를 대상으로 광범위한 수준으로 개발되어 있는 사항을 우리 학교에 특화된 수준으로 수정·재설정하는 관점이다. 구체적인 방법은 다음과 같다.

기개발 과목의 내용체계와 성취기준에서는 수업 대상이 광범위한 수준으로 제시되어 있다. 예를 들어 '동물과 식물', 'AI의 개념과 종류 이해', '사회문제 해결과 참여' 등과 같이 불특정 다수의 학교에서 활용할수 있는 수준으로 진술되어 있다. 이를 바탕으로 학교 특색에 맞는 특정 내용의 수업이 진행되도록 하고자 한다면, 기개발 과목에 제시되어 있는 내용 체계를 다음과 같이 학교에서 정한 수준으로 재진술하면 된다.

기개발 과목 내용 요소		학교 수준으로 변환
동물과 식물	→	○○시 ○○동의 동물과 식물
AI의 특징과 활용법	→	Bing, 챗GPT의 활용 방법을 알고 사용 윤리 지키기
악기 연주법의 이해와 연주하기	→	오카리나연주법의 이해와 연주법을 익혀 공연하기

학교자율시간의 도입으로 실태를 반영한 다양한 주제의 내용체계와 성취기준 예시를 시·도 교육청 수준에서 많이 만들고 있다.

여기에 우리 학교 수준으로 재진술하는 방법의 기본은 "~에 대한"을 추가해 보는 것이다. "~에 대한"은 기존의 광범위한 일반적 진술을 우리 학교만의 특화된 개별적 내용으로 포커스를 잡아 주는 렌즈 역할을 할 것이다.

거꾸로 만드는
내용체계와 성취기준

학교자율시간 내용체계와 성취기준의 본질적 목적은 과목과 활동으로 진행될 약 30시간 수업을 어떤 내용과 방법으로 할 것인지에 대한 방향성을 제시하는 것이다. 즉 내용체계와 성취기준의 본질적 목적은 수업의 구현에 있다. 따라서 학교자율시간 안에서 이루어질 수업이 어떤 것들로 구성되는지를 먼저 생각해 보고 이 수업들을 바탕으로 내용체계와 성취기준을 만들어 가는 방법에 대해서도 생각해 볼 수 있다.

이는 '내용체계 · 성취기준 → 수업 개발'의 순서를 '내용체계 · 성취기준 ↔ 수업 개발'의 쌍방향으로 바꾸는 일이다. 단선형 방향이 아닌 쌍방향 개발의 아이디어는 실제 필자가 학교 과목을 개발하고 있는 많은 학교를 컨설팅하면서 얻은 결과이다. 선생님들이 학교 내용체계와 성취기준을 과목명이나 목표만 가지고 개발하는 경우, 물론 채워야 할 것들을

학교자율시간 과목 활동 바이블

어떻게든 채워 내기는 하지만 이렇게 채워진 내용체계와 성취기준이 수업으로 연계되지 못하고 종이로 끝나는 경우를 적지 않게 봐 왔다. 이뿐 아니라 내용체계·성취기준 → 수업 개발의 방식에서는 내용체계와 성취기준 개발 자체도 상당히 추상적이고 어려워질 가능성이 크다. 마치 무에서 유를 창조하는 과정과 같을 수 있기 때문이다.

쌍방향 방법이 필요한 이유는 학교자율시간의 실제 실행과 연관지어 생각해 볼 수 있다. 많은 학교에서 학교자율시간 과목과 활동을 학교에서 전통적으로 진행해 온 교육 프로그램들을 기반으로 개설하고 있다. 예를 들어 가야금 연주나 골프, 디지털 학습을 학교 특색 교육으로 운영했던 학교는 가야금, 골프, 디지털을 그 학교 과목이나 활동 주제로 선정하고 있다. 이 경우 어느 정도 수업내용과 방법들이 정해져 있는 경우들이 대부분이기 때문에 이 수업활동들을 먼저 정리함으로써 이 일련의 수업을 통해 구체적으로 알아야 할 것과 할 수 있어야 할 것, 수업이 끝난 후 지녀야 할 마음가짐 등을 도출해 내는 방식으로 내용체계의 요소를 선정하고 이를 기반으로 성취기준을 개발할 수 있다.

이 개발 과정에서 추가적으로 필요한 지식이나 개념, 기능, 태도 등이 발견된다면 이와 관련된 수업을 추가 개발하면 된다. 이렇게 쌍방향 방식으로 개발된 내용체계와 성취기준은 실제 진행될 수업을 기반으로 만든 것이기 때문에 수업과의 연계성이 높을 수밖에 없다. 학교자율시간을 위해 과목을 실제로 개발하는 선생님들을 대상으로 워크숍과 실습형 연수를 운영했을 때에도 대부분의 경우 내용체계·성취기준를 먼저 개발한 후 수업을 개발하는 방식보다는 수업이나 프로그램을 바탕으로 내용

쌍방향 방식의 내용체계 성취기준 개발

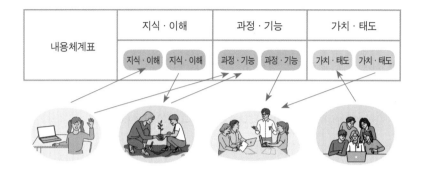

체계와 성취기준을 개발하는 것이 훨씬 수월하다는 반응을 보였다. 수업을 기준으로 내용체계와 성취기준을 개발하는 것은 학교자율시간에서 이루어지게 될 수업활동들의 이정표를 설정하는 일이라 비유할 수 있다. 쌍방향 방식의 개발은 '학교자율시간 과목/활동 목표 ↔ 내용체계·성취기준 ↔ 수업 ↔ 평가·기록' 상호 간의 연계를 강화하여 학교자율시간에서도 교육과정–수업–평가–기록의 일체화를 가능하게 할 것이다.

학교자율시간, 중고등 과목에서 아이디어 얻기

학교자율시간 과목과 활동을 설계할 때 핵심은 내용체계이다. 시·도 교육청 지침에 따르면 활동의 경우 내용체계가 필수가 아닌 곳도 있다. 하지만 내용체계는 성취기준과 수업의 기준점 역할을 하기 때문에 이런 경우에도 체계적인 교육과정 설계를 위해서는 내용체계를 설정하는 것이 좋다.

실제 과목 개발 학교들을 컨설팅해 보면 교사들이 내용체계 개발에 익숙하지 않기 때문에 어려움을 겪는 경우가 대부분이다. 이때 상급 학교급의 다양한 과목별 내용체계를 참고하면 도움을 받을 수 있다. 중학교의 선택 교양 과목으로 '환경', '진로와 직업' 등이 있는데 초등학교에는 없는 과목이기에 생태환경, 진로연계교육을 주제로 학교자율시간을 운영하고자 하는 학교는 해당 과목에 대한 중학교 교육과정의 내용체계를 참고할 수 있다. 고등학교의 경우에는 고교학점제로 인하여 주제가 세부적으로 나뉘어 선택과목으로 다양하게 편성되어 있기 때문에 학교자율시간 과목과 활동 주제가 유사한 과목을 찾아 교육과정을 참고해 보면 도움이 된다.

다만 해당 학년군 혹은 학교급에 대한 내용과 수준이 선행 학습을 유발하지 않도록 적절성 여부를 따져 보며 내용요소의 수준을 조정하거나 범위를 좁혀 진술해야 한다. 중고등학교 과목에서 아이디어를 얻어 학교자율시간 내용체계표를 설계하는 방법을 3단계로 정리하면 다음과 같다.

1단계 주제와 관련된 과목 수집하기

다음은 학교자율시간으로 운영하는 주요 주제와 관련된 고등학교 과목을 연결한 표이다.

주제	관련 고등학교 과목
생태전환	기후변화와 지속 가능한 세계, 윤리 문제 탐구, 기후변화와 환경 생태, 생태와 환경
민주시민	세계시민과 지리, 사회와 문화, 국제 관계의 이해, 사회 문제 탐구, 민주시민과 윤리, 평화와 공존의 윤리
디지털 AI	과학과 디지털 학습 환경 윤리, 윤리 문제 탐구, 기술·가정, 창의 공학 설계, 정보, 인공지능 기초, 소프트웨어와 생활
경제금융	경제, 금융과 경제생활, 문화와 경제생활의 윤리, 인간과 경제활동
독서	독서와 작문, 문학, 주제 탐구 독서, 독서토론과 글쓰기, 논술, 문예 창작의 이해, 문학 감상과 비평, 시 창작, 소설 창작, 문학과 매체
예술	음악 연주와 창작, 음악 감상과 비평, 음악과 미디어 시창·청음, 합창·합주, 음악 공연 실습, 음악과 문화 미술 창작, 미술 감상과 비평, 미술과 매체, 미술 전공 실기, 미술과 사회
영화	영화의 이해, 촬영·조명, 편집·사운드, 영화 제작 실습, 영화 감상과 비평, 영화와 삶
무용	무용의 이해, 무용과 몸, 무용 기초 실기, 안무 무용 제작 실습, 무용 감상과 비평, 무용과 매체
연극	연극, 극 창작, 연기, 무대미술과 기술, 연극 제작 실습, 연극 감상과 비평, 연극과 삶
스포츠	운동과 건강, 스포츠 문화, 스포츠 생활
마을지역화	한국사, 도시 미래 탐구
진로연계	진로와 직업

무용 기초 실기 내용체계표

	내용 요소	
지식·이해	• 기본 동작의 원리 • 호흡법 • 박자, 리듬, 선율의 특징	• 기본 동작의 연결 방법 • 동작 원리의 활용 • 움직임 특성을 반영한 표현 방법
과정·기능	• 기본 동작의 원리 적용하기 • 신체 움직임 조절하기 • 음악에 맞추어 조화롭게 춤추기 • 기본 동작 숙련하기	• 다양한 방법으로 기본 동작 연결하기 • 기본 동작 정교화하기 • 감정과 생각을 움직임으로 표현하기
가치·태도	• 기본 동작을 올바르게 수행하는 태도 • 기본 동작을 지속해서 숙련하는 태도	• 기본 동작의 내재화 • 움직임으로 소통하는 태도

만약 우리 학교가 초등학교 4학년을 대상으로 무용의 동작을 익혀 무용을 창작하는 내용으로 학교자율시간을 운영하려 한다고 가정하자. 무용과 관련한 고등학교 예술 계열 선택 과목은 '무용의 이해', '무용과 몸', '무용 기초 실기' 등 다양하다. 그중 무용의 동작을 익히는 것과 관련한 과목은 '무용 기초 실기'이며 무용 창작과 관련한 내용은 '안무', '무용 제작 실습'이 있다. 위 표는 '무용 기초 실기' 과목의 내용체계에서 우리 학교의 주제에 알맞은 내용만을 추출해 본 것이다.

4학년 무용 내용체계표 예

	내용 요소	
지식 · 이해	• 기본 동작의 움직임 • 박자, 리듬, 선율의 느낌	• 움직임 특성을 반영한 표현 방법 • 몸의 움직임과 표현 방법의 관계
과정 · 기능	• 기본 동작 파악하고 시도하기 • 음악에 맞추어 느낌을 표현하기 • 기본 동작 연습하기	• 다양한 방법으로 기본 동작 표현하기 • 감정과 생각을 움직임으로 표현하기
가치 · 태도	• 기본 동작을 올바르게 수행하는 태도 • 움직임에 대한 호기심과 끈기	• 움직임의 적극적 참여 의지 • 움직임으로 소통하는 태도

추출한 내용 요소는 고등학교 수준으로 진술되어 있기 때문에 초등학교 4학년 수준으로 적절한지 여부를 파악해야 한다. 우선 해당 주제와 밀접한 교과 교육과정 분석을 통해 적용 학년의 수준을 파악한다.

초등학교 3~4학년군 체육과 교육과정 표현 영역의 내용 요소는 지식·이해로는 표현활동에 대한 움직임 기술과 표현방법, 과정·기능으로는 움직임 기술을 파악하고 다양한 방법으로 표현하기, 가치·태도로는 움직임 표현에 대한 호기심과 감수성을 다룬다. 3~4학년군 음악과 교육과정은 박자, 리듬, 선율에 대한 개념을 몸으로 느끼거나 간단하게 몸으로 표현하는 정도의 수준으로 지도한다. 선행 학습이 일어나지 않고 학생 발달 수준에 맞도록 하기 위해서는 고등학교 내용 요소의 범위를 조정해야 한다. 위 표는 2단계에서 추출한 내용 요소를 모아 초등학교 4학년 수준에 맞게 용어의 수준을 낮추고 가치 덕목 중심으로 수정한 것이다.

학교자율시간,
위계성과 체계성 갖추기

학교자율시간 이전 시기 학교 현장은 학교 실태를 반영한 주제를 중심으로 학교 자율 교육과정을 운영하였다. 이 교육과정에는 한 가지 특징이 있다. 학교와 지역 실태를 반영하여 설계하고 운영하였기 때문에 전체 학년을 대상으로 동일한 주제의 교육과정을 운영하였다는 점이다. 이와 유사하게 과거 주제 중심 교육과정에서 학교자율시간으로 넘어가는 흐름에서도 일종의 과도기적 양상이 일어나 학교자율시간에서도 여러 학년에서 공통의 주제로 교육과정을 운영하려는 학교들이 적지 않다. 하지만 학교자율시간의 경우에는 한 학교의 여러 학년에서 과목/활동을 운영할 때, 과목의 명칭과 내용체계, 성취기준이 모두 다르게 편성되어야 한다.

그러나 지역과 학교 실태를 반영하는 경우 서로 다른 학년일지라도 동일 주제로 교육과정 주제를 설정할 필요가 있을 수 있다. 예를 들어 다문화 학생 밀집지역에 위치한 학교에서는 다문화를 주제로 하여 여러 학년에서 함께 학교자율시간을 진행하고자 할 수 있다. 만약 산이나 바다 인근에 있는 학교라면 생태 주제를, 디지털 중점학교의 경우라면 디지털 주제를 여러 학년에서 함께 반영할 필요가 일어날 수 있다. 이 경우 주제는 동일하지만 서로 위계성과 체계성을 갖춘 학교자율시간으로 구현해 낼 수 있다.

같은 주제일지라도 상위 학년으로 갈수록 심화된 학습 방법을 적용하면 위계를 갖추어 학년별 차별화를 할 수 있다. 또한 학년별로 특화된 내용을 구성하면 학년 간에 내용이 겹치지 않아 교육과정의 체계성을 갖출 수 있다.

학교자율시간의 위계성과 체계성

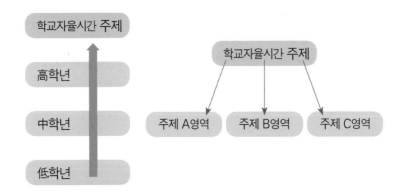

위계성은 앞의 그림에서처럼 같은 주제일지라도 학년이 올라갈수록 보다 심화된 내용으로 교육과정을 구성하는 것을 의미한다. 체계성은 하나의 주제를 다양한 영역으로 세분화하고 학년별 중점 영역을 설정하는 것으로 학생들로 하여금 다양한 학습 경험을 갖도록 할 수 있다. 실제 학교에서 많이 설정하는 주제들을 위계성과 체계성을 고려하여 다음과 같이 세분화해 보았다. 이처럼 하나의 주제를 세분화하여 과목 혹은 활동 명칭과 내용체계, 성취기준으로 반영한다면 하나의 주제로도 학년별 위계성과 체계성을 갖춘 학교자율시간을 구현해 낼 수 있을 것이다.

생태	→ 생태시민성	진로	→ 진로와 성장
	→ 생태와 진로		→ 진로와 디지털
	→ 생태와 환경		→ 진로와 시민성
	→ 생태와 디지털		→ 진로연계교육
시민성	→ 미디어 리터러시	독서	→ 그림책
	→ 마을과 시민		→ 책과 문화예술
	→ 민주시민과 토론		→ 책과 문해력
	→ 세계시민과 다문화		→ 책으로 꿈 다지기
문화예술	→ 음악과 문화	마을	→ 마을 해설사
	→ 미술과 문화		→ 마을과 생태
	→ 뮤지컬과 문화		→ 마을과 문화예술
	→ 연극과 문화		→ 마을 속 직업

학교자율시간, 평가와 기록은 어떻게 하는가?

학교자율시간으로 이루어지는 과목과 활동 모두 교육과정 편제표 안에 담기는 엄연한 교육과정이고 실제 수업이 이루어지기 때문에 평가와 기록까지 할 수 있어야 한다. 평가와 기록은 학교급(초, 중) 및 운영 방식(과목, 활동)에 따라 다음과 같이 구분하여 살펴볼 수 있다.

중학교 과목

중학교 학교자율시간 과목은 편성되는 교과의 평가 방식에 준하며 시·도 교육청 학업성적관리 시행지침에 따라 지필평가 혹은 수행평가로 실시할 수 있다. 다만 구체적인 평가 방법은 학교에서 선택하여 각 학교 학업성적관리 규정으로 정한다. 성취도 평가의 경우 편성되는 교과에 따라서 다음 표와 같은 방식으로 평가한다. 기록은 학생의 학습 과정 및 결과에 대한 평가 내용을 '학교생활기록부 기재요령'을 참고하여 교육행정정보시스템(NEIS)에 기록하며 '세부능력 및 특기사항'에는 특기할 만한 사항이 있는 과목 및 학생에 대하여 입력할 수 있다.

편성 교과별 평가 방식

교과(군)	평가
국어, 사회(역사포함), 도덕, 수학, 과학/기술·가정·정보, 영어, 선택(생활외국어 또는 한문) 교과(군)으로 학교자율시간 과목을 개설하는 경우	5단계 (A-B-C-D-E) 성취도평가
체육, 예술(음악/미술) 교과(군)으로 학교자율시간 과목을 개설하는 경우	5단계(A-B-C) 성취도평가
선택 교과(군)의 교양 과목 성격으로 학교자율시간 과목을 개설하는 경우	이수여부(P/F)

초등학교 과목

과목에 대한 평가를 하기 위해서는 학교가 속한 시·도 교육청의 학업성적관리 시행지침을 확인하고 이에 따라 편성된 교과에 준하여 수행평가와 기록 방법 등을 학교 학업성적관리 규정으로 정하여 실시한다. 학교자율시간을 과목으로 운영하는 경우 성취기준을 개발하기 때문에 해당 성취기준에 대하여 기존 과목과 같이 수행평가를 실시하고 학교 성취수준(3~5단계 등)에 따라 평가결과를 교육행정정보시스템(NEIS)에 기록하며 '세부능력 및 특기사항'에는 특기할 만한 사항이 있는 과목 및 학생에 대하여 입력할 수 있다.

초등학교 활동

활동의 경우 성취기준을 개발하지 않는 경우도 있기 때문에 성취수준을 부여하는 방식의 평가보다는, 세부능력 및 특기사항을 활용하여 학생들의 활동에서 특기할 만한 사항을 정리하여 다음과 같이 기록할 수 있다.

활동 종류	기록 예시
생태 활동	학교 근처 호수의 생태 환경을 관찰, 기록하는 기능을 익혀, 우리마을 호수 생태 보고서를 제작할 수 있으며, 마을 생태를 보존하고 이를 실천하려는 자세를 익힘. 생태 과목 활동을 통하여 학생 스스로 문제의식을 갖고 해결해 가는 활동을 통하여 주도성과 문제해결능력 역량을 갖출 수 있게 되었음.
디지털 AI	다양한 AI 프로그램의 종류를 탐구하고 사용하는 방법을 알고 있음. AI-bing image creator 프로그램을 활용하여 창의적으로 생각을 표현해 내는 시각자료를 제작하였음. 디지털 AI 프로그램을 사용할 때 지켜야 할 디지털 윤리에 대해서 이해하고 이를 일상생활 속에서 실천하고자 하는 마음가짐을 갖고 있음.
민주 시민	미디어 리터러시의 개념을 이해하고, 다양한 언론 매체들로부터 생산된 정보를 확인하고, 이에 대한 사실여부와 가치를 판단할 수 있음.

학교자율시간
8단계 설계시트

학교자율시간의 핵심 키워드는 자율성과 공동체성이다. 국가 교육과정에 제시된 교과 외 새로운 과목이나 활동을 지역과 학교의 실정에 맞게 만들고 교육공동체의 요구를 반영하고 교사 간 협업해야 하기 때문이다. 자율성과 공동체성에 기반한 학교자율시간은 8단계로 설계할 수 있다.

1단계 학교자율시간의 방향성 설정

행복초 학교자율시간 설계 1단계

학교비전	아름다운 어울림과 즐거운 배움이 있는 행복한 학교
가치	행복, 주도성, 협력

테마	생태 전환 교육
역량	협력적 소통역량, 공동체성
운영방식	프로젝트, 마을 기반 프로그램 (집중형)

학교자율시간의 새로운 과목이나 활동을 만들어 내기 위해서는 우리 학교와 학년이 추구할 방향을 설정할 나침반이 있어야 한다. 따라서 1단계에서는 우리 학교의 방향성을 나타내는 비전과 추구하는 가치, 중점활동의 테마와 역량, 운영방식 등을 설정한다.

학교자율시간 설계에 굳이 이 과정이 왜 필요한가에 대한 의문을 가질 수 있다. 학교자율시간은 국가 교육과정이라는 큰 틀에서 만들어졌으나 실제 운영은 학교 교육과정 안에서 운영한다. 그러므로 학교 교육의 목표와 추구하고자 하는 방향을 담아내는 것이 필요하다. 그리고 평소 우리가 학교 비전을 머릿속에 담고 교육과정을 설계해 본 적 있는지 생각해 보자. 학교 비전을 어렴풋이라도 기억하는 사람은 학교에서 교육과정 담당 부장뿐이거나 아니면 아예 없을지도 모른다. 우리는 그동안 나무를 자세하게 보는 돋보기의 시각으로 교육과정 내에서 활동을 펼쳐 내기에 급급했다. 그러나 교육활동을 구안할 때는 학교 교육이라는 울타리 안에서 이를 유기적으로 연결하여 역량과 목표로 향할 수 있도록 조직하는 숲을 보는 망원경의 관점이 필요하다. 그렇기에 학교자율시간의 설계에서 1단계는 학교자율시간 내용 구현의 방향성과 기준점을 제시한다.

행복초등학교의 예를 살펴보자. 행복초의 학교 비전은 '아름다운 어울림과 즐거운 배움이 있는 행복학교'이다. 학교의 비전은 어떻게 알 수 있을까? 학교 교육과정에도 나타나 있지만 지금 바로 휴대폰을 들어 검색 엔진으로 우리학교 이름을 검색해서 홈페이지에 접속해 보자. 학교 목표와 중점 교육이 자세하게 제시되어 있다. 학교 비전은 대부분 좋은 의미의 다소 추상적인 단어들로 이루어져 있을 수 있다. 그러나 학교의 세부 목표와 중점활동을 들여다보면 학교가 추구하는 가치가 보인다. 예를 들어 같은 문구의 '행복한 학교'라는 학교 비전이라도 학생 주도 기반의 중점활동 학교와 문화와 예술 기반의 중점활동 학교는 엄연히 다른 의미의 가치를 담고 있다. 학교의 세부 목표와 중점활동을 확인하며 우리 학교 비전이 담고 있는 가치를 3~4가지 정도로 추출한다. 학교 비전에서 바로 추상적인 가치를 뽑아내기 어렵다면 학급 경영에서 활용되고 있는 가치 덕목 사전을 활용하여 적절한 단어를 찾아보는 것을 추천한다.

가치 덕목 (예)	감사, 균형, 평화, 건강, 협력, 절제, 관계, 적응, 행복, 용기, 진취, 소통, 기쁨, 감수성, 정직, 자신감, 끈기, 신뢰, 융통성, 사랑, 리더십, 열정, 존중, 주도성, 공동성, 관용, 공감, 예의, 자율, 성실, 배려, 통찰, 나눔, 공헌 등

다음으로는 운영할 테마(주제)를 정한다. 대부분의 경우, 학교의 예산과 연결된 특색활동이나 다양한 지역사회 연계의 프로그램이나 협력 강사 관련 주제를 선택하는 경우가 많으며 아예 학년(군)별로 다른 테마를 선정할 수도 있다. 또한 반드시 1가지의 주제가 아닌 2~3가지를 묶어

선정할 수도 있으니 교육공동체의 협의를 통해 함께 설계하도록 한다. 아래에 대부분의 학교가 선정할 만한 테마 예시를 제시하였으니 설계 시 참고하면 좋다.

테마 (예)	민주시민, 생태전환(기후위기, 지속가능발전), 디지털AI, 진로연계, 경제금융, 마을지역화, 인성, 문화예술체육, 학생주도, 독서교육, 놀이와 스포츠 등

　2022 개정 교육과정의 교과역량은 교과 교육을 통해 학생들이 궁극적으로 갖추게 될 능력으로 교과의 지식 · 이해, 과정 · 기능, 가치 · 태도 등을 통합적으로 습득하여 발휘되는 능력을 의미한다. 역량의 선정에 어려움을 겪는다면 총론에서 제시하는 6개의 역량(자기관리 역량, 지식 정보 처리 역량, 창의적 사고 역량, 심미적 감성 역량, 협력적 소통 역량, 공동체 역량) 중 적절하게 골라내거나 성격이 비슷한 기존 교과 역량을 참고하여 선정한다. 예를 들어, 생태 전환 테마와 관련이 많은 과학 교과의 핵심 역량은 과학적 탐구 역량, 문제 해결 및 의사결정 역량이므로 운영하고자 하는 과목의 가치에 맞게 설정할 수 있다.

　1단계 마지막으로 학교자율시간을 운영할 방식을 정한다. 운영방식은 프로젝트, 에듀테크 활용형, 마을 기반 연계, 타지역 및 학교 류 등 다양한 형태로 운영할 수 있으며 여러 형태를 혼합하여 운영할 수 있다. 또한 집중형, 주기형, 혼합형의 운영 시기도 대략적으로 사전에 설정한다. 이제 다음 단계로 넘어가며 1단계에서 설정한 학교자율시간의 방향성을 잃지 않고 계속 흐름이 연결되도록 하는 것이 중요하다.

행복초 학교자율시간 설계 2단계

학교	우리 학교 환경의 특징은? 우리 학교의 중점 교육활동은? 우리 학교가 운영하는 중점 사업은? 학교문화와 교사 자원의 특징은?	· 14학급의 작은 소도시 소재 · 학교 주변 작은 숲, 텃밭 운영 · 학생주도와 탐구학습 중점활동 · 교육복지중점사업학교, 혁신학교 · 협력적 학교문화와 교육과정 재구성 경험 교사 다수
학생	우리 학교 학생의 특징은? 우리 학교 학생 학부모의 교육적 요구는?	· 소규모 학교로 학생 간 교우관계 원만 · 활발한 학생 자치회 활동 · 기초학력부진 15%이나 학습 참여 의지 높은 편, 학생과 학부모의 다양한 체험활동 요구
지역	우리 지역의 특징은? 활용 가능한 지역 내 인적 물적 자원은? 지자체-교육청과 연계된 프로그램은?	· 생태호수공원, 행복강 도보이동 가능 · 지자체 연계 생태체험 활용 가능 · 서해안 소재의 농어촌 산업과 자연 환경 활용 용이

2단계는 바로 교육환경 분석이다. 학교와 학생, 지역 환경을 분석하는 과정이 왜 필요할까? 2022 개정 교육과정 총론에 따르면 학교자율시간의 내용은 지역과 학교의 여건과 교육공동체의 필요에 따라 결정하도록 하고 있다. 단위 학교에 교육과정의 설계 권한을 위임한다는 것은 학교의 실정에 맞게 교육과정을 설계할 수 있다는 뜻이다. 예를 들어 같은

'생태전환교육'의 테마로 학교자율시간을 설계하여도 대도시의 70학급이 넘는 초대형 학교와 농어촌 지역의 10학급 내외의 소규모 학교에서 추구하는 가치와 역량, 운영 내용과 방법은 다를 수 있다. 학교의 여건과 학생 학부모의 교육 요구, 지역사회 활용 자원 등을 고려하고 이를 적극 활용한 우리 학교에 딱 맞는 맞춤형 교육의 실현을 위해 이 단계는 반드시 필요하다.

　2단계의 교육환경 분석에서 특히 눈여겨 봐야 할 부분을 짚어 내자면 첫째, '교사 자원'이다. 학교자율시간의 설계는 학교의 환경, 중점 사업과 같은 외적인 요소뿐만 아니라 교육과정을 실제 설계하는 교사의 교육과정 문해력이 필요하기 때문이다. 둘째, '교육공동체의 교육적 요구'이다. 대부분 학년 말에 실시하는 교육과정 설문을 통해 교육적 요구를 추출한다. 그러나 학생 참여와 주도성을 살릴 수 있는 '배움 요구서' 작성과 학생자치회를 통한 충분한 협의를 통해 보다 질 높은 교육적 요구를 이끌어 낼 수 있다. 배움 요구서란 학생들에게 학교 교육이 가고자 하는 목표와 그 중점활동 내용들을 제시하고 목표에 도달하기 위한 학생들의 요구를 담은 것이다. 배움 요구서를 작성하며 학생들은 스스로 브레인스토밍을 통해 다양한 아이디어를 산출하고, 그 아이디어가 교육적 가치가 있는지 우리 학교 비전에 부합한지 스스로 분류 활동을 하며 더 나은 아이디어로 발전시켜 나갈 수 있다. 그 이후 학생들끼리 토의 활동을 거쳐 아이디어에 대한 장단점을 확인하고 더 정교화된 교육적 요구를 완성해 낼 수 있다. 필자는 실제로 이 과정을 거쳐 교육과정을 설계하였는데 스스로 만들어 낸 교육적 요구가 실현되는 것을 경험하며 학생들의 학습 성취 욕구와 교육 만족도가 높아졌다. 아래는 필자가 실제로 활용했던 배움 요구서와 토의학습 자료이며 이를 활용하여 학생 참여와 주도성을 살린 학교자율시간을 설계할 수 있었다.

행복초 학교자율시간 설계 3단계

과목/활동명	행복 생태 수비대(4학년)
목표	1) 지역의 생태환경에 대한 특성과 현상을 이해하고 관련 문제해결을 탐구하며 지속 가능한 삶을 실천한다.
	2) 지역 생태환경에 대해 협력하고 주도적으로 탐구하여 함께 살아가는 공동체 역량과 협력적 소통역량을 기른다.

3단계에서는 과목/활동명과 목표를 만들어 보자. 과목/활동명은 1단계에서 설정한 운영할 테마와 추구하는 가치, 역량이 묻어날 수 있도록 설계하도록 하거나 학생들의 행위 형태가 드러나도록 만든다. 다음은 과목/활동의 목표이다. 2022 개정 교육과정 용어 해설에 따르면 교과 목표는 교과 교육과정이 지향해야 할 방향과 학생이 달성해야 할 학습의 도달점이다. 즉, 학교자율시간 과목/활동의 학습을 통해 학생들이 도달하고자 하는 모습을 나타내고 있다. 그렇다면 목표 진술은 어떻게 할 수 있을까?

첫째, 학생들의 지식·이해, 과정·기능, 가치·태도의 최종적 습득 결과 형태로 진술한다. 물론 교과 교육과정의 모든 목표가 이렇게 진술되어 있지는 않지만 보다 쉽게 진술할 수 있도록 필자가 구조화시켜 제시하였다. 행복초의 사례를 보면 과목/활동 목표를 '지역의 생태환경에 대한 특성과 현상을 이해하고 관련 문제해결을 탐구하며 지속 가능한 삶을 실천한다.'로 제시하였다. 이 문장에서 과목/활동이 추구하는 지식·이해, 과정·기능, 가치·태도의 최종 형태를 분석하면 다음과 같다. 이렇게 내용 요소별 최종적 습득 결과로 목표를 진술하게 되면 과목/활동 목표가 명확하게 드러나며 운영할 활동 내용을 대략 예상할 수 있다.

과목/활동 목표 진술 분석 1

지역의 생태환경에 대한 특성과 현상을 이해하고 (지식·이해) 관련 문제 해결을 탐구하며 (과정·기능) 지속 가능한 삶을 실천한다(가치·태도).

둘째, 학교자율시간을 운영하는 내용과 추구하는 가치와 역량을 연결하여 진술한다. 행복초의 설계 1단계에서 설정한바, 추구하는 가치는 행복, 주도성, 협력이며 추구하는 역량은 협력적 소통 역량과 공동체성이다. 여기에 학교자율시간에서 운영하고자 하는 생태전환교육 관련 활동과 연결하여 맥락을 만들면 '지역의 생태환경에 대해 협력하고 주도적으로 탐구하여 함께 살아가는 공동체 역량과 협력적 소통역량을 기른다.'의 과목(활동) 목표를 만들 수 있다.

과목/활동 목표 진술 분석 2

지역의 생태환경에 대해 (교육내용) 협력하고 주도적으로 탐구하여 (가치) 함께 살아가는 공동체 역량과 협력적 소통역량을 기른다(역량).

4단계 학교자율시간 편제

학교자율시간은 교육과정 운영 시간을 기준으로 각 학년에 편성한 총 수업 시간 수에 따라 편성하고 학기 단위로 운영한다. 행복초 4학년 1학기에 운영할 '행복 생태 수비대' 과목의 편제를 설정해 보자.

3~4학년 총 수업 시수는 1,972시간이며 행복초는 균등 배분하여 4학년 총 수업시수는 연간 986시간이다. 연간 34주를 기준으로 1주 분량의 수업 시간을 확보해야 하므로 29시간을 운영한다. 그리고 해당 과목의 성격이나 내용을 고려하여 관련 교과(군)에 편성해야 하므로 과학/실과(군)의 과학 교과에 편성하고 기존 '과학' 과목 198시간과 '행복 생태 수비대' 과목(활동) 29시간을 합쳐 과학 교과를 227시간으로 편성하였다.

그렇다면 학교자율시간 29시간은 어떻게 확보할까? 교육과정 편성·운영 기준에 따라 교과(군)별 창의적 체험활동 20% 범위 내 시수 증감 기준을 준수하며 시수를 감축한다. (체육 및 예술 교과(군)은 감축 불가) 이때 해당 교과의 교육과정 성취기준을 모두 이수 가능해야 하므로 특정 교과나 창의적 체험활동 영역의 시수가 지나치게 감축되지 않도록 유의해야 한다. 2022 개정 교육과정의 교과 교육과정에 학교자율시간을 도입하기 위해 교과 내용과 성취기준의 수를 적정화하고 과목별 1주 분량 정도를 감축하고 모자라는 성취기준은 창의적 체험활동이나 편성 교과에서 감축하거나 골고루 추가 감축하도록 한다.

'행복 생태 수비대' 과목을 포함한 행복초 4학년 교육과정 편성표는 다음과 같다. 교과 및 창의적 체험활동의 1주 분량의 시수만 감축하고 모자라는 시수는 활동 내용을 고려하여 국어, 과학에서 더 감축한 예다.

행복초 4학년 교육과정 편성표

과목			학년군 기준	24년 이수	25년 필요 시수	자율 증감	2025학년도 4학년 1학기	2학기	계	최종 이수
교과군		국어	408	204	204	-9	99	96	195	399
		사회	272	102	102	-3	52	47	99	201
		도덕		34	34	-1	17	16	33	67
		수학	272	136	136	-5	67	64	131	267
	과학	과학	204	102	102	-6	52	44	96	227
		학교 자율 시간				+29	29	0	29	
		체육	204	102	102	0	57	45	102	204
		음악	272	68	68	0	35	33	68	136
		미술		68	68	0	36	32	68	136
		영어	136	68	68	-2	34	32	66	134
		소계	1,768	884	884	+3	478	409	887	1,771
창의적 체험 활동		자율	204	102	102	-3	44	43	87	201
		봉사					3	3	6	
		진로					2	4	6	
		합계		102		-3	49	50	99	201
총 수업시간 수							527	459	986	1,972

행복초 학교자율시간 설계 5단계

핵심 아이디어	① 자연의 가치에 관한 다양한 이해와 탐구활동은 생태 감수성을 바탕으로 한 자연에 대한 책임 있는 태도에 영향을 미친다. ② 생태 · 환경 문제 경험과 이에 대응하는 지속 가능한 발전을 위한 책임 있는 행동이 생태 전환의 기초가 된다.
내용 요소	
지식 · 이해	· 우리 지역의 동식물과 생태 환경 · 우리 지역의 생태 · 환경의 변화 · 우리 지역의 생태 · 환경의 문제점과 해결방안 · 우리 지역의 다양한 생물 보전의 중요성
과정 · 기능	· 우리 지역의 생태 · 환경 관찰하기 · 우리 지역의 생태 · 환경을 표현하기 · 우리 지역의 생태 · 환경과 인간의 관계 토의하기 · 우리 지역의 생태 · 환경 변화와 문제점 조사하기 · 생태 · 환경 문제 해결방안 발표하기 · 생태 · 환경 문제 해결방안 공유하기
가치 · 태도	· 생태 · 환경에 대한 감수성 · 생태 · 환경을 보존하는 태도 · 생태 시민으로서의 책임의식

핵심 아이디어는 학습을 통해 일반화 할 수 있는 내용의 핵심적 진술문으로 학습자 관점이 아닌 지식의 관점으로 진술되며 추상적이며 포괄적 형태로 표현된다. 행복초는 '행복 생태 수비대' 과목의 핵심 아이디어

로 해당 과목 학습을 통해 학생이 도달할 것으로 보이는 총체적인 앎의 모습(①)을 담아내고 해당 과목의 전이된 모습(②)이 드러나도록 진술하였다. 이때 주의할 점은 핵심 아이디어가 앞서 1단계에서 설정한 가치와 역량, 3단계의 목표를 바탕으로 이와 이어지도록 지식의 일반화를 진행해야만 방향이 흔들리지 않을 것이다. 핵심 아이디어의 낯선 형태로 인해 교사들이 진술에 어려움을 느낄 수 있는데 이미 개발된 2022 개정 교육과정 관련 교과 영역의 핵심 아이디어 진술 형태를 참고해 보자. 또한 수업 활동에 대한 생각을 먼저 펼친 후, 핵심 개념을 추출하고 일반화하여 핵심 아이디어를 만드는 것도 하나의 팁이다.

다음은 내용 요소인 지식·이해, 과정·기능, 가치·태도를 채울 차례이다. '행복 생태 수비대' 과목에서는 우리 지역의 생태·환경에 대해 조사하고 인간과의 관계를 알아본 후, 다양하게 서식지를 표현해보는 활동과 우리 지역의 생태·환경의 문제점을 파악하고 해결방안을 탐구하고 실천하는 활동을 담고 있다. 이러한 교수·학습 활동을 머릿속에 그려본 후 내용 요소를 개발한다. 지식·이해는 학습을 통해 알아야 할 내용 요소, 개념 원리 등을 포함하므로 행복초 학생들은 우리 지역의 동식물과 생태·환경과 그 변화, 문제점과 해결방안, 다양한 생물 보전의 중요성의 지식·이해를 습득할 수 있다. 과정·기능은 지식을 습득하기 위해 활용되는 사고와 탐구 과정이므로 관찰하기, 표현하기, 조사하기, 토의하기, 발표하기 등이 될 수 있다. 가치·태도는 교과 활동을 통해서 기를 수 있는 고유한 가치와 태도이므로 생태·환경에 대한 감수성과 보존 태도, 생태 시민으로서의 책임 의식 등이 해당될 수 있다.

행복초 학교자율시간 설계 6단계

성취기준

① ~알고/~할 수 있다　　② ~를 통해 /~을 할 수 있다
③ ~을 통해 /~태도를 지닌다.　④ ~를 알고/~를 하여/~태도를 지닌다.

〔4생태01-01〕 우리 지역의 동식물과 생태·환경을 관찰하고 다양한 방법으로 표현한다.

〔4생태01-02〕 우리 지역의 생태·환경의 변화를 알고 인간과의 관계를 토의하기를 통해 생태·환경에 대한 감수성을 지닌다.

〔4생태01-03〕 생태·환경을 표현한 작품을 공유하며 생태·환경을 보존하는 태도를 지닌다.

〔4생태02-01〕 우리 지역의 생태·환경 다양한 문제를 조사하고 문제 해결 방안을 발표할 수 있다.

〔4생태02-02〕 우리 지역의 다양한 생물 보전의 중요성을 인식하며 생태·환경 문제 해결 방안을 공유한다.

〔4생태02-03〕 지역의 생태·환경 문제를 인식하고 생태 시민으로서의 책임감을 가진다.

6단계의 성취기준은 앞서 5단계의 내용체계표가 완성되면 쉽게 구조화될 수 있다. 앞서 성취기준을 만드는 방법을 제시한 바가 있다. 이 방법을 활용하여 지식·이해, 과정·기능, 가치·태도의 요소들을 추출하여 성취기준을 만들 수 있다. 여기서 주의할 점은 성취기준을 너무 구체적인 교수·학습 활동을 제시하여 학습목표처럼 만들지 않도록 한다. 성취기준은 학교와 학생 실정에 맞도록 개발하여 매년 조금씩 교수·학습

과정을 수정하여 쓰는 것이 좋기 때문에 성취기준이 너무 제한적이지 않도록 개발한다. 예를 들어 [4생태02-01]의 성취기준이 만약 '우리 지역의 생태·환경의 환경오염을 조사하고 문제해결 방안을 포스터로 발표할 수 있다.'로 진술된다면 성취기준에 의한 교수·학습 활동이 좁고 제한적인 학습 목표에 가까워진다. 지역의 생태·환경의 문제는 환경오염뿐만 아니라 자연재해, 서식지 난개발 등으로 다양하며 문제해결 발표하기 또한 포스터 뿐만 아니라 디지털 기기를 활용하여 패들렛으로 발표하기, 책 만들기로 전시회 열기 등 교수·학습 환경에 따라 다양하게 달라질 수 있으므로 학습목표보다는 더 포괄적으로 진술해야 한다.

수정 전	우리 지역의 생태·환경의 환경 오염을 조사하고 문제해결 방안을 포스터로 발표할 수 있다.

▼

수정 후	우리 지역의 생태·환경의 다양한 문제를 조사하고 문제해결 방안을 발표할 수 있다.

7단계 학교자율시간 수업디자인

행복초 4학년은 '행복 생태 수비대' 과목으로 29시간을 편성하였고 2
개의 영역으로 나누어 '지역환경과 우리'와 '지속 가능 사회를 위한 우리'
로 각각 15차시와 14차시를 구성하였다. 내용체계표와 성취기준을 만들
며 구상한 수업 활동의 아이디어를 구체적으로 구현하여 수업디자인으
로 펼쳐 낼 수 있으며 개발한 성취기준을 적절하게 배치해야 한다. 또한
수업 디자인을 개발하며 평가에 대한 계획도 함께 고려한다.

행복초 학교자율시간 설계 7단계

영역	성취 기준	내용	차시
지역 환경과 우리	[4생태 01-01] 평가	[1~2] 지역의 동식물 알아보기 [3~4] 밀물과 썰물일 때, 지역의 모습 탐방하기 [5~6] 지역 동식물과 생태 환경의 특징 조사하여 다양한 방법으로 나타내기	15 차시
	[4생태 01-02]	[7~8] 지역의 환경과 생물 간의 관계 토의하기 [9~10] 지역 소식지를 통해 사라진 지역의 생물 찾아보기 [11~12] 우리 지역의 환경이 생물과 인간에게 주는 이로움 찾아보기	
	[4생태 01-03]	[13~14] 다양한 방식으로 우리 지역의 생물의 서식지 표현하기 [15] 공유 발표회 열고 소감 나누기	

| 지속
가능
사회를
위한
우리 | [4생태
02-01]
[4생태
02-03] | [1~2] 우리 지역 문제 인식하고 원인 조사하기
[3~4] 우리의 삶과 해양 오염 관계 알기
[5~6] 해양쓰레기 저감 사례 알아보기
[7~8] 해양쓰레기 저감 해결 방안 구상 제작하기
[9~10] 해양쓰레기 문제 해결 결과 발표하기 | 14
차시 |
| | [4생태
02-02]
[4생태
02-03]
평가 | [11~12] 우리가 지킬 수 있는 해결 방안 실천하
고 공유하기
[13~14] 다양한 방식으로 해양 환경을 지키기
위한 보존 방법 표현하기(시화, 포스터, 미니북) | |

행복초 학교자율시간 설계 8단계

1. 평가의 방향

가. '행복 생태 수비대' 과목은 학생들의 역량 및 주도성 함양을 확인하고 환류할 수 있는 평가를 한다.

나. 성적 산출이 아닌 학생의 성장과 발달을 지원하기 위한 과정중심평가를 한다.

다. '행복 생태 수비대' 과목의 성격과 학습자 특성을 고려하여 적합한 평가 방법을 활용한다.

2. 평가 방법

성취기준	〔4생태01-01〕 우리 지역의 동식물과 생태 · 환경을 관찰하고 다양한 방법으로 표현한다.		
평가요소	밀물과 썰물일 때의 지역의 모습에 따른 동식물을 관찰하고 조사하여 그림, 영상, 발표자료 등 다양한 형태로 정리하기		
수업 · 평가 방법		수행과제	성취 수준
〔체험 및 실습〕학교 주변의 00만의 밀물과 썰물일 때의 모습을 직접 탐방하고 동식물을 관찰하여 기록한다. 〔보고서〕우리 지역의 동식물과 생태환경에 관한 자료를 수집하여 다양한 형태로 정리하고 발표한다.		〔체험 및 실습〕학교 주변의 생태환경 관찰하기 위한 계획을 세워 조사 대상을 관찰하고 다양한 형태로 기록한다. 〔보고서〕우리 지역의 동식물과 생태환경에 관한 자료를 수집하고 신문, 홍보지, 영상, 발표자료 등 다양한 형태로 정리한다.	4단계 (매우우수 우수 보통 노력요함)

학교 주변 OO만의 밀물과 썰물일 때를 직접 탐방하여 동식물을 관찰하고 기록함. 우리 지역의 동식물과 생태환경에 관한 자료를 수집하고 직접 촬영한 영상 및 사진을 활용하여 정리하고 발표함.

마지막으로 학교자율시간의 평가를 구상한다. 앞서 수업 디자인에서 과정중심평가에 대한 대략적 계획이 있었다면 마지막 8단계에서 평가 계획의 양식에 맞게 수업 장면과의 연계, 구체적인 평가 성취기준과 평가 요소와 수업 · 평가 방법, 성취수준, 평가 시기를 선정하도록 한다. 학교자율시간의 평가 기록에 대한 자세한 방식은 각 시 · 도별 지침에 의해 상이하므로 그에 준하여 기록하도록 한다.

지금까지 긴 호흡으로 학교자율시간의 과목 설계시트의 단계를 가상의 학교의 사례를 들어 살펴보았다. 학교자율시간의 설계시트 모든 단계를 그대로 따르지 않아도 되며 설계 상황과 맥락에 맞게 재구성하거나 순서를 변경해도 된다. 다만, 학교자율시간의 본래 의미인 지역과 학교의 실정에 맞게 만드는 새로운 과목이나 활동, 교육공동체의 요구를 반영하고 교사 간 협업의 과정을 잃지 않는 자율성과 공동체성을 살린 설계가 반드시 필요하다.

학교자율시간 과목/활동 설계 행복초 예시 모음

1단계: 방향성 설정

학교비전	아름다운 어울림과 즐거운 배움이 있는 행복한 학교
가치	행복, 주도성, 협력
테마	생태 전환 교육
역량	협력적 소통역량, 공동체성
운영방식	프로젝트, 마을 기반 프로그램 (집중형)

2단계: 교육환경 분석

학교	우리 학교 환경의 특징은? 우리 학교의 중점 교육활동은? 우리 학교가 운영하는 중점 사업은? 학교문화와 교사 자원의 특징은?	· 14학급의 작은 소도시 소재 · 학교 주변 작은 숲, 텃밭 운영 · 학생주도와 탐구학습 중점활동 · 교육복지중점사업학교, 혁신학교 · 협력적 학교문화와 교육과정 재구성 경험 교사 다수
학생	우리 학교 학생의 특징은? 우리 학교 학생 학부모의 교육적 요구는?	· 소규모 학교로 학생 간 교우관계 원만 · 활발한 학생 자치회 활동 · 기초학력부진 15%이나 학습 참여 의지 높은 편, 학생과 학부모의 다양한 체험활동 요구
지역	우리 지역의 특징은? 활용 가능한 지역 내 인적 물적 자원은? 지자체-교육청과 연계된 프로그램은?	· 생태호수공원, 행복강 도보이동 가능 · 지자체 연계 생태체험 활용 가능 · 서해안 소재의 농어촌 산업과 자연 환경 활용 용이

3단계: 학교자율시간 과목명과 목표

과목/활동명	행복 생태 수비대(4학년)
목표	1) 지역의 생태환경에 대한 특성과 현상을 이해하고 관련 문제 해결을 탐구하며 지속 가능한 삶을 실천한다. 2) 지역 생태환경에 대해 협력하고 주도적으로 탐구하여 함께 살아가는 공동체 역량과 협력적 소통역량을 기른다.

행복초 4학년

과목		학년군 기준	24년 이수	25년 필요 시수	자율 증감	2025학년도 4학년			최종 이수
						1학기	2학기	계	
교과군	국어	408	204	204	−9	99	96	195	399
	사회	272	102	102	−3	52	47	99	201
	도덕	272	34	34	−1	17	16	33	67
	수학	272	136	136	−5	67	64	131	267
	과학 과학	204	102	102	−6	52	44	96	227
	과학 학교자율시간				+29	29	0	29	
	체육	204	102	102	0	57	45	102	204
	음악	272	68	68	0	35	33	68	136
	미술	272	68	68	0	36	32	68	136
	영어	136	68	68	−2	34	32	66	134
	소계	1,768	884	884	+3	478	409	887	1,771
창의적 체험활동	자율	204	102	102	−3	44	43	87	201
	봉사					3	3	6	
	진로					2	4	6	
	합계		102		−3	49	50	99	201
총 수업시간 수						527	459	986	1,972

5단계: 내용체계표 조직하기	
핵심 아이디어	① 자연의 가치에 관한 다양한 이해와 탐구활동은 생태 감수성을 바탕으로 한 자연에 대한 책임 있는 태도에 영향을 미친다. ② 생태 · 환경 문제 경험과 이에 대응하는 지속 가능한 발전을 위한 책임 있는 행동이 생태 전환의 기초가 된다.
내용 요소	
지식 · 이해	• 우리 지역의 동식물과 생태 환경 • 우리 지역의 생태 · 환경의 변화 • 우리 지역의 생태 · 환경의 문제점과 해결방안 • 우리 지역의 다양한 생물 보전의 중요성
과정 · 기능	• 우리 지역의 생태 · 환경 관찰하기 • 우리 지역의 생태 · 환경을 표현하기 • 우리 지역의 생태 · 환경과 인간의 관계 토의하기 • 우리 지역의 생태 · 환경 변화와 문제점 조사하기 • 생태 · 환경 문제 해결방안 발표하기 • 생태 · 환경 문제 해결방안 공유하기
가치 · 태도	• 생태 · 환경에 대한 감수성 • 생태 · 환경을 보존하는 태도 • 생태 시민으로서의 책임의식

6단계: 성취기준 개발하기

성취기준

① ~알고/~할 수 있다　　② ~를 통해 /~을 할 수 있다
③ ~을 통해 /~태도를 지닌다.　④ ~를 알고/~를 하여/~태도를 지닌다.

〔4생태01-01〕 우리 지역의 동식물과 생태 · 환경을 관찰하고 다양한 방법으로 표현한다.

〔4생태01-02〕 우리 지역의 생태 · 환경의 변화를 알고 인간과의 관계를 토의하기를 통해 생태 · 환경에 대한 감수성을 지닌다.

〔4생태01-03〕 생태 · 환경을 표현한 작품을 공유하며 생태 · 환경을 보존하는 태도를 지닌다.

〔4생태02-01〕 우리 지역의 생태 · 환경 다양한 문제를 조사하고 문제 해결 방안을 발표할 수 있다.

〔4생태02-02〕 우리 지역의 다양한 생물 보전의 중요성을 인식하며 생태 · 환경 문제 해결 방안을 공유한다.

〔4생태02-03〕 지역의 생태 · 환경 문제를 인식하고 생태 시민으로서의 책임감을 가진다.

7단계: 학교자율시간 수업 디자인

영역	성취 기준	내용	차시
지역 환경과 우리	[4생태 01-01] (평가)	[1~2] 지역의 동식물 알아보기 [3~4] 밀물과 썰물일 때, 지역의 모습 탐방하기 [5~6] 지역 동식물과 생태 환경의 특징 조사하여 다양한 방법으로 나타내기	15 차시
	[4생태 01-02]	[7~8] 지역의 환경과 생물 간의 관계 토의하기 [9~10] 지역 소식지를 통해 사라진 지역의 생물 찾아보기 [11~12] 우리 지역의 환경이 생물과 인간에게 주는 이로움 찾아보기	
	[4생태 01-03]	[13~14] 다양한 방식으로 우리 지역의 생물의 서식지 표현하기 [15] 공유 발표회 열고 소감 나누기	
지속 가능 사회를 위한 우리	[4생태 02-01] [4생태 02-03]	[1~2] 우리 지역 문제 인식하고 원인 조사하기 [3~4] 우리의 삶과 해양 오염 관계 알기 [5~6] 해양쓰레기 저감 사례 알아보기 [7~8] 해양쓰레기 저감 해결 방안 구상 제작하기 [9~10] 해양쓰레기 문제 해결 결과 발표하기	14 차시
	[4생태 02-02] [4생태 02-03] (평가)	[11~12] 우리가 지킬 수 있는 해결 방안 실천하고 공유하기 [13~14] 다양한 방식으로 해양 환경을 지키기 위한 보존 방법 표현하기(시화, 포스터, 미니북)	

8단계: 학교자율시간 과목 평가

1. 평가의 방향

가. '행복생태수비대' 과목은 학생들의 역량 및 주도성 함양을 확인하고 환류할 수 있는 평가를 한다.

나. 성적 산출이 아닌 학생의 성장과 발달을 지원하기 위한 과정중심평가를 한다.

다. '행복생태수비대' 과목의 성격과 학습자 특성을 고려하여 적합한 평가 방법을 활용한다.

2. 평가 방법

성취기준	〔4생태01-01〕 우리 지역의 동식물과 생태·환경을 관찰하고 다양한 방법으로 표현한다.
평가요소	밀물과 썰물일 때의 지역의 모습에 따른 동식물을 관찰하고 조사하여 그림,영상,발표자료 등 다양한 형태로 정리하기

수업 · 평가 방법	수행과제	성취수준
〔체험 및 실습〕 학교 주변의 00만의 밀물과 썰물일 때의 모습을 직접 탐방하고 동식물을 관찰하여 기록한다. 〔보고서〕 우리 지역의 동식물과 생태환경에 관한 자료를 수집하여 다양한 형태로 정리하고 발표한다.	〔체험 및 실습〕 학교 주변의 생태 환경 관찰하기 위한 계획을 세워 조사 대상을 관찰하고 다양한 형태로 기록한다. 〔보고서〕 우리 지역의 동식물과 생태환경에 관한 자료를 수집하고 신문, 홍보지, 영상, 발표자료 등 다양한 형태로 정리한다.	4단계 (매우우수 우수 보통 노력요함)

교과 세부 특기사항(예)

학교 주변 00만의 밀물과 썰물일 때를 직접 탐방하여 동식물을 관찰하고 기록함. 우리 지역의 동식물과 생태환경에 관한 자료를 수집하고 직접 촬영한 영상 및 사진을 활용하여 정리하고 발표함.

학교자율시간
과목 체크리스트

학교자율시간 과목을 개발하고 나면 시·도 지침에 의해 승인 절차를 거친 뒤 운영할 수 있다. 이 승인 심의에서는 학교가 개발한 과목의 체계성, 적합성, 타당성, 실현 가능성 등에 대해 검토하며, 학교에서는 사전에 자체점검을 진행한다. 이때 구조적 관점과 큰 얼개에 대한 점검이 필요하나 진술 방식과 맥락, 교수·학습의 흐름과 같은 세부적인 사항에 대한 점검도 필요하다. 다음에 제시하는 네 개 관점의 체크리스트는 실제 많은 학교들의 검토 사례를 바탕으로 만든 것으로 실제 과목을 개발한 교사들의 피드백을 반영하여 현실성을 더욱 높였다.

과목명과 교과목표

항목	점검 내용
과목명	내용체계, 성취기준, 교수·학습 방법 및 평가를 아우르는 함축적 용어인가?
교과 목표	추구하는 역량을 습득할 수 있는 목표의 설정인가?
	교과의 지식·이해, 과정·기능, 가치·태도를 모두 포괄하는 서술인가?
	학교의 비전과 가치, 역량과 과목의 목표가 맥락적으로 연결되는가?

2022 개정 교육과정은 역량 함양을 추구하고 있기에 개발 과목이 추구하는 역량을 교과 목표에 담아내는 것이 중요하다. 또한 교과 목표는 학교의 실정에 맞게 개발하고 운영해야 하는 것이기 때문에 학교가 추구하는 비전과 가치를 담아 진술하면 일관성을 갖출 수 있다.

관점 2 **내용 체계**

항목	점검 내용
핵심 아이 디어	핵심 아이디어가 교과목표처럼 진술되지는 않았는가?
	용어의 정의(~는 ~을 의미한다.)로 진술되지는 않았는가?
	핵심 아이디어들끼리 포함 관계를 맺고 있지 않은가?
	지식·이해, 과정·기능, 가치·태도 차원을 유기적으로 포함하는가?
	과목의 핵심이며 학생이 삶 속에서 적용 가능한 가치 있는 개념적 진술인가?
	핵심 아이디어의 유형에 맞는 진술문인가?

영역	과목 내 여러 영역 간 독립성이 확보되는가?
	영역에 포함된 내용 요소가 영역의 특징과 지향점을 담아내는가?
	내용 요소가 영역 간 차별화를 드러내고 있는가?
지식·이해	학생들이 과목을 통해 이해하고 알아야 할 지식을 담고 있는가?
	지식·이해 요소 중 상호 간 중복되는 것은 없는가?
	타 학년(군)과 지식·이해 요소가 중복되는 것은 없는가?
	과정·기능, 가치·태도의 타 범주에 제시되어야 하는 요소는 없는가?
	학년(군) 간 지식·이해 요소 수에서 편차가 있지는 않은가?
	교과 지식·이해 요소와 중복되지는 않은가?
	상급 학교(학년)의 요소를 포함하여 선행 학습이 이루어지지 않는가?
	과목만의 특성을 드러낼 수 있는 지식·이해 요소를 설정하였는가?
	학년(군) 간 지식·이해 요소들의 진술 방식(어미 등)이 통일되었는가?
과정·기능	지식·이해를 학습하는 사고 과정 또는 탐구과정을 드러내고 있는가?
	학년(군)의 발달 수준에 따라 복잡한 수행 정도의 차이가 있는가?
	지나치게 지엽적인 수준의 활동으로 제시되지는 않았는가?
	과정·기능 요소 간 중복되거나 포함 관계를 가지지 않는가?
	지식·이해, 가치·태도의 타 범주에 제시되어야 하는 요소는 없는가?
	학년(군) 간 과정·기능 요소 수에서 편차가 있지는 않은가?
	학년(군) 간 과정·기능 요소들의 진술방식(어미 등)이 통일되었는가?
가치·태도	학년(군)의 발달 수준에 따라 가치 및 태도가 적절히 제시되었는가?
	지식·이해, 과정·기능의 타 범주에 제시되어야 하는 요소는 없는가?
	과목을 통해 습득가능한 가치·태도가 드러나게 진술되었는가?
	학년(군) 간 가치·태도 요소 수에서 편차가 있지는 않은가?
	학년(군) 간 가치·태도 요소들의 진술방식(어미 등)이 통일되었는가?

과목 개발에서 가장 핵심적인 부분이 내용 체계이기 때문에 점검을 핵심 아이디어, 영역, 지식·이해, 과정·기능, 가치·태도의 측면에서 진행할 수 있다. 핵심 아이디어는 학습자 중심의 진술이 아닌 학습자의 마음속에 구성되는 지식의 모습이므로 '~를 지닌다.', '~할 수 있다.' 등으로 진술되지 않도록 주의한다. 또한 핵심 아이디어는 교과의 핵심을 관통하고 본질을 드러내는 것이기 때문에 특정 용어의 정의를 진술하듯 '~는 ~를 의미한다.'처럼 진술하지 않아야 한다. 전이가능한 개념 간 관계를 진술하는 문장이므로 핵심 아이디어들이 상호 간 포함관계가 되지 않도록 진술해야 한다. 내용 체계 안에 영역을 구분하여 작성한 경우, 영역 간 독립성을 확보하고 그 안의 내용 요소들이 영역 간 차별성을 가지고 있는지를 점검한다.

내용 체계 범주인 지식·이해, 과정·기능, 가치·태도 개발에 있어서는 하나의 주제로 여러 학년을 개발하는 경우 학년(군)간 중복 요소가 없도록 하며 위계 또한 범주의 특징에 맞게 구성한다. 특히 해당 범주에 제시되어야 하는 요소들이 적절하게 배치되었는지 범주별 요소의 개수 차이가 크지는 않은지, 그리고 진술 방식이 통일되었는지를 확인한다. 물론 학년(군) 간 과목의 주제와 내용이 상이하다면 중복 요소나 위계를 고려하지 않아도 된다. 하지만 이 경우에도 학생들이 학습하는 내용 체계 모든 범주의 내용 요소가 학년 발달에 맞게 구성되어 있어야 하며 선행 학습이 이루어지지 않도록 유사 주제 상급 학년(학교) 내용체계표를 비교하며 개발해야 한다.

항목	점검 내용
성취 기준	성취기준과 내용체계가 연계되고 정합성을 띠고 있는가?
	성취기준은 학생의 학습 결과인 도달점 형태로 진술되고 있는가?
	성취기준이 학습목표처럼 지나치게 좁게 진술되고 있지 않은가?
	성취기준이 단순 활동으로 국한되지 않고 다양한 교수 · 학습 방법으로 지도할 수 있도록 개방적으로 진술되었는가?
	성취기준이 내용체계의 세 범주 중 두 가지 이상의 범주를 포함하여 개발되었는가?
	성취기준이 학년(군)이 올라갈수록 깊이와 폭을 확장하는가?
	학년(군) 간 성취기준의 수에서 편차가 있지는 않은가?
	성취기준 하나에 너무 많은 내용 요소를 담고 있지 않은가?
	성취기준의 진술방식(~한다. ~할 수 있다. 등)이 통일되었는가?
	성취기준이 과목의 전체 활동을 모두 담아낼 수 있는가?
	내용체계의 모든 내용 요소가 성취기준에 담겨 있는가?
	성취기준이 상호 간 포함 관계를 가지지 않고 독립성을 띠는가?

성취기준은 정합성, 함축성, 포괄성을 갖추는 것이 중요하다. 정합성은 논리적 모순이 없는 것을 의미한다. 즉 성취기준은 내용체계의 내용 요소를 고르게 담아 학습 결과로 나타낸 것이어야 한다. 또한 성취기준은 학습목표와는 다르게 함축성과 포괄성을 갖추어야 하는데 하나의 성취기준에 다양한 학습목표와 교수 · 학습 방법이 나타날 수 있기 때문이다. 간단한 예로 2022 개정 교육과정 사회과 성취기준 중 하나를 살펴보도록 하자.

[6사12-02] 지구촌을 위협하는 다양한 문제들을 파악하고, 지속가능한 미래를 위한 해결 방안을 탐색한다.

이 성취기준은 몇 개의 학습목표를 담을 수 있을까? 아래처럼 두 개의 학습목표로 나타낼 수 있다. 그렇다면 아래의 두 개의 학습목표는 각기 어떤 교수·학습 방법으로 구체화될 수 있을까?

[6사12-02] (가) 지구촌을 위협하는 다양한 문제들을 파악하고
          (나) 지속가능한 미래를 위한 해결 방안을 탐색한다.

▼

(가) 지구촌을 위협하는 다양한 문제들을 파악하고,
① 지구촌을 위협하는 다양한 문제들을 디지털 기기를 활용하여 조사한다.
② 지구촌을 위협하는 환경 문제를 직접 탐방하여 파악한다.
③ 지구촌을 위협하는 다양한 문제들을 신문 기사를 통해 분류한다.
⋮

(나) 지속 가능한 미래를 위한 해결 방안을 탐색한다.
① 지속가능한 미래를 위한 해결 방안을 설문조사를 통해 요약한다.
② 지속 가능한 미래를 위한 해결 방안을 조사하고 포스터로 나타낸다.
③ 지속 가능한 미래를 위한 해결 방안을 토의한다.
⋮

제시된 표처럼 하나의 성취기준은 크게 두 부분으로 나뉘어 지도할 수 있고, 이를 실제 교수·학습 방법으로 구체화하여 학습목표로 제시하면 다양하게 나타날 수 있다. 즉, 성취기준은 다양한 학습목표로 제시될

수 있는 함축성과 포괄성을 가지고 있다.

성취기준의 세 범주 중 두 가지 이상의 범주를 포함하여 개발해야 하는 항목은 2022 개정 교과 교육과정 각론 개발 지침에서 제시한 성취기준 개발 지침이긴 하나 구체적 교수활동과 한 가지 범주의 내용 요소를 조합하는 형태로 나타나는 예외적인 성취기준도 있다. 국어과 매체 영역의 성취기준 중 하나가 아래의 예시와 같다.

〔4국06-02〕 매체를 활용하여   간단한 발표 자료를 만든다.
　　　　　　　(구체적 교수활동)　　　　　　(과정 · 기능)

관점 4 교수 · 학습방법과 평가

항목	점검 내용
교수 · 학습 방법	주도성과 핵심역량을 키워 줄 수 있는 교수 · 학습으로 설계되어 있는가?
	과목 성격과 목표와 밀접한 수업들로 구성되어 있는가?
	학생 주도의 실행 탐구활동을 포함하고 있는가?
	학생의 삶과 연계된 교수 · 학습 활동의 흐름을 가지는가? (실천활동, 캠페인, 나눔활동, 전시회 등)
	학생의 앎이 새로운 상황에 적용하도록 확장하고 실천하도록 구조화되어 있는가? (학습계획 세우기, 더 알아보기, 도전하기 등)
	수업 내용 중 상급학년 내용이 포함되어 있지는 않은가?
	교수 · 학습을 위한 학습자료는 구비되어 있는가?
	성취기준 – 교수 · 학습과의 일관성을 확보하였는가?
	일회성 행사나 이벤트, 단순 체험 위주의 교수 · 학습으로 구성되어 있지 않은가?
	외부 강사 프로그램의 비율이 지나치게 높지는 않은가?
	학생의 성찰을 통한 내면화와 전이가 일어나는 학습 설계인가?
	주도성과 역량 함양을 위한 위계와 체계를 갖춘 수업 흐름으로 구성하였는가?
평가 · 기록	학교 학업성적관리규정에 학교자율시간 관련 사항을 제시하였는가?
	학교자율시간 과목에서 학생의 성장과 발달을 확인할 수 있는 성취기준을 바탕으로 개설한 과목의 평가계획을 수립하였는가?
	선정한 성취기준의 성격에 합당한 평가방법을 선정하였는가?
	편성된 교과(군)에 준하는 평가를 실시하는가(예 5단계-3단계-P/F평가)?
	선정한 평가 과제가 과목 주제 및 교수 · 학습과 일관성을 갖고 있는가?
	과목 세부능력 및 특기사항에 기록한 내용이 학교자율시간 과목에서 학생의 전체적인 성장과 발달을 드러낼 수 있는가?
	생기부 훈령 및 학업성적관리시행지침에 근거하여 평가하고 기록하였는가?

학교자율시간을 평가할 때는 우선 학교생활기록부 작성에 대한 교육부 훈령과 시·도 교육청 학업성적관리 시행지침에서 학교자율시간 평가와 기록에 대한 항목을 살펴본 후 이를 반영하여 학교학업성적관리 규정 및 평가계획을 작성하였는지를 확인한다.

과목의 경우 성취기준을 개발하기 때문에 성취기준을 근거로 평가하며 평가계획도 편성되는 교과에 준하여 실시한다. 이때 평가계획에 선정한 성취기준과 학교자율시간 과목의 성격, 목표와 연관성, 성취기준의 성격에 적합한 평가과제와 평가방법 선정 여부를 확인한다.

평가 결과에 대한 처리는 중등은 5단계(A-B-C-D-E), 3단계(A-B-C), P/F평가 중 편성되는 교과에 준하여 평가를 실시한다. 초등의 경우 개발한 성취기준을 바탕으로 수행평가를 학교 평가 단계(3~5단계)에 맞추어 실시한다. 평가 후 과목 개설 시 정한 목표 관점에서 학생들이 학교자율시간 과목에서 성장하고 발달한 모습을 기록했는지 여부를 확인한다. 이상의 평가와 기록 검토 관점을 만족한다면 학교자율시간 과목 개설의 취지에 부합하는 평가와 기록이 이루어질 수 있을 것이다.

〔참고〕학교자율시간 과목 개발 체크리스트 모음

항목	점검 내용
과목명	내용체계, 성취기준, 교수·학습 방법 및 평가를 아우르는 함축적 용어인가?
교과 목표	추구하는 역량을 습득할 수 있는 목표의 설정인가?
	교과의 지식·이해, 과정·기능, 가치·태도를 모두 포괄하는 서술인가?
	학교의 비전과 가치, 역량과 과목의 목표가 맥락적으로 연결되는가?
핵심 아이 디어	핵심 아이디어가 교과목표처럼 진술되지는 않았는가?
	용어의 정의(~는 ~을 의미한다.)로 진술되지는 않았는가?
	핵심 아이디어들끼리 포함 관계를 맺고 있지 않은가?
	지식·이해, 과정·기능, 가치·태도 차원을 유기적으로 포함하는가?
	과목의 핵심이며 학생이 삶 속에서 적용 가능한 가치 있는 개념적 진술인가?
	핵심 아이디어의 유형에 맞는 진술문인가?
영역	과목 내 여러 영역 간 독립성이 확보되는가?
	영역에 포함된 내용 요소가 영역의 특징과 지향점을 담아내는가?
	내용 요소가 영역 간 차별화를 드러내고 있는가?
지식 · 이해	학생들이 과목을 통해 이해하고 알아야 할 지식을 담고 있는가?
	지식·이해 요소 중 상호 간 중복되는 것은 없는가?
	타 학년(군)과 지식이해 요소가 중복되는 것은 없는가?
	과정·기능, 가치·태도의 타 범주에 제시되어야 하는 요소는 없는가?
	학년(군) 간 지식·이해 요소 수에서 편차가 있지는 않은가?
	교과 지식·이해 요소와 중복되지는 않은가?
	상급 학교(학년)의 요소를 포함하여 선행 학습이 이루어지지 않은가?
	과목만의 특성을 드러낼 수 있는 지식·이해 요소를 설정하였는가?
	학년(군) 간 지식·이해 요소들의 진술 방식(어미 등)이 통일되었는가?

과정 · 기능	지식·이해를 학습하는 사고 과정 또는 탐구과정을 드러내고 있는가?
	학년(군)의 발달 수준에 따라 복잡한 수행 정도의 차이가 있는가?
	지나치게 지엽적인 수준의 활동으로 제시되지는 않았는가?
	과정·기능 요소 간 중복되거나 포함 관계를 가지지 않는가?
	지식·이해, 가치·태도의 타 범주에 제시되어야 하는 요소는 없는가?
	학년(군) 간 과정기능 요소 수에서 편차가 있지는 않은가?
	학년(군) 간 과정기능 요소들의 진술방식(어미 등)이 통일되었는가?
가치 · 태도	학년(군)의 발달 수준에 따라 가치 및 태도가 적절히 제시되었는가?
	지식·이해, 과정·기능의 타 범주에 제시되어야 하는 요소는 없는가?
	과목을 통해 습득가능한 가치·태도가 드러나도록 진술되었는가?
	학년(군) 간 가치·태도 요소 수에서 편차가 있지는 않은가?
	학년(군) 간 가치·태도 요소들의 진술방식(어미 등)이 통일되었는가?
성취 기준	성취기준과 내용체계가 연계되고 정합성을 띠고 있는가?
	성취기준은 학생의 학습 결과인 도달점 형태로 진술되고 있는가?
	성취기준이 학습목표처럼 지나치게 좁게 진술되고 있지 않은가?
	성취기준이 단순 활동으로 국한되지 않고 다양한 교수·학습방법으로 지도할 수 있도록 개방적으로 진술되었는가?
	성취기준이 내용체계의 세 범주 중 두 가지 이상의 범주를 포함하여 개발되었는가?
	성취기준이 학년(군)이 올라갈수록 깊이와 폭을 확장하는가?
	학년(군) 간 성취기준의 수에서 편차가 있지는 않은가?
	성취기준 하나에 너무 많은 내용 요소를 담고 있지 않은가?
	성취기준의 진술방식(~한다. ~할 수 있다. 등)이 통일되었는가?
	성취기준이 과목의 전체 활동을 모두 담아낼 수 있는가?
	내용체계의 모든 내용 요소가 성취기준에 담겨 있는가?
	성취기준이 상호 간 포함 관계를 가지지 않고 독립성을 띠는가?

교수 · 학습 방법	역량을 키워주는 교수·학습 활동을 포함하고 있는가?
	학생 주도의 실행 탐구활동을 포함하고 있는가?
	학생의 삶과 연계된 교수·학습 활동의 흐름을 가지는가? (실천활동, 캠페인, 나눔활동, 전시회 등)
	학생의 앎이 새로운 상황에 적용하도록 확장하고 실천하도록 구조화 되어 있는가? (학습계획세우기, 더 알아보기, 도전하기 등)
	여러 교과의 지식과 기능을 관련지어 학습할 수 있도록 설계하였는 가?
	학생의 성찰을 통한 내면화와 전이가 일어나는 학습 설계인가?
	탐색-실행과 탐구 – 산출과 실천 – 내면화와 성찰 단계를 거치는 설계 인가?
평가 · 기록	학교 학업성적관리규정에 학교자율시간 관련 사항을 제시하였는가?
	학교자율시간 과목에서 학생의 성장과 발달을 확인할 수 있는 성취 기준을 바탕으로 개설한 과목의 평가계획을 수립하였는가?
	선정한 성취기준의 성격에 합당한 평가방법을 선정하였는가?
	편성된 교과(군)에 준하는 평가를 실시하는가(예 5단계-3단계-P/F평가)?
	선정한 평가 과제가 과목 주제 및 교수 학습과 일관성을 갖고 있는 가?
	과목 세부능력 및 특기사항에 기록한 내용이 학교자율시간 과목에서 학생의 전체적인 성장과 발달을 드러낼 수 있는가?
	생기부 훈령 및 학업성적관리시행지침에 근거하여 평가하고 기록하 였는가?

학교자율시간
활동 체크리스트

학교자율시간 활동은 학교운영위원회 심의와 함께 학교장의 승인 과정을 거친다. 과목에 비해 절차가 간편하나 활동 또한 과목처럼 체계성과 타당성을 갖추어야 하므로 제시된 체크리스트를 활용해 점검해 볼 필요가 있다.

학교자율시간 활동 체크리스트	
항목	점검 내용
활동명	성취기준, 교수 · 학습 방법 및 평가를 아우르는 함축적 용어인가?
활동 목표	추구하는 역량이나 기대 모습을 습득할 수 있는 목표의 설정인가?
	학교의 비전과 가치, 역량과 활동의 목표가 맥락적으로 연결되는가?

성취 기준	성취기준은 학생의 학습 결과인 도달점 형태로 진술되고 있는가?
	성취기준이 학습목표처럼 지나치게 좁게 진술되고 있지 않은가?
	성취기준이 단순 활동으로 국한되지 않고 다양한 교수·학습 방법으로 지도할 수 있도록 개방적으로 진술되었는가?
	성취기준 하나에 너무 많은 내용 요소를 담고 있지 않은가?
	성취기준의 진술방식(~한다. ~할 수 있다. 등)이 통일되었는가?
	성취기준들이 활동의 내용을 모두 담아낼 수 있는가?
	성취기준이 상호 간 포함 관계를 가지지 않고 독립성을 띠는가?
	상급 학교(학년)의 요소를 포함하여 선행 학습이 이루어지지 않은가?
교수 · 학습 방법	역량을 키워 주는 교수·학습 활동을 포함하고 있는가?
	학생 주도의 실행 탐구활동을 포함하고 있는가?
	학생의 삶과 연계된 교수·학습 활동의 흐름을 가지는가? (실천활동, 캠페인, 나눔활동, 전시회 등)
	학생의 앎이 새로운 상황에 적용하도록 확장하고 실천하도록 구조화되어 있는가? (학습 계획 세우기, 더 알아보기, 도전하기 등)
	여러 교과의 지식과 기능을 관련지어 학습할 수 있도록 설계하였는가?
	학생의 성찰을 통한 내면화와 전이가 일어나는 학습 설계인가?
	탐색–실행과 탐구 – 산출과 실천 – 내면화와 성찰 단계를 거치는 설계인가?
평가 · 기록	학교 학업성적관리규정에 학교자율시간 관련 사항을 제시하였는가?
	학교생활기록부 세부능력 및 특기사항에 기록한 활동 내용이 학생의 전체적인 성장과 발달을 드러낼 수 있는가?
	생기부 훈령 및 학업성적관리시행지침에 근거하여 평가하고 기록하였는가?

※ 시·도 지침이나 학교 재량에 따라 활동에서 내용체계를 작성하는 경우, 학교 자율시간 과목 체크리스트를 참고하여 점검함.

학교자율시간
과목 예시

학교자율시간 과목은 하나의 독립적인 교육과정을 개발하는 것이다. 이에 따라 과목에 대한 목표−내용−방법−평가에 대한 사항들이 문서로 제시되어 있어야 한다. 대부분 시 · 도 교육청의 과목 승인 양식을 분석해 보면 2022 개정 교과 교육과정 문서 체제에 준하여 과목의 명칭, 성격과 목표, 학습내용(내용체계와 성취기준), 교수 · 학습 방법, 평가에 대한 사항들이 제시되어 있다. 이 항목들을 기준으로 학교에서 과목을 위한 문서를 개발하는 데 참고가 될 만할 예를 다음과 같이 제시하였다. 예를 참고하면 학교자율시간 문서가 종이 역할에서 끝나는 것이 아니라 수업의 나침반 역할을 할 수 있을 것이다.

학교자율시간 <영화와 생활> 과목 교육과정 내용 체계

1. 성격 및 목표

가. 성격

〈영화와 생활〉은 영화의 특성에 대한 학습을 통해 종합 예술로서의 영화의 의미를 이해하고 영화적 표현과 영화 창작을 경험하고 향유하며 영화가 가진 고유의 예술적·심미적 가치를 습득하도록 하는 과목이다. 이 과목에서 학습자는 디지털 시대의 발달하는 복합 영상 매체인 영화를 통해 영화 제작의 요소들을 탐구하며 사회의 다양한 현상들과 삶의 모습을 반영하여 영화 시나리오를 제작한다. 그리고 촬영 및 편집, 제작 과정을 공동체 속에서 협력하고 예술적으로 표현하는 경험을 하게 된다. 또한 〈영화와 생활〉 과목을 통해 학습자는 영화 감상과 비평 통해 올바르게 영화 감상에 접근하게 되고 그에 대한 자신의 생각을 표현하여 다양한 관점에서 영화를 보고 해석할 수 있는 능력과 영화의 미학적 가치를 수용하게 된다. 그리하여 공동체 속에서 상호 협력적 관계에서 공동의 목적을 구현하는 과정을 통해 새로운 것을 창출하는 더불어 사는 사람으로, 영화의 가치와 문화적 소양을 쌓아 인류의 문화를 향유하고 발전시키는 교양 있는 사람으로 성장하는 토대를 마련하는 특징을 가진다.

나. 목표

〈영화와 생활〉은 영화 창작과 영화 감상 및 비평 과정을 통해 공동체 의식을 바탕으로 공동의 목적을 구현하는 협력적 소통 역량과 예술 문화를 향유하는 심미적 감성 역량을 함양한다.

(1) 영화 제작에 대한 지식, 기술, 경험을 융합적으로 활용하여 직접 영화를 창작하고 시연하며 협력적 소통 태도를 지닌다.

(2) 문화 속 영화의 이해를 바탕으로 영화의 감상과 비평을 통해 예술 문화 속 영화를 향유하는 삶의 태도를 지닌다.

2. 내용 체계 및 성취기준

가. 내용체계

핵심 아이디어	• 인간은 삶 속에서 장르예술의 예술적 경험과 생활화를 통해 자아를 성찰하고 타인을 이해하여 다양한 삶과 가치관을 이해함으로써 세상을 바라보는 관점을 확장시킨다. • 장르예술은 주제에 맞는 이야기를 모든 참여자가 역할 분담하여 연습하고 협력하는 과정으로 만들어지며 인간은 이를 독창적으로 표현하고 감상하는 과정을 통해 행복한 삶을 영위하는 공동체 일원으로 성장한다.
범주	내용 요소
지식 · 이해	• 영화 제작의 요소 • 영화의 촬영과 연출 기술 • 영화와 대중문화의 관계 • 영화의 감상과 비평 요소

과정 · 기능	• 영화 제작의 요소를 고려하여 영화 시나리오 작성하기 • 영화 촬영 기술을 고려하여 연출 계획하기 • 영화를 제작하고 시연하기 • 영화와 대중문화의 관계에 관해 조사하고 발표하기 • 영화 시연회 감상회에 참여하기
가치 · 태도	• 협력적 소통 태도 • 영화 제작의 의지 • 작품에 대한 책임 의식

나. 성취기준

〔9영생-01〕 영화 제작의 요소를 이해하고 이를 고려하여 영화 시나리오를 작성한다.

〔9영생-02〕 영화의 촬영 기법과 연출 기술을 이해하고 촬영 기술을 고려하여 연출을 계획한다.

〔9영생-03〕 영화 제작 요소와 다양한 촬영, 연출 기술을 이해하고 영화 제작 의지를 가진다.

〔9영생-04〕 영화 연출 계획 및 촬영하여 제작하고 시연을 통해 협력적 소통 태도를 기른다.

〔9영생-05〕 영화를 제작하고 시연하는 경험을 통해 작품에 대한 책임 의식을 갖는다.

〔9영생-06〕 영화와 대중문화가 밀접한 관계가 있음을 이해하고 이를 조사하고 발표한다.

〔9영생-07〕 영화 감상과 비평 요소를 알고 영화 시연회 감상회에 참여한다.

3. 교수 · 학습 및 평가

가. 교수 · 학습

1) 교수 · 학습의 방향

- 〈영화와 생활〉은 영화 제작에 관한 기본적인 이해와 제작과 시연의 경험을 통해 영화라는 종합 예술에 대한 이해를 토대를 마련하는 과목 이므로 영화가 가지는 예술적 가치를 인식할 수 있도록 지도한다.

- 〈영화와 생활〉이 추구하는 목표에 도달하고 협력적 소통 역량, 심미적 감성 역량을 함양할 수 있도록 교수 · 학습을 계획하고 운영한다.

- 〈영화와 생활〉이 제시한 목표, 성취기준을 고려하여 학습자가 공동체 의식을 함양하며 창의적 제작 활동을 하는 창의 · 융합형 인재로서 예 술의 가치를 습득할 수 있도록 교수 · 학습 계획을 수립하고 운영한 다.

- 영화에 대한 단편적 지식의 암기는 지양하며 학습 경험의 폭과 깊이를 확장할 수 있도록 학생 주도의 체험형 수업을 설계한다.

- 학습자 맞춤형 수업, 개별화 수업을 위해 흥미와 관심, 욕구를 바탕으 로 학습자의 개별적 특성을 고려하여 교수 · 학습 계획을 수립하고 운 영한다.

- 온 · 오프라인 연계 수업을 위하여 영화 수업에 적합한 다양한 형태의 디지털 매체를 활용하고 이를 통하여 풍부한 학습 경험을 제공할 수 있는 디지털 교육 환경을 구성한다.

2) 교수 · 학습 방법

• 〈영화와 생활〉은 학습자의 개별 특성과 학습 수준을 고려한 다양한 학습 자료 및 학습활동을 마련하고, 특히 학습 자료는 학습자들의 흥미와 관심뿐만 아니라 시대적 문제와 흐름을 반영하는 적절한 자료를 선정하여 제공하도록 한다.

• 〈영화와 생활〉은 영화를 제작하고 시연하는 종합적인 수행 과정을 포함하고 있기에 학습자의 협력학습이 필요하며 다양한 협동학습 기법을 활용하여 개인별 수준 차를 줄인다.

• 영화라는 주제 특성을 반영하여 시청각 자료 및 매체를 활용한 예시자료를 풍부하게 수업에 사용하고 상황에 따른 교육 환경을 고려하여 교육에 필요한 시설, 기자재, 교수 · 학습 매체를 마련하도록 한다.

• 디지털 교육 환경에 따른 온 · 오프라인 연계 수업을 고려하여 다양한 교수 · 학습 자료를 개발하고, 학습자의 참여와 협력을 통한 학생 중심 수업이 전개될 수 있도록 한다.

• 영화를 제작하고 시연하는 과정을 통해 학생 개별 역할을 분담하고 책임을 다하여 스스로 삶을 관리하는 주도성을 발휘하는 기회를 제공한다.

나. 평가

1) 평가의 방향

• 〈영화와 생활〉은 영화를 제작하고 시연하는 결과를 목표로 하고 있으나 결과에 대한 평가 보다 학생의 수행 및 과정 중심 평가를 계획하고

학습자가 수행을 통해 얻는 학습에 대한 성취와 의지를 높이도록 한
다.

• 〈영화와 생활〉의 평가는 학습자가 학습 과정을 확인하고 상호 환류하
여, 학습자의 성공적인 학습과 사고 능력 함양을 지원하도록 한다.

• 〈영화와 생활〉이 추구하는 목표에 도달하고 협력적 소통 역량, 심미적
감성 역량을 함양할 수 있도록 평가를 계획하고 운영한다.

• 〈영화와 생활〉은 학습자 주도의 창의적 산출 활동을 포함하고 있으므
로 교사와 학습자가 함께 평가 기준을 만들고 학습자가 평가 과정에
적극적으로 참여할 수 있도록 기회를 제공한다.

• 〈영화와 생활〉의 평가는 학습자의 인지적 · 정의적 측면에 대한 평가
가 균형 있게 이루어지게 구성하며 학습자가 학습 과정에 대한 성찰을
포함하여 자신의 학습 과정을 되돌아볼 수 있도록 지원한다.

2) 평가 방법

• 〈영화와 생활〉의 성취기준을 근거로 평가하며 정의적, 기능적 측면이
강조되는 성격을 고려하여 타당하고 합리적인 기준을 마련하여 평가
를 실시한다.

• 〈영화와 생활〉의 평가는 학습자가 학습 과정에서 관찰된 행동이나 태
도의 변화 등도 반영할 수 있도록 평가도구를 선정하여 평가한다.

• 평가는 내용 체계와 성취기준을 근거로 관찰, 제작 영상물에 대한 질
적 평가 등 다양한 평가 방법을 활용한다.

• 학습자 주도의 창의적 산출 활동을 포함하고 있으므로 교사 주도의 평

가뿐만 아니라 자기 평가, 동료 평가, 소집단 평가 등 다양한 평가 방법의 적용으로 평가의 객관성과 타당성을 확보한다.

- 학습자 스스로 잘하는 점과 보완해야 할 점을 파악할 수 있는 자기 평가의 기회를 충분히 주도록 하며 이를 토대로 자신의 학습과 삶에 대한 태도를 개선하고 성장하도록 기회를 제공한다.
- 평가 결과는 학습자의 학습 과정과 결과를 모두 파악할 수 있도록 개발되어야 하며, 추후 교수ㆍ학습의 개선을 위한 자료로 활용하여 교사 및 학생 모두에게 도움이 될 수 있도록 한다.

4. 교육과정 편제

구분			국가기준	중학교 3학년					
				학교표준	증감	1학기	2학기	합계
교과(군)	공통교과	국어	442	136	-4	68	64	132
		사회역사도덕 — 사회	510	68	-2	34	32	66
		사회역사도덕 — 역사		68	-2	34	32	66
		사회역사도덕 — 도덕		68	-2	32	32	66
		수학	374	136	-4	68	64	132
		과학기술가정정보 — 과학	680	136	-4	68	64	132
		과학기술가정정보 — 기가		102	-3	51	48	99
		과학기술가정정보 — 정보		34	(2학년 이수)			
		체육	272	68	0	34	34	68
		예술 — 음악	272	34	0	17	17	34
		예술 — 미술		34	0	17	17	34
		영어	340	136	-4	68	64	132
	선택	교과선택	170	102	(1학년 이수)			
		교양선택		34	0	17	17	34
		학교자율시간		33	+33	0	33	33
창의적 체험활동 (스포츠클럽 포함)			306	102	-8	51	43	94
소계			3,366		0	561	561	1,122

학교자율시간
활동 예시

학교자율시간 활동의 경우 과목 보다 승인 절차가 까다롭지 않고 더 유연한 관점에서 설계할 수 있다는 장점이 있다. 각 시·도 교육청에서 제시하는 학교자율시간 활동에 대한 지침은 조금씩 상이하나 계획에 반드시 포함할 항목이 있다. 학교자율시간 활동 개설 계획에는 활동명, 편성교과 및 적용 학년 학기, 사용 교재, 활동목표, 교육과정 편제, 교수·학습 방법, 평가에 관한 내용이 포함되어야 한다. 다음 활동 개설 계획 예를 참고하면 우리 학교만의 특색 있는 학교자율시간 활동을 쉽게 설계할 수 있을 것이다.

학교자율시간 활동 개설 계획

활동명	미래를 위한 나와 우리의 다움(DAUM)										
활동 편성 교과	국어 □ 도덕 □	사회 ☑ 수학 □	적용 학년	3학년 □		4학년 □		5학년 □		6학년 ☑	
	과학 □ 체육 □	실과 □ 음악 □	적용 학기	1학기 □	2학기 □	1학기 □	2학기 □	1학기 □	2학기 □	1학기 ☑	2학기 □
	미술 □	영어 □	적용시간							32	
사용 교재 (교수·학습 자료)	□ 기존 개발 도서(시중 유통 도서) ☑ 교과서 없이 교수·학습 자료 활용										

1. 활동 개설의 필요성

'자율과 소통으로 함께 성장하는 즐거운 학교'라는 학교 비전에 따른 세부 목표 중 '민주시민교육을 통한 내 삶의 주인공되기'에 부합하는 6학년의 학교 특색교육을 실현하고자 학교자율시간을 '미래를 위한 나와 우리의 다움(DAUM)' 활동으로 개설한다.

2. 활동 목표

학생주도와 책임으로 공동체 사회에 공헌하는 민주시민을 꿈꾸기 위한 6학년의 비전으로 학교자율시간의 활동 목표는 다음과 같다.

활동 목표	미래 사회를 살아가기 위해 민주주의를 통한 공동체 문제 해결과 디지털 자료의 주도적으로 활용으로 협력적 소통 역량과 지식정보 처리 역량을 기른다.

3. 교육과정 편제

구분			국가 기준	5-6학년군		
				5학년	6학년	계(증감)
교과 (군)	공통 교과	국어	408	194	204	398(-10)
		도덕	272	34	34	68
		도덕/ 사회 — 사회		90	102	224(+20)
		학교 자율시간		32	0	
		수학	272	132	136	268(-4)
		과학/실과 — 과학	340	99	102	201(-3)
		실과		65	68	133(-3)
		체육	204	102	102	204
		예술 — 음악	272	68	68	136
		미술		68	68	136
		영어	204	102	102	204
창체(자·동·진)			204	102	102	204
소계			2,176	1,088	1,088	2,176

4. 교수 · 학습 방법

가. 활동 내용 구상표

항목	활동 요소
알고 있어야 할 것	· 민주주의의 의미와 중요성 이해하기 · 합리적인 공동체 문제 해결 필요성 알기 · 다양한 디지털 매체 자료의 활용법 이해하기
할 수 있어야 할 것	· 공동체 문제에 대한 의견 제시하고 토론하기 · 디지털 기기를 활용하여 자료 제작하기 · 자료 수집하고 정리하여 효과적으로 발표하기 · 민주주의의 역사 탐방하고 조사하기 · 선거와 정당 활동 모의 체험하기
지녀야 할 마음이나 태도	· 주도적 삶의 태도와 참여 의식 가지기 · 민주시민의 자세와 공동체 의식 가지기 · 협력과 상호 존중 태도 기르기

나. 개발 성취기준

성취 기준	〔6사다움-01〕합리적인 공동체 문제 해결의 필요성을 알고 공동체 문제에 대한 의견을 제시하고 토론한다. 〔6사다움-02〕민주주의의 의미와 중요성을 이해하고, 그 역사를 탐방하고 조사하며 주도적 삶의 태도와 참여 의식을 가진다. 〔6사다움-03〕선거와 정당활동의 모의 체험을 통해 민주 시민의 자세와 공동체 의식을 가진다. 〔6사다움-04〕다양한 디지털 매체 자료 활용 방법을 이해하고 디지털 기기를 활용하여 자료를 제작할 수 있다. 〔6사다움-05〕자료를 수집하고 정리하여 효과적으로 발표하며 협력과 상호 존중의 태도를 가진다.

다. 활동 전개 계획

차시	성취기준	주제 및 활동 내용
1~8 차시	[6사다움-01] [6사다움-02] [6사다움-05]	· 우리나라와 다른나라의 민주주의의 역사 사례에 대해 정보 수집하기 · '민주주의란 무엇인가?'에 대한 질문에 대한 탐구과정을 통해 모둠별 발표 자료 만들기 · 발표 자료 친구들과 함께 공유하기 · 민주주의에 대한 한 문장 정리하며 성찰하기 · 우리 반의 공동체 문제 살펴보고 토론 주제 선정하기 · 토론을 위한 입장 정하고 자료 수집하기 · 공동체 문제를 해결하기 위한 토론하기 · 행복한 우리 반을 위한 해결 방안 정리하고 실천하기
9~16 차시	[6사다움-02]	· 세종시 대통령 기록관 체험학습 계획하며 탐방을 통해 조사하고 싶은 내용 선정하기 · 대통령 기록관 탐방하기 · 나만의 휘호 만들기 체험하기 · 모둠별 체험학습 보고서 작성하고 전시하기
17~21 차시	[6사다움-03]	· 대통령의 의미와 역할 알아보기 · 정당의 역할과 필요성 알아보기 · 더 나은 학교를 위한 모의 대통령 선거와 정당 활동 계획하기(후보 선정, 선거 공약 만들기, 홍보활동, 정당 활동하며 문제해결 안건 제시하기) · 모의 대통령 선거하기 및 정당 활동 평가하기 · 활동 소감 나누기

22~27 차시	〔6사다움-04〕	· 영상 편집 프로그램, 인공지능을 활용한 정보검 색 소프트웨어, 프레젠테이션 활용법 익히기 · 우리 지역의 문제를 구상하고 문제 해결 방안 조사하기
28~32 차시	〔6사다움-05〕	· 다양한 디지털 매체 자료를 활용하여 발표 자료 제작하기 · 발표회 운영하고 활동 결과 정리하기

5. 평가

성취기준

〔6사다움-01〕 민주주의의 의미와 중요성을 이해하고 공동체 문제에 대한 의견을 제시하고 토론한다.

평가요소

☐ 민주주의의 의미와 중요성을 조사 및 탐구활동을 통해 발표자료 만들기
☐ 행복한 우리 반을 만들기 위한 토론에 참여하고 해결 방안 제시하기

수업 · 평가 방법	수행과제	평가시기
〔포트폴리오〕 민주주의의 의미와 중요성을 우리나라와 다른 나라의 사례를 통해 이해하고 탐구과정을 거쳐 조사하여 발표 자료를 만든다. 〔토론 실습〕 우리 반의 공동체 문제를 선정하고 토론을 위한 자료를 수집하여 토론에 적극적으로 참여한다.	〔포트폴리오〕 우리나라와 다른 나라의 사례를 통해 '민주주의란 무엇인가?'에 대해 탐구 결과를 자료로 만든다. 〔토론실습〕 공동체 문제에 대한 토론 자료를 적합하게 수집하고 토론 절차에 맞춰 적극적으로 참여한다.	4월

교과 세부 특기사항(예)

민주주의 역사 사례를 수집하고 탐구과정을 거쳐 민주주의의 의미와 중요성을 이해함. 우리 반의 공동체 문제에 대한 자료를 수집하여 나의 의견을 제시하고 절차를 지켜 토론을 할 수 있음.

※ 학교자율시간 활동은 시 · 도 지침에 따라 평가를 선택할 수 있으며 평가를 실시할 경우 시 · 도 학업성적관리 지침에 따라 계획 및 운영함.

Part

학교자율시간의 뼈대, 내용체계와 성취기준 뱅크

학교자율시간 뱅크 활용법

학교자율시간을 위한 성취기준은 지식·이해, 과정·기능, 가치·태도의 내용 요소로 이루어진 내용체계로부터 만들어진다. 필자가 다수의 설계와 컨설팅을 토대로 추출한 학교자율시간 주요 주제 10가지와 그에 따른 내용체계와 성취기준 예를 여기에 제시하니 활용해 보시기를 권한다.

이 예는 초3-4, 5-6, 중1-3 학년으로 위계를 두어 지식·이해를 설정하고 과정·기능과 가치·태도는 공통으로 쓸 수 있는 것들을 모아 제시하였다. 특히 과정·기능은 간단한 동사 형태로 제시하였으니 실제 내용체계를 만들 때는 지식·이해 내용을 반영하여 '~을 통한', '~에 대한'을 넣어 진술하면 된다. 지식·이해는 다른 학년군이나 학교급의 내용도 용어 수준을 조정하거나 범위를 좁혀 활용할 수 있다. 주제별 내용체계 예가 학교별 실정에 맞는 학교자율시간 설계에 도움이 되길 바란다.

내용체계 사용법

핵심 아이디어는 참고용이며 학년에 맞게 변형하거나 추가

대영역		민주시민교육		
핵심 아이디어		• 민주 시민은 개인의 자주적이고 책임을 다하는 주체적인 태도와 공동체 속에서 생활 양식의 변화로 생겨난 문제를 해결하는 노력으로 만들어지며, 민주시민의 참여는 성숙한 민주주의로 나아가는 토대가 된다. • 인간은 인류가 당면한 지구촌 문제를 자신의 삶과 연계하여 탐구하고 문제를 해결하여 바람직한 미래 변화를 꾀하며 전 지구적 관점 속 '나'의 역할인 세계시민의식을 갖춘다.		
범주	영역	초 3-4학년군	초 5-6학년군	중1-3학년
지식·이해	공동체 시민성	• 타인 존중 • 약속과 예절 • 공동체 속 자기 역할 • 공동체의 의미와 역할 • 관계 맺기와 미덕 • 규칙과 질서 • 공동체 속 다양한 문제	• 학생자치와 회의 • 올바른 의사결정 • 민주주의의 기본원리 • 민주적 의사결정 과정 • 준법의식	• 문화상대주의 • 인권과 정의 • 학생참여위원회와 정책 제안 • 사회 불평등과 복지의 필요성 • 생활 속 정치 • 민주 정치 • 문제의 의미와 특성
	세계 시민성	• 다양한 사회참여 방법 • 문화적 다양성 • 평등과 조화로운 삶	• 빈곤과 기아 • 복지와 웰빙 • 기부와 나눔 • 참여와	• 지속 가능한 발전 • 국제 분쟁과 평화 • 자원 고갈 • 국제기구
과정·기능	공통	• 경험과 느낌 표현하기 • 의견 교환하기 • 평가하기	• 비판적 사고 • 조사하기 • 토의·토론하기	• 조사 및 분석하기 • 비교·대조하기
가치·태도	공통	• 타인 존중 태도 • 주도적인 삶의 태도 • 지속적 실천 태도 • 습관의 내면화 • 포용적 태도 • 세계시민으로서의 인식	• 자아 존중감 • 행동 규범의 수용 • 준법정신의 태도 • 관용과 타협의 태도 • 비판적 자세 • 민주시민의 자세	• 나와 주변에 대한 관심 • 공동체 의식 • 자발적 참여의식 • 연대 의식 • 삶을 성찰하는 태도 • 협력적 태도

인권과 정의를 초5 수준에서도 다룰 수 있는 주제이므로 용어와 수준을 적절하게 수정가능

'세계 속 빈곤 해결을 위한 토의하기'로 변형하여 활용

주제 1. 생태전환교육 내용체계

대영역	생태전환교육		
핵심 아이디어	• 모든 생명체가 공존하는 세계는 인간이 생태 환경에 대한 참여와 책임을 기반으로 생태 시민으로서의 적극적 실천을 추구하며 실현된다. • 인간의 삶과 생태 환경은 서로 직접적으로 영향을 주고 받으므로 인간은 지역, 국가, 세계 수준에서 이루어지는 정치, 경제, 사회적 차원의 생태 전환에 관심을 기울이고 문제를 해결하는 자세가 필요하다.		
범주	영역	초 3-4학년군	초 5-6학년군	중 1-3학년군

범주	영역	초 3-4학년군	초 5-6학년군	중 1-3학년군
지식 · 이해	생태 환경과 우리의 삶	• 주변의 생태 환경의 변화 • 인간과 자연의 성장 • 생태 환경의 의미 • 생태 환경 보존의 필요성 • 생태 환경의 특징 • 우리 지역의 생태환경	• 인간이 생태 환경에 끼치는 영향 • 우리나라와 세계의 생태 환경 • 생태계의 구성요소 • 기후 변화의 의미와 원인 • 기후 변화에 대한 우리나라의 대처	• 국제 사회 속 생태 환경 • 생태계 평형과 복원 • 생태계 보전을 위한 사회공헌 • 국제 및 시민 사회의 기후 변화 협약 • 탄소 저감 기술과 순환 경제
	지속 가능한 사회	• 모두를 생각하는 생태 환경 • 다양한 생태환경 문제의 원인 • 다양한 생태환경 문제의 해결방안	• 지속가능한 발전의 의미 • 얽써이끌림과 리써이끌림 • 생태환경과 인간의 공존 • 개발과 보존의 조화로운 삶 • 친환경 에너지	• 지속 가능한 세계의 삶 • 공존을 위한 생태 시민의 덕목 • 제로웨이스트의 필요성과 방법 • 푸드 마일리지 • 에너지 전환의 중요성 • 글로컬의 의미와 추구 방향

과정·기능	공통	• 표현하기 • 설명하기 • 비평하기 • 탐방하기 • 적용하기 • 비교·대조하기 • 협력적 소통하기	• 탐색하기 • 조사 및 수집하기 • 토의·토론하기 • 전시하고 공유하기 • 탐구 계획하고 수행하기 • 문제 인식하기 • 변화 예측하기	• 추론하기 • 분석하기 • 방법 익히기 • 의사 결정하기 • 실천 방안 구상하기 • 문제 해결하기 • 정보 활용하기
가치·태도	공통	• 생태 감수성 • 생태 환경과의 친밀감 • 생태환경 보호 실천 의지 • 공존을 위한 삶의 태도	• 생명을 존중하는 마음 • 생태 환경을 보호하는 태도 • 실천의 내면화 • 시민 공동체성	• 생태 환경에 대한 관심 • 책임 의식 • 자신의 삶을 성찰하는 태도 • 주도적 참여

우리 학교 내용체계와 성취기준 개발하기

학년	초등학교 3학년	
핵심 아이디어	• 모든 생명체가 공존하는 세계는 인간이 생태 환경에 대한 참여와 책임을 기반으로 생태 시민으로서의 적극적 실천을 추구하며 실현된다. • 인간의 삶과 생태 환경은 서로 직접적으로 영향을 주고 받으므로 인간은 지역, 국가, 세계 수준에서 이루어지는 정치, 경제, 사회적 차원의 생태 전환에 관심을 기울이고 문제를 해결하는 자세가 필요합니다.	
	내용 요소	
지식·이해	• 우리 마을의 생태 환경의 특징 • 우리 마을의 생태 환경 보존의 필요성	• 우리 마을의 생태 환경의 변화 • 모두를 생각하는 생태 환경의 의미
과정·기능	• 우리 마을의 생태 환경 탐방하기 • 우리 마을의 생태 환경의 특징 조사하기 • 우리 마을의 생태 환경의 변화를 조사하고 비교하기 • 우리 마을의 생태 환경 보존하기 위한 실천 방안 구상하기 • 우리 마을의 생태 환경 보존 실천 방안 공유하기 • 생태 환경의 의미를 다양한 방법으로 표현하기	
가치·태도	• 생태 환경 보존 실천 의지	• 공존을 위한 삶의 태도	• 생태 감수성
	성취기준	

• 우리 마을의 생태 환경을 탐방하고 특징을 조사한다.
• 우리 마을의 생태 환경 변화를 조사하고 비교하는 과정을 통해 생태 감수성을 지닌다.
• 우리 마을의 생태 환경 보존의 필요성을 이해하고 실천 방안을 구성한다.
• 우리 마을의 생태 환경 보존을 위한 실천 방안을 공유하고 생태환경을 보존하는 실천 의지를 기진다.
• 모두를 생각하는 생태 환경의 의미를 이해하고 자신의 방법으로 표현하여 공존을 위한 삶의 태도를 지닌다.

236

※ 직접 개발해 보세요!

	내용 요소		성취기준		
학년	핵심 아이디어		지식·이해	과정·기능	가치·태도

237

주제 2. 민주시민교육 내용체계

대영역	민주시민교육		
핵심 아이디어	• 민주 시민은 개인의 자주적이고 책임을 다하는 주체적인 태도와 공동체 속에서 생활 양식의 변화로 생겨난 문제를 해결하는 노력으로 만들어지며, 민주시민의 참여는 성숙한 민주주의로 나아가는 토대가 된다. • 인간은 인류가 당면한 지구촌 문제를 자신의 삶과 연계하여 탐구하고 문제를 해결하여 바람직한 미래 변화를 피하며 전 지구적 관점 속 '나'의 역할인 세계시민의식을 갖춘다.		

범주	영역	초 3-4학년군	초 5-6학년군	중 1-3학년
지식 · 이해	주체성	• 자기 이해 • 나의 다양한 감정 • 자주적인 삶 • 책임을 다하는 삶 • 매체와 나의 삶	• 나의 목표와 가치관 • 자기 관리 • 권리와 의무 • 미래 설계 • 매체 문해력	• 자아와 성찰적 삶 • 행복의 의미와 조건 • 개인과 사회의 관계 • 미래의 모습과 나의 삶의 방향 • 복합 매체 문해력
	공동체 시민성	• 타인 존중 • 약속과 예절 • 공동체 속 자기 역할 • 공동체의 의미와 역할 • 관계 맺기와 미덕 • 규칙과 질서 • 공동체 속 다양한 문제	• 학생자치와 회의 • 올바른 의사결정 • 민주주의 기본원리 • 민주적 의사결정 과정 • 토론의 절차와 올바른 자세 • 합리적인 문제해결 • 미디어와 시민 참여 • 준법정신	• 문화상대주의 • 인권과 정의 • 학생참여(위원회와 정책 제안) • 사회 불평등과 복지 • 정치의 필요성 • 일상생활 속 정치 • 정당과 민주 정치 • 사회문제의 의미와 특징

구분		내용		
세계 시민성		• 다양한 사회참여 방법 • 문화적 다양성 • 평등과 조화로운 삶	• 빈곤과 기아 • 복지와 웰빙 • 기부와 나눔 • 참여와 사회 공헌	• 지속 가능한 발전 • 국제 분쟁과 평화 • 인구감소와 자원 고갈 • 국제 문제와 국제기구 • 세계 시민의 역할
과정 · 기능	공통	• 경험과 느낌 표현하기 • 이견 교환하기 • 평가하기 • 의사결정하기 • 적용하기 • 정보 활용하기 • 관계 파악하기	• 비판적 사고하기 • 조사하기 • 토의·토론하기 • 발표하기 • 탐구 계획하고 수행하기 • 문제 인식과 해결하기 • 갈등 조정하기	• 도출하기 • 조사 및 분석하기 • 비교·대조하기 • 제안 및 주장하기 • 실천 방안 구상하기 • 의사소통하기 • 설명하기
가치 · 태도	공통	• 타인 존중 태도 • 주도적인 삶의 태도 • 지속적 실천 태도 • 습관의 내면화 • 포용적 태도 • 세계시민으로서의 인식	• 자아 존중감 • 행동 규범의 수용 • 준법정신의 태도 • 관용과 타협의 태도 • 비판적 자세 • 민주시민의 자세	• 나와 주변에 대한 관심 • 공동체 의식 • 차별적 참여의식 • 연대 의식 • 삶을 성찰하는 태도 • 협력적 태도

우리 학교 내용체계와 성취기준 개발하기

예

학년	초등학교 5학년
핵심 아이디어	• 민주 시민은 개인의 자주적이고 책임을 다하는 주체적인 태도와 공동체 속에서 생활 양식의 변화로 생겨난 문제를 해결하는 노력으로 만들어지며, 민주시민의 참여는 성숙한 민주주의로 나아가는 토대가 된다. • 인간은 자신의 삶과 연계하여 탐구하고 문제를 해결하여 바람직한 미래 변화를 피하며 사회적 관점 속 '나'의 역할인 민주시민의식을 갖춘다.

내용 요소

지식·이해	• 학생 자치와 회의 절차 ・민주적 의사결정 과정 ・합리적인 문제 해결 • 미디어와 시민 참여 ・참여와 사회 공헌
과정·기능	• 학생 자치 회의를 통한 의사결정 경험하기 • 학생 자치 회의를 통한 학교 문제 인식과 해결하기 • 민주적 의사결정 과정 계획하고 수행하기 • 민주주의 속 시민 사례 조사하기 • 미디어를 활용한 시민 참여 방법 계획하고 수행하기
가치·태도	• 행동 규범의 수용 ・공동체 의사 ・민주시민의 자세

성취기준

• 학생 자치의 의미와 회의 절차를 이해하고 학생 자치 회의를 통해 의사결정과정을 경험한다.
• 민주적 의사결정 과정을 이해하고 필요성을 이해하고 바람직한 민주적 의사결정 과정을 계획하고 수행한다.
• 합리적 문제 해결 과정을 통해 공동체 속 행동 규범의 수용 자세를 가진다.
• 학생 자치 회의를 통한 학교의 문제를 인식하고 해결하는 과정을 통해 공동체 의식을 가진다.
• 민주주의 속 시민의 사례를 조사하여 시민 참여의 의미를 이해한다.
• 미디어를 활용한 시민 참여 방법을 계획을 수행하여 민주시민의 자세를 가진다.

※ 직접 개발해 보세요!

학년	
핵심 아이디어	
내용 요소	지식 · 이해
	과정 · 기능
	가치 · 태도
성취기준	

주제 3. 진로연계교육 내용체계

대영역	진로연계교육		
핵심 아이디어	• 인간이 자신의 특성에 대한 이해와 다양한 진로 탐색 활동과 참여는 진로 의사결정에 기초가 되며 평생 학습 자료서 살아가는데 도움이 된다. • 생애 전반을 연결하는 학교급 및 학년군 전환기 교육은 개인으로서의 정체성을 세우는 동시에 미래를 주도적으로 이끌어갈 수 있는 역량 습득의 기초가 된다.		
범주	영역	초 3-4학년군	초 5-6학년군	중 1-3학년
지식·이해	진로 인식과 설계	• 자기 이해 • 자주적인 삶 • 나의 직성과 흥미 • 다양한 직업 세계 • 교과와 관련한 진로	• 자기 관리 • 삶의 목표와 가치관 파악 • 진로 설계 • 직업의 사회적 가치와 역할 • 변화에 따른 진로 설계 • 미래의 직업	• 미래의 삶 설계 • 삶의 목표와 가치관 • 진로 탐색과 진로 결정 과정 • 진로 의사결정의 요인 • 직업 윤리와 사회적 영향 • 진로와 학습계획 • 관심 분야의 진학 및 취업 정보
	학교급(군) 전환	• 학년에 대한 적응 • 새로운 과목에 대한 이해 • 새로운 학년에 대한 준비 • 중학년의 성장과 발전	• 초등학교 생활의 성장과 발전 • 새로운 과목에 대한 이해 • 중학교의 교육과정과 생활 • 중학교 생활의 준비 • 자유학기제	• 중학교 생활의 성장과 발전 • 고등학교의 교육과정과 생활 • 고등학교 생활의 준비 • 고교학점 이수제 • 사회생활의 이해와 적응

구분				
과정·기능	공통	• 발표 자료 제작하기 • 설명하기 • 평가하기 • 체험하기 • 적용하기 • 정보 활용하기 • 진로 의사결정하기	• 탐색하기 • 조사하기 • 토의·토론하기 • 분류하기 • 탐구 계획하고 수행하기 • 문제 인식과 해결하기 • 비교하기	• 탐구하기 • 분석하기 • 상호 작용하기 • 의사 결정하기 • 실천 방안 구상하기 • 표현하기 • 경험하기
가치·태도	공통	• 긍정적 자아 형성 • 주도적인 삶의 태도 • 바람직한 진로 가치관 • 협력적 소통 태도	• 자기 계발 태도 • 타인을 배려하는 태도 • 미래의 삶을 대비하는 태도 • 배움에 대한 흥미	• 협력과 상호 존중 태도 • 공동체 의식 • 성장하기 위한 노력 • 미래 모습에 대한 관심

예

우리 학교 내용체계와 성취기준 개발하기

학년	중학교 3학년
핵심 아이디어	• 인간은 자신의 특성에 대한 이해와 다양한 진로 탐색 활동에 참여하는 진로 의사결정에 기초가 되며 평생 학습자로서 삶이가 느데 도움이 된다. • 생애 전반을 연결하는 학교급 및 학년군 전환기 교육은 개인으로서의 교육 또는 진로를 세우는 동시에 미래를 주도적으로 이끌 어갈 수 있는 역량 습득의 기초가 된다.

내용 요소

지식·이해	• 진로 의사결정의 요인 • 고등학교 교육과정과 생활	• 진로 탐색과 미래의 학습	• 중학교 생활이 성장과 발전
과정·기능	• 진로 의사결정의 요인 조사하기 • 진로 탐색을 통한 미래 학습 계획하기 • 중학교의 생활을 통한 나의 발전 분석하여 전시 자료 제작하기 • 고등학생의 생활을 알기 위한 면담하기 • 면담 결과 요약하여 발표하기		
가치·태도	• 주도적 삶의 태도	• 미래의 삶을 대비하는 태도	• 배움에 대한 흥미

성취기준

• 진로 의사결정의 의미를 이해하고 진로 의사결정의 요인을 조사한다.
• 자신의 진로 탐색을 통해 미래 학습을 계획하고 미래의 삶을 대비하는 태도를 가진다.
• 중학교 생활이 성장 과정을 통해 학습을 계획하고 성장을 대비하는 태도를 가진다.
• 고등학교 교육과정을 이해하고 고등학생의 생활을 이해하기 위해 인물을 정하여 면담한다.
• 고등학교 교육과정과 생활에 대해 면담 결과를 요약하고 발표하여 미래의 배움에 대한 흥미를 가진다.

※ 직접 개발해 보세요!

학년	
핵심 아이디어	
내용 요소	지식 · 이해	
	과정 · 기능	
	가치 · 태도	
성취기준	

주제 4. 디지털 AI교육 내용체계

대영역		디지털 AI 교육		
핵심 아이디어		• 디지털 사회에서 다양한 기술의 발전은 실생활에 활용되며 인간의 삶과 사회 전반을 변화시킨다. • 다양한 매체를 활용하여 자료를 수집, 처리, 표현하는 것은 새로운 지식을 추출하고 다양한 사회 현상을 탐구하는 적으로 해석하는데 기반이 된다. • 인공지능은 인간의 실생활에 영향을 기치며 인간은 인공지능을 탐구하고 다양한 분야와 융합하여 새로운 가치를 창출한다.		
범주	영역	초 3-4학년	초 5-6학년	중 1-3학년
지식·이해	디지털 시대의 삶	• 다양한 디지털 기기 종류 • 디지털 기기의 구성요소와 작동 순서 • 디지털 기기의 장점과 단점	• 디지털 시대 속 나 • 생활 속 다양한 디지털 기술 • 가상공간과 삶 • 디지털 기기의 활용 방법 • 미디어 리터러시	• 고도화된 디지털 기술 • 복합 디지털 매체의 활용 방법 • 디지털 사회와 진로 • 사물인터넷 • 디지털 윤리
	자료의 분석과 표현	• 다양한 디지털 매체 자료 • 자료의 표현 방법	• 다양한 자료의 분류와 결과 • 알고리즘 • 자료의 재구조화 • 프로그래밍 • 개인정보와 저작권	• 문제 해결의 절차 • 디지털 데이터의 표현 방법 • 복합 매체 자료의 비평 • 빅데이터의 개념과 활용 • 정보 보호와 보안
	인공지능과	• 인공지능의 의미 • 삶 주변의 인공지능 활용의 예 • 미래의 인공지능과 사회	• 생활 속 다양한 인공지능 • 로봇의 개념과 작동 원리 • 인공지능 시대와 나의 삶 • 인공지능의 개인적·사회적	• 인공지능의 개념과 원리 • 인공지능 프로그램의 종류와 특성 • 인공지능과 지속가능발전

		인간의 삶	영향	인공지능과 진로
		인공지능의 이로움	인공지능에 대한 관점	인공지능 윤리
과정 · 기능	공통	• 경험과 느낌 표현하기 • 설명하기 • 평가하기 • 디지털 기기 사용하기 • 적용하기 • 정보 활용하기 • 절차적 사고하기	• 인공지능 활용하기 • 조사하기 • 토의 · 토론하기 • 가상공간에서 의견 나누기 • 탐구 계획하고 수행하기 • 문제 인식과 해결하기 • 상상하기	• 방법 익히기 • 조사 및 분석하기 • 비교하기 • 제안하기 • 실천 방안 구상하기 • 표현하기 • 창의적으로 구안하기
가치 · 태도	공통	• 디지털 기기에 대한 관심 • 올바른 사용 의지 • 인공지능 활용 윤리 • 디지털 시민의식 • 인공지능의 가치 수용 태도	• 탐구하는 태도 • 행동에 대한 책임 의식 • 책임 있는 행동이 습관화 • 옳고 그름에 대한 인식 • 저작권을 준수하는 태도	• 삶에 대한 긍정적 태도 • 디지털 기기 사용에 대한 반성적 태도 • 디지털 예절을 준수하는 태도 • 사회 변화에 대처하는 능동적 태도 • 소통하고 협업하는 태도

우리 학교 내용체계와 성취기준 개발하기

예

학년	초등학교 6학년
핵심 아이디어	• 디지털 사회에서 다양한 기술의 발전은 실생활에 활용되며 인간의 삶과 사회 전반을 변화시킨다. • 인공지능은 인간의 실생활에 영향을 기치며 인공지능은 인간의 다양한 분야에 응합하여 새로운 가치를 창출한다.

내용 요소

지식·이해	• 생활 속 다양한 디지털 기술과 인공지능 • 알고리즘과 프로그래밍	• 가상공간과 인간의 삶 • 인공지능이 개인적·사회적 영향
과정·기능	• 다양한 디지털 기술과 인공지능을 체험하기 • 간단한 명령 알고리즘 제작하기 • 인공지능의 영향 조사하고 공유하기	• 가상공간을 통한 간단한 문제 해결하기 • 프로그래밍 로봇의 움직임 창의적으로 구안하기
가치·태도	• 디지털 기기와 매체를 올바르게 사용하는 태도 • 인공지능의 가치 수용 태도	• 소통하고 협업하는 태도

성취기준

• 생활 속 다양한 디지털 기술과 인공지능의 종류를 의미를 이해하고 지식정적으로 체험한다.
• 가상공간의 의미와 특징을 이해하고 가상공간을 활용하여 간단한 문제를 해결한다.
• 알고리즘의 과정을 이해하고 간단한 명령 알고리즘을 제작하여 나타낸다.
• 간단한 프로그래밍 방법을 이해하여 로봇의 움직임을 창의적으로 구안하고 소통하고 협업하는 태도를 기른다.
• 다양한 디지털 기술와 인공지능, 알고리즘과 프로그래밍에 대한 이해를 바탕으로 관련 기기와 매체를 올바르게 사용하는 태도를 기른다.
• 인공지능의 개인적·사회적 영향에 대해 조사하고 공유하여 인공지능의 가치를 수용하는 태도를 가진다.

※ 직접 개발해 보세요!

학년	
핵심 아이디어	
내용 요소	지식·이해	
	과정·기능	
	가치·태도	
성취기준	

주제 5. 경제금융교육 내용체계

대영역		경제금융교육		
핵심 아이디어		• 인간은 합리적 선택을 기반으로 생산과 소비, 자산 관리와 같은 경제 금융 활동에 참여하며 거시적 경제 성장에 영향을 끼친다. • 행복하고 안전한 금융 생활을 실천하기 위해 다양한 경제 생활에 관여하는 시장, 기업, 가계의 역할과 책임에 대한 이해가 필요하다.		
범주	영역	초 3-4학년군	초 5-6학년군	중1-3학년
지식·이해	생산과 소비	• 합리적 선택의 의미와 중요성 • 합리적 선택의 요인 • 생산과 소비의 의미 • 자원의 희소성 • 경제활동의 의미	• 필요와 욕구의 차이 • 책임 있는 소비 • 생산과 소비의 조화로운 삶 • 가계와 기업의 관계 • 근로자의 권리와 책임 • 기업의 자유와 책임 • 국가의 규제	• 시장경제의 의미와 성격 • 시장의 효율성과 효율적 자원 배분 • 물가의 의미와 변화 • 창업계획과 스타트업 • 공정무역 • 소득의 재분배와 세금 • 최저임금과 복지
	화폐와 자산 관리	• 화폐의 의미와 종류 • 화폐의 필요성 • 등가교환 • 계획적인 용돈 관리	• 예산관리와 지불 수단 • 부채의 의미와 종류 • 수입과 지출관리 • 저축의 의미와 효과 • 예금자 보호 제도	• 투자의 의미 • 자산관리 방법 • 금융 투자 상품(주식, 펀드, 가상화폐) • 다양한 금융자료 이해

구분	공통	금융과 의사결정	디지털 시대의 안전한 금융 생활 • 금융 사기 예방과 구제 • 보험의 의미와 종류 • 연금의 의미와 종류
과정 · 기능	• 금융 의사결정하기 • 설명하기 • 평가하기 • 체험하기 • 적용하기 • 정보 활용하기 • 타당도와 신뢰도 확인하기	• 탐색하기 • 수집 및 평가하기 • 토의·토론하기 • 홍보자료 제작하기 • 탐구 계획하고 수행하기 • 분류하기 • 추리 및 추론하기	• 도출하기 • 조사 및 분석하기 • 비교하기 • 제안하기 • 정보 해석하기 • 의견 교환하기 • 파악하기
가치 · 태도	• 공동체 의식 • 주도적인 삶의 태도 • 합리적인 소비 실천 태도 • 습관의 내면화 • 사회 문제 해결의 적극적 태도	• 공동체 속 책임의식 • 행동 규범의 수용 • 선택에 대한 실천 의지 • 자신의 가치를 정립하는 태도 • 타인의 선택을 존중하는 태도	• 건전한 투자 태도 • 자발적 참여의식 • 비판적 자세 • 소통하고 협업하는 태도 • 새로운 것에 대한 호기심

우리 학교 내용체계와 성취기준 개발하기

학년	중학교 2학년
핵심 아이디어	• 인간은 합리적 선택을 기반으로 생산과 소비, 자산 관리와 같은 경제 활동에 참여하며 거시적 경제 성장에 영향을 끼친다. • 행복하고 안전한 금융 생활을 실천하기 위해 다양한 경제 생활에 관여하는 시장, 기업, 가계의 역할과 책임에 대한 이해가 필요요하다.

내용 요소

지식·이해	• 시장 경제의 의미와 특징 • 금융 투자 상품	• 물가의 의미와 변화 • 디지털 시대의 안전한 금융 생활
과정·기능	• 시장 경제의 특징을 조사하고 분석하기 • 다양한 금융 투자 상품 분류하기 • 안전한 금융 생활 방법 토의하기	• 물가의 변화 사례에 관한 자료 제작하고 공유하기 • 모의 금융 투자 상품 참여하고 평가하기 • 안전한 금융 생활을 위한 홍보물 제작하기
가치·태도	• 공동체 속 책임 의식 • 건전한 투자 태도	• 자신의 가치를 정립하는 태도

성취기준

• 시장 경제의 의미를 이해하고 특징을 조사하여 분석한다.
• 물가의 의미와 물가 변화가 인간의 삶의 영향에 대해 이해하고 사례에 대해 이해하고 사례를 제작하고 공유한다.
• 시장 경제의 특징과 물가에 관한 이해를 바탕으로 경제 생활이 공동체 속 책임 의식을 가진다.
• 금융 투자 상품의 의미를 이해하고 다양한 금융 투자 상품을 분류한다.
• 모의 금융 투자 상품에 참여하고 결과를 평가하며 건전한 투자 태도를 지닌다.
• 디지털 시대의 안전한 금융 생활을 이해하고 구체적 방법을 토의한다.
• 안전한 금융 생활을 위한 홍보자료를 제작하며 금융 생활에 대한 자신의 가치를 정립하는 태도를 가진다.

※ 직접 개발해 보세요!

학년	
핵심 아이디어	
내용 요소	지식·이해
	과정·기능
	가치·태도
성취기준	

주제 6. 마을지역화교육 내용체계

대영역		마을지역화교육		
핵심 아이디어		• 인간의 생활 양식은 지역의 모습으로 축적되어 축적되어 지역의 정체성을 보여 주며 지역에 대한 다양한 역사적 자료는 과거와 현재를 이어주는 자료이다. • 지역 문제에 대한 자료를 수집 및 분석하여 해결 방안을 모색하고 구성원의 지속적인 관심과 참여는 세계화 속에서 지역의 발전을 도모한다.		
범주	영역	초 3-4학년군	초 5-6학년군	중 1-3학년
지식 이해	지역 이해	• 우리 지역의 모습과 생활 • 계절별 우리 지역의 모습 • 우리 지역의 자랑거리와 문 화유산 • 우리 지역의 생태환경 • 우리 지역의 상징 • 우리 지역의 문화예술행사	• 우리 지역을 빛낸 위인 • 우리 지역의 유래와 역사 • 우리 지역의 인구 변화 • 우리 지역의 문화와 생산물 • 우리 지역의 위치와 행정구역 • 우리 지역의 자연재해	• 우리 지역의 가치 • 역사적 갈등 상황 속 우리 지역 • 우리 지역의 정치적 변화 • 우리 지역의 언어와 변화 • 우리 지역과 기업의 관계
			• 한국사에 따른 우리 지역의 발전	• 우리 지역의 갈등과 문제해결 • 우리 지역의 사회 문제

구분			
지역 발전	• 우리 지역의 기후와 지형 개발 변화 • 살기 좋은 우리 지역의 조건 • 삶의 질 • 주민 자치와 참여		• 우리 지역의 역사 속 쟁점 • 우리 지역의 세계화 방안 • 우리 지역의 미래 모습과 발전방향
과정 · 기능 공통	• 조사하기 및 수집하기 • 비교하기 • 평가하기 • 협력적 소통하기 • 해석하기 • 토의 · 토론하기 • 추리 · 추론하기	• 설명하기 • 도출하기 • 체험하기 • 극이나 노래로 표현하기 • 발표하기 • 문제 인식하기 • 상호 작용하기	• 탐구하기 • 분석하기 • 파악하기 • 정보 활용하기 • 해결 방안 도출하기 • 의견 교환하기 • 제안하기
가치 · 태도 공통	• 애향심과 공동체 의식 • 지역에 대한 자긍심 • 역사에 대한 성찰적 태도 • 지역의 문화유산 보존 태도	• 공동체 속 책임의식 • 지역의 역사의식 • 지역에 참여 의지 • 적극적인 지역 문제 해결 태도	• 지역에 대한 관심 • 지역의 생태 보존 태도 • 자발적 참여 의식 • 소통하고 협업하는 태도

우리 학교 내용체계와 성취기준 개발하기

예

학년	초등학교 5학년
핵심 아이디어	• 인간의 생활 양식은 지역의 모습으로 축적되어 지역의 정체성을 보여 주며 주며 지역에 대한에 다양한 역사적 자료는 과거와 현재를 이어주는 자료이다. • 지역 문제에 대한 자료를 수집 및 분석하여 해결 방안을 모색하고 구성원이 지속적인 관심과 참여는 세계화 속에서 지역의 발전을 도모한다.

내용 요소

지식·이해	• 우리 지역을 빛낸 위인 • 한국사에 따른 우리 지역의 발전	• 우리 지역의 유래와 역사 • 우리 지역의 기후와 지형 개발 변화
과정·기능	• 우리 지역을 빛낸 위인을 역사적 자료를 통해 조사하기 • 우리 지역의 유래와 역사를 직·간접적 체험하기 • 한국사에 나타난 우리 지역의 발전 분석하고 자료 제작하기 • 우리 지역의 기후 탐구하고 미래의 변화 추론하기 • 우리 지역의 개발 변화를 분석하고 시사점 도출하기	
가치·태도	• 우리 지역의 역사 의식 • 우리 지역에 대한 자긍심	• 소통하고 협업하는 태도

성취기준

• 우리 지역을 빛낸 위인을 역사적 자료를 통해 조사하고 지역에 대한 자긍심을 가진다.
• 우리 지역의 유래와 역사를 지역사회 시설을 통해 직·간접적 체험하고 지역의 역사 의식을 기른다.
• 한국사에 따른 우리 지역의 발전을 분석하여 자료를 제작하며 소통하고 협업하는 태도를 기른다.
• 우리 지역의 기후를 이해하는 탐구를 통해 우리 지역의 미래 모습을 변화를 추론한다.
• 우리 지역의 개발 변화를 분석하고 시사점을 도출하여 지역에 대한 자긍심을 가진다.

※ 직접 개발해 보세요!

학년	
핵심 아이디어	
내용 요소	지식·이해
	과정·기능
	가치·태도
성취기준	

257

주제 7. 미래역량교육 내용체계

대영역	미래역량교육
핵심 아이디어	• 개인의 차이에 대한 탐구와 성찰과 공동체의 다양성을 포용하는 태도는 미래 사회에서 자신의 삶을 주도적으로 설계하고 책임질 수 있게 한다. • 인간이 미래 사회의 다양한 기술 발전에 대한 이해를 바탕으로 삶을 영위하는데 필요한 다양한 정보를 추구하는 것은 사회적 자립의 실천적 역량을 기르는 기반이 된다.

범주	영역	초 3-4학년군	초 5-6학년군	중1-3학년
지식 · 이해	공동체 속 나	• 공동체의 의미 • 배려와 타인 공감 • 규칙과 질서 • 공동체 속 다양한 문제 • 공동체 속 자기 역할	• 합리적인 공동체 문제해결 • 권리와 의무 • 다름의 존중 • 도덕적 행동 • 공동체가 추구하는 가치	• 옳고 그른 도덕적 행동 • 사회적 윤리의 필요성 • 가상공간의 관계 형성 방법 • 대인 관계와 갈등 관리 • 공동선의 의미
	주도적인 나	• 자기 이해 • 나의 기본생활 습관 • 나의 강점과 적성 • 자주적인 삶	• 자기 관리 • 계획과 실천이 있는 삶 • 정직과 최선을 다하는 삶 • 목표를 향하는 삶 • 책임을 다하는 삶	• 미래의 삶 설계 • 삶의 목표와 가치관 • 진로 탐색과 진로 결정 과정 • 자립의 의미와 필요성 • 평생학습과 자기 주도성

258

미래의 삶과 나	• 다양한 디지털 기기의 종류 • 다양한 디지털 매체 자료 • 삶 주변의 인공지능 활용	• 디지털 기기의 활용 방법 • 다양한 자료의 분석과 표현 • 미래의 인공지능과 사회 • 인공지능과 인간의 관계 • 디지털 사회와 진로	• 고도화된 디지털 기술 • 복합 디지털 매체의 활용 방법 • 인공지능 윤리 • 인공지능과 지속가능발전 • 인공지능과 진로
과정·기능 공통	• 경험과 느낌 표현하기 • 이견 교환하기 • 평가하기 • 의사결정하기 • 예측하기 • 정보 활용하기 • 생활에 반영하기	• 탐색하기 • 조사하기 • 토의·토론하기 • 직·간접적 체험하기 • 탐구 계획하고 수행하기 • 문제 인식과 해결하기 • 갈등 조정하기	• 방법 익히기 • 조사 및 분석하기 • 비교하기 • 제안 및 주장하기 • 실천 방안 구상하기 • 의사소통하기 • 표현하기
가치·태도 공통	• 타인을 배려하는 태도 • 주도적인 삶의 태도 • 지속적 실천 태도 • 습관의 내면화 • 포용적 태도 • 미래의 삶에 대한 실천 의지 • 성장하기 위한 노력 • 삶에 대한 긍정적 태도	• 차이 존중감 • 행동 규범의 수용 • 준법정신의 태도(책임의식) • 관용과 타협의 태도 • 비판적 자세 • 자기 계발 태도 • 미래를 대비하는 적극성 • 디지털 시민의식	• 나와 주변에 대한 관심 • 공동체 의식 • 주도적인 삶의 태도 • 연대 의식 • 삶을 성찰하는 태도 • 협력과 상호 존중 태도 • 바람직한 진로 가치관 • 인공지능 활용 윤리

우리 학교 내용체계와 성취기준 개발하기

학년	초등학교 4학년
핵심 아이디어	• 개인의 차이에 대한 탐구와 성찰과 공동체의 다양성을 포용하는 태도는 미래 사회에서 자신의 삶을 주도적으로 설계하고 책임질 수 있게 한다. • 인간이 미래 사회의 다양한 기술 발전에 대한 이해를 바탕으로 삶을 영위하는데 필요한 다양한 정보를 추구하는 것은 사회적 자립의 실천적 역량을 기르는 기반이 된다.

내용 요소

지식 · 이해	• 공동체 속 다양한 문제 • 다양한 디지털 매체 자료 • 인공지능의 의미와 종류	• 공동체 속 책임과 자주적 삶 • 간단한 자료의 분석과 표현
과정 · 기능	• 공동체 속 발생하는 다양한 문제 해결방안 제안하기 • 책임을 다하고 자주적인 삶을 계획하기 • 다양한 디지털 매체 자료 활용하기 • 자료를 분석하여 다양한 방법으로 생각 표현하기 • 삶 주변의 인공지능의 활용 사례 탐구하기	
가치 · 태도	• 협력과 상호 존중 태도 · 디지털 시민 의식 · 미래를 대비하는 적극적 태도	

성취기준

• 공동체 속 다양한 문제에 관해 이해하고 문제 해결방안을 제안하며 협력과 상호 존중 태도를 기른다.
• 공동체 속 책임과 자주적 삶에 대한 이해를 바탕으로 자신의 삶을 계획한다.
• 디지털 매체의 의미를 알고 다양한 디지털 매체 자료를 활용하여 자료를 분석하고 표현한다.
• 공동체 속 다양한 문제에 관한 자료를 분석하여 디지털 매체를 활용하여 생각을 표현하고 올바른 디지털 시민 의식을 갖는다.
• 인공지능의 의미와 종류를 알고 삶 주변의 인공지능의 활용 사례를 탐구한다.

※ 직접 개발해 보세요!

학년	
핵심 아이디어	
내용 요소	지식·이해
	과정·기능
	가치·태도
성취기준	

261

주제 8. 스포츠교육 내용체계

대영역		스포츠교육		
핵심 아이디어		• 인간은 삶 속에서 운동을 통해 생애 전반에 걸쳐 건강하게 성장하고 개인의 특성에 맞는 운동과 생활 습관을 통해 행복한 삶을 영위한다. • 인간은 생활·자연환경과 상호작용하고 제도화된 제도화된 규범을 준수하며 스포츠를 수행하여 스포츠를 문화적으로 발전시키고 바람직한 인성을 함양한다.			
범주	영역	초 3-4학년군	초 5-6학년군	중 1-3학년
	성장과 운동	• 건강한 삶 • 운동과 건강의 관계 • 기초 체력 • 성장을 위한 운동 수행	• 평생 체력과 운동 체력 • 성장 발달 관리 • 안전한 (종목) 수행 규칙 • 안전한 (종목) 경기 진행	• 운동과 건강관리 • 운동 부족과 질병 • 체력 증진을 위한 운동 처방 • 건강 관련 분야 진로
지식·이해	스포츠의 세계	• 기초적 신체 움직임 • 도구를 이용한 움직임 • 다양한 스포츠의 세계 • 스포츠 예절 • (종목)의 의미 • (종목)의 도구와 기본 기술	• 디지털 시대를 활용한 스포츠 • 스포츠와 함께하는 삶 • 스포츠 윤리 • (종목)의 고급 기술 • (종목)의 전략과 전술 • (종목) 대회 운영	• 다양한 스포츠 문화 • 스포츠 경기 활동 • (종목)와 체력 • (종목)의 창의적 경기 전략 • (종목)의 경기 기능과 원리 • 스포츠와 진로

	• 간이 (종목) 경기 진행	• 부상의 종류와 응급처치	• 응급상황 대처 방법
과정·기능	공통 • 계획하기 • 조사하기 • 움직이기 • 직·간접적 체험하기 • 관리하기 • 적용하기	• 전략 탐구하기 • 반응하기 • 활용하기 • 구분하기 • 비교하기 • 분석하기	• 방법 익히기 • 수행하기 • 참여하기 • 발표하기 • 실천하기 • 감상하기
가치·태도	공통 • 도전적 참여 태도 • 응원 문화 습득하기 • 스포츠퍼슨십 • 관심과 흥미심 • 성취감	• 적극성과 도전의식 • 스포츠를 즐기는 태도 • 스포츠 윤리 의식 • 배려와 협력 • 스포츠 수행에 대한 유능감	• 활기찬 생활 태도 • 인정과 수용의 태도 • 공동체성 • 소통하고 협업하는 태도 • 자기 관리 의지

우리 학교 내용체계와 성취기준 개발하기

예

학년	초등학교 6학년		
핵심 아이디어	• 인간은 삶 속에서 운동을 통해 생애 전반에 걸쳐 건강하게 성장하고 개인의 특성에 맞는 운동과 생활 습관을 통해 행복한 삶을 영위한다. • 인간은 생활·자연환경과 상호작용하고 제도화된 규범을 준수하며 스포츠를 수행하여 스포츠를 문화적으로 발전시키고 바람직한 인성을 함양한다.		

내용 요소

지식·이해	• 성장 발달 관리와 평생 체력 • 뉴스포츠의 고급 기술 • 뉴스포츠 리그 대회 운영	• 안전한 뉴스포츠 수행 규칙 • 뉴스포츠의 전략과 전술	
과정·기능	• 성장 발달을 위한 운동 계획하고 관리하기 • 뉴스포츠의 기술 익혀 종목 수행하기 • 뉴스포츠 대회에 참여하기	• 뉴스포츠 수행 규칙 준수하여 경기하기 • 뉴스포츠 전략과 전술을 분석하여 적용하기	
가치·태도	• 배려와 협력	• 스포츠를 즐기는 태도	• 스포츠 윤리 의식

성취기준

• 나의 성장 발달을 위한 관리와 평생 체력의 필요성을 이해하고 운동을 계획하고 실천 관리한다.
• 안전한 뉴스포츠 수행 규칙의 종류를 알고 규칙을 준수하여 경기에 참여하여 스포츠 윤리 의식을 기른다.
• 뉴스포츠의 고급 기술의 종류를 이해하고 기술을 익혀 수행한다.
• 뉴스포츠 전략과 전술을 알고 이를 분석하여 적용하며 스포츠를 즐기는 태도를 가진다.
• 뉴스포츠 리그 대회 운영에 참여하고 팀원들에 대한 배려와 협력의 태도를 가진다.

※ 직접 개발해 보세요!

학년	
핵심 아이디어	

	내용 요소
지식 · 이해	
과정 · 기능	
가치 · 태도	

성취기준	

주제 9. 독서와 예술교육 내용체계

대영역		독서와 예술교육		
핵심 아이디어		• 인간은 생활 속에서 다양한 방식으로 독서를 탐구하고 예술을 표현하며 자신의 정서, 사고, 가치를 성숙시키고 하여 나타내고 인류의 문화 발전에 기여한다. • 독서 탐구와 예술 표현은 영역의 고유한 방식과 고유한 원리에 맞춰 사회·문화적 맥락을 반영하여 인간의 의도와 사고를 체계적으로 구성하여 다양한 양식으로 산출한 것이다.		
범주	영역	초 3-4학년군	초 5-6학년군	중 1-3학년
지식·이해	독서 탐구	• 그림책과 간단한 글 • 글에 대한 생각과 느낌 • 이야기의 차례 • 이야기와 나의 삶 • 다양한 종류의 글 • 다양한 읽기 전략 • 제안과 주장	• 다양한 종류의 글 • 이야기의 구조(기승전결) • 이야기의 원인과 결과 • 토의와 토론 • 글쓰기의 기초 • 독서의 필요성 • 바람직한 독서 생활	• 문학작품의 갈래 • 서평과 독서 에세이 • 이야기 속 갈등 전개 • 분야에 따른 다양한 독서 • 독서 토론의 실제 • 비판적 읽기의 의미와 필요성 • 글쓰기 윤리와 저작권
	예술 표현	• 생활 속 예술의 이해 • 생각과 느낌의 예술화 • 다양한 종류의 음악 • 간단한 악기 연주의 자세와 방법 • 음악의 기본 요소와 악기의 소리 • 악기 연주의 자세와 방법(기초)	• 다양한 장르 예술의 이해 • 간단한 악곡의 연주 형태 • 악기 연주의 자세와 방법(심화) • 악기의 어울림과 조화 • 주제에 어울리는 표현 • 다양한 해석과 표현	• 음악 요소의 원리와 악곡의 구조 • 조화로운 합주와 기법 • 다양한 연주 형태와 기법 • 다양한 (청음,시창,합주) 실습 • 다양한 창작 기법 • 주제 표현 방법과 표현 확장

	• 생활 속 미술의 역할 • 조형 요소와 표현 방법 • 기본적 표현 재료와 용구의 사용 • 전시 및 발표회	• 다양한 표현 재료와 용구의 사용 • 다양한 복합 예술 매체 • 학생 주도 전시 및 발표회 • 예술의 사회적 기능과 공헌 • 예술 관련 직업 세계	• 감상과 비평의 개념과 의미 • 예술적·창의적 표현의 평가 • 예술과 타 분야와의 관계 • 예술 관련 산업과 진로 진학 • 예술과 대중문화
과정 · 기능	공통 • 체험하기 • 제작하기 • 조사하기 • 논리적으로 글쓰기 • 상상하기 • 비평하기 • 연주하기 • 분석하기	• 표현하기 • 반응하기 • 활용하기 • 사건의 흐름에 맞게 쓰기 • 발표하기 • 다양하게 읽기 • 파악하기 • 적용하기	• 연습하기 • 비교하기 • 참여하기 • 공연하기 • 토의 및 토론하기 • 계획하기 • 감상하고 의견 나누기 • 기술 익히기
가치 · 태도	공통 • 자유로운 상상 의지 • 표현 활동의 성취감 • 독서와 예술에 대한 관심 • 표현에 대한 호기심 • 창의적 발상과 도전 정신	• 다양한 의견과 예술적 취향 존중 태도 • 독서와 예술 활동의 즐거움 • 예술의 다양한 가치 내면화 • 작품에 대한 책임 의식 • 윤리 의식 함양과 준수하는 태도	• 독서와 예술을 통한 자아 성찰 • 독서와 예술의 참여 의지 • 표현 활동의 적극적 태도 • 소통하고 협업하는 태도 • 공감하고 수용의 태도

우리 학교 내용체계와 성취기준 개발하기

(예)

학년	초등학교 3학년
핵심 아이디어	• 인간은 생활 속에서 다양한 방식으로 독서를 탐구하고 예술을 표현하며 자신의 정서, 사고, 가치를 상호작용하여 나타내고 인류의 문화 발전에 기여한다. • 독서 탐구와 예술 표현은 영역의 고유한 방식과 원리에 맞춰 사회·문화적 맥락을 반영하여 인간의 의도와 사고를 체계적으로 구성하여 다양한 양식으로 산출한 것이다.

내용 요소

지식·이해	• 글에 대한 생각과 느낌 • 기초적 악기 연주의 자세와 방법	• 다양한 종류의 글과 읽기 전략 • 독후 전시와 기억발표회
과정·기능	• 다양한 종류의 글을 읽기 • 글에 대한 생각과 느낌을 표현하기 • 악곡의 특징이 드러나게 기억 함주하기 • 기억 발표 감상하기	• 미리보기, 건너뛰기, 훑어보기 등 다양한 전략으로 읽기 • 악곡을 다양한 악기로 연주 연습하기 • 독후 전시회 참여하기
가치·태도	• 표현활동의 성취감	• 독서에 대한 관심 • 다양한 의견과 예술적 취향 존중 태도

성취기준

• 다양한 종류의 글을 활용하여 미리보기, 건너뛰기, 훑어보기 등 다양한 전략으로 읽는다.
• 다양한 종류의 글을 읽고 글에 대한 생각과 느낌을 표현하여 표현 활동에 대한 성취감을 가진다.
• 글의 생각과 느낌을 표현한 독후 전시에 참여하고 독서에 대한 관심을 가진다.
• 기초적 악기 연주의 자세와 방법을 이해하고 다양한 악기로 연주 연습한다.
• 악곡의 특징이 드러나게 기억 함주하여 표현활동의 성취감을 가진다.
• 기억발표를 감상하며 다양한 의견과 예술적 취향을 존중하는 태도를 가진다.

※ 직접 개발해 보세요!

학년	
핵심 아이디어	

내용 요소	
지식·이해	
과정·기능	
가치·태도	

성취기준	

269

주제 10. 영화 뮤지컬 연극교육 내용체계

대영역		영화 뮤지컬 연극 교육		
핵심 아이디어		• 인간은 삶 속에서 (영화,뮤지컬,연극)의 예술적 경험과 생활화를 통해 차이를 성찰하고 타인을 이해하여 다양한 삶과 가치관을 이해함으로써 세상을 바라보는 관점을 확장시킨다. • (영화,뮤지컬,연극)은 주제에 맞는 이야기를 모든 참여자가 역할 분담하여 연습하고 협업하는 과정으로 만들어지며 인간은 이를 독창적으로 표현하고 감상하는 과정을 감상하는 과정을 통해 행복한 삶을 영위하는 공동체 일원으로 성장한다.		
범주	영역	초 3-4학년	초 5-6학년	중 1-3학년
지식·이해	체험과 표현	• 다양한 매체로 접근 • 이야기의 원인과 결과 • 이야기의 구조와 줄거리 • 몸의 움직임과 표현 방법 • 감정을 표현하는 방법 • 노래와 연기의 관계 • 대사와 전달의 특징 • 인물과 감정의 분석 • 역할극과 간단한 연극 • 음악으로 표현하는 이야기 • 촬영기법과 간단한 편집 방법	• 다양한 복합 매체 • (영화,뮤지컬,연극)의 직·간접적 체험 • (영화,뮤지컬,연극)의 요소 • (영화,뮤지컬,연극)의 특성 • (영화,뮤지컬,연극)의 제작과정 • (영화,뮤지컬,연극)의 준비와 역할 분담 • 간단한 극의 대본(인물,시간,배경) • 다양한 극의 표현 방식 • 즉흥과 자세한 장면 표현 방법 • 효과음과 음악의 역할 • 영상 및 무대와 음악의 관계	• 다양한 장르 예술의 이해 • (영화,뮤지컬,연극)의 기록과 아이디어 • (영화,뮤지컬,연극)의 종류와 양식 • (영화,뮤지컬,연극) 연출의 기술 • (영화,뮤지컬,연극) 연기의 요소 • 문화적 측면과 (영화,뮤지컬,연극)의 관계 • 사실적 표현과 비사실적 표현 • 복잡한 극의 대본 • 음향, 조명, 장치의 기술 • 무대의상과 분장
		• (영화,뮤지컬,연극) 감상의 개념 • (영화,뮤지컬,연극) 감상 태도	• (영화,뮤지컬,연극) 감상 관점 • (영화,뮤지컬,연극)의 장면 분석	• (영화,뮤지컬,연극) 감상과 비평의 요소

구분			
감상과 생활화	• 인간의 삶과 (영화,뮤지컬,연극) • (영화,뮤지컬,연극)의 윤리	• (영화,뮤지컬,연극) 속 다양한 문화 • (영화,뮤지컬,연극)의 시대적 변화 • (영화,뮤지컬,연극)의 관련 직업 세계 • (영화,뮤지컬,연극)의 예술적 가치 • 저작권과 정보통신윤리법	• (영화,뮤지컬,연극)과 대중문화의 관계 • (영화,뮤지컬,연극)과 예술 • (영화,뮤지컬,연극)의 역사 • (영화,뮤지컬,연극) 산업과 진로 진학 • (영화,뮤지컬,연극)의 온라인 플랫폼 • (영화,뮤지컬,연극) 공연 및 시연의 평가
과정· 기능 (공통)	• 체험하기 • 제작하기 • 조사하기 • 연기하기 • 상상하기 • 구상하기 • 창작하기 • 분석하기	• 표현하기 • 반응하기 • 활용하기 • 사건의 흐름에 맞게 쓰기 • 발표하기 • 대사하기 • 파악하기 • 적용하기	• 연습하기 • 비교하기 • 참여하기 • 공연하기 • 토의 및 토론하기 • 계획하기 • 감상하고 의견 나누기 • 기술 익히기
가치· 태도 (공통)	• 자유로운 상상 의지 • 표현 활동의 성취감 • (영화,뮤지컬,연극)에 대한 관심 • 표현에 대한 호기심 • 작품에 대한 책임감	• 다양한 이견과 예술적 취향의 존중태도 • (영화,뮤지컬,연극)을 즐기는 태도 • 복합 매체 제작 의지 • 작품에 대한 책임 의식 • 예술 윤리 의식 향상과 준수하는 태도	• (영화,뮤지컬,연극)을 통한 자아 성찰 • (영화,뮤지컬,연극)의 참여 의지 • 표현활동의 적극적 태도 • 소통하고 협업하는 태도 • 공감과 수용의 태도

우리 학교 내용체계와 성취기준 개발하기

예

학년	중학교 1학년
핵심 아이디어	• 인간은 삶 속에서 장르예술이 예술적 경험과 생활화를 통해 차이를 성찰하고 타인을 이해하고 다양한 삶과 가치관을 이해함으로써 세상을 바라보는 관점을 확장시킨다. • 장르예술은 주제에 맞는 이야기를 모든 것기를 모든 참여하여 역할 분담하여 연습하고 협력하는 과정으로 만들어지며 인간은 이를 독창적으로 표현하고 감상하는 과정을 통해 행복한 삶을 영위하는 공동체 일원으로 성장한다.

내용 요소

지식 · 이해	• 영화 제작의 요소 • 영화의 촬영과 연출 기술 • 영화와 대중문화의 관계 • 영화의 감상과 비평 요소
과정 · 기능	• 영화 제작의 요소를 고려하여 영화 시나리오 작성하기 • 영화 촬영 기술을 고려하여 연출 계획하기 • 영화를 제작하고 시연하기 • 영화와 대중문화의 관계에 관해 조사하고 발표하기 • 영화 시연회 감상회에 참여하기
가치 · 태도	• 영화 제작 의지 • 표현에 대한 호기심 • 작품에 대한 책임 의식

성취기준

• 영화 제작의 요소를 이해하고 이를 고려하여 영화 시나리오를 작성한다.
• 영화의 촬영 기법과 연출 기술을 이해하고 촬영 기술을 고려하여 연출을 계획한다.
• 영화 제작 요소와 다양한 촬영, 연출 기술을 이해하고 영화 제작 의지를 가진다.
• 영화와 대중문화가 밀접한 관계가 있음을 이해하고 이를 조사하고 발표한다.
• 영화를 제작하고 시연하는 경험을 통해 작품에 대한 책임 의식을 갖는다.
• 영화 감상과 비평 요소를 알고 영화 시연회 감상회에 참여한다.
• 영화 연출 계획 및 촬영하여 제작하고 시연을 통해 영화 제작 의지를 기른다.

※ 직접 개발해 보세요!

학년	
핵심 아이디어	
내용 요소	지식 · 이해
	과정 · 기능
	가치 · 태도
성취기준	

273

Part

학교자율시간
운영 노하우

학교자율시간,
이렇게 시작하자

학교자율시간을 처음 접하는 교사들은 큰 덩어리의 교육과정을 개발해 내야 한다는 것에 부담감을 느낀다. 특히 도입 단계에서의 부담감은 막중할 수 있다. 하지만 학교자율시간 도입 이전에도 다음 그림의 네 항목을 학교는 활용하고 있었음을 기억하자. 네 항목 외에도 학교는 각자의 상황에 맞춘 특색 있는 교육활동들은 운영해 왔을 것이다. 결국 학교자율시간은 그간 학교에서 운영해 온 특색 있는 교육활동을 담아 내는 하나의 빈 상자와 다르지 않다는 점에 초점을 맞추면 좋다. 단 교육과정 담당 부장이나 학년부장 혼자의 힘만으로 학교자율시간을 만들어 내기는 어렵다. 이를 실천할 모든 교사의 협업은 필수다. '학교자율시간 설계는 기존에 학교에서 해 왔던 것들을 하나의 맥락으로 담아내는 일이다.'라는 마인드로 접근할 필요가 있다.

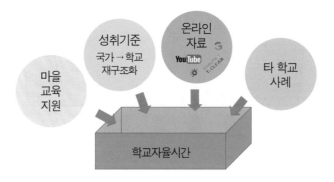

    각각의 활동과 프로그램이 제각각 구현되도록 한다면 학교자율시간의 도입 취지를 살릴 수 없다. 각각의 활동과 프로그램이 하나의 교육과정으로 융화될 수 있도록 결을 맞추어 나감으로써 학생들이 학교자율시간 주제와 관련된 실천역량을 갖추고 주도성과 핵심역량을 신장시킬 수 있는 결과물을 만들어 내는 것이 학교자율시간 설계의 핵심이다.

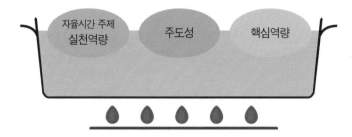

즉 학교자율시간을 처음 설계하는 학교에서는 백지에서 새로운 것을 모두 개발, 창조하는 어려운 접근보다는 기존 학교에서 실천해 왔던 특색 교육들을 활용하여 단계적으로 접근하는 과정이 필요하다.

학교자율시간, 수업은
어떻게 구성할까?

학교자율시간은 약 30차시 내외의 수업으로 구성된다(초3-4학년 29시간, 초5-6학년 32시간, 중학교 33~34시간). 이 30차시 내외의 수업은 하나의 교육과정으로서 학생주도성과 삶과 연계된 역량을 키우도록 하고 이를 위해 각 차시가 분명한 역할을 담당하도록 해야 한다. 지식 위주의 수업에 치중하면 역량과 주도성을 키워 줄 수 없으며 지식 기반 없이 활동이나 프로젝트에만 치중하면 하나의 과목이나 활동으로서의 역할을 할 수 없을 것이다.

　학교자율시간을 구성하는 수업들이 학생 주도성과 핵심역량을 키워 주고 주제와 관련된 목표를 함양하도록 하기 위해서는 다음 그림과 같은 흐름이 이어지도록 하는 것이 좋다. 초반부 수업은 학교자율시간과 주제와 관련된 개념이나 이론 지식 들을 탐구하고 이와 관련된 것을 실제 체

학교자율시간 구성

학교자율시간 주제탐구 교과 外 〈지식·이해〉	마을·교육청 교육지원 주제관련 프로그램 〈체험〉	산출물생산 실천활동 〈실행〉	발표·전시 공유·나눔 〈성찰·피드백〉

힘해 볼 수 있는 내용으로 구성한다. 이 과정에서 학교자율시간 주제와 관련된 지식을 학생들에게 충분히 형성시켜 주면 이와 관련된 결과물을 학생들이 주도적으로 만들어 내고 실천할 수 있는 과제를 제시할 수 있다. 학생들은 결과물을 만들고 실천 과제를 함께 해결해 나가는 과정에서 협력적 문제해결 역량을 함양할 수 있을 것이다.

마무리 단계 수업에서는 앞선 결과물 혹은 실천을 함께 나누며 공유할 수 있도록 하여 학교자율시간 주제에 대한 실천의지를 더욱 강화시켜 줄 수 있다.

이는 필자가 학교자율시간을 운영해 보면서 결과가 좋고 효율적이라는 결론을 가지게 된 방식이다. 그 외에도 기존의 프로젝트 수업방식을 활용하는 방법도 효과가 있을 것이다. 학교자율시간 주제의 세부 영역을 설정하고 학교 학습공동체에서 역할을 분담해 협업하면 보다 긴 호흡으로 수업을 디자인하면서 학교자율시간을 운영할 수 있을 것이다.

학교자율시간,
先운영 後종이

학교자율시간 운영을 위해서는 문서 생산이 필요하다. 하지만 문서는 학교자율시간의 보조수단일 뿐이다. 학생들의 성장에 의미 있는 시간이 진행되었는지로 학교자율시간의 성공 여부를 가를 수 있을 텐데 이는 곧 성공 여부가 수업에 달려 있다는 말이 된다. 만약 수업보다 문서의 의무적 생산에 몰두한다거나 수업을 염두에 두지 않은 채 문서 생산을 위한 문서 작업에 그치는 경우 학교자율시간 문서는 캐비닛 속 종이 교육과정으로 전락할 것이다.

  보다 의미 있는 문서 작업을 위한 하나의 선순환 구조를 제안하며 다음 그림과 같이 도식화해 보았다. 지역 및 학교의 특색을 담은 수업들을 우선 실천해 보고 이 가운데 학교자율시간의 도입 취지에 맞고 학생들의 주도성과 역량의 발달에 필요한 수업을 선별한다. 그런 뒤 이 수업들을

학교자율시간 선순환 체제

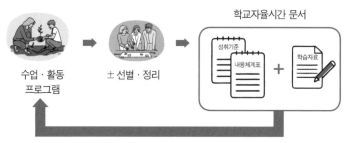

학교자율시간 문서

수업 · 활동 프로그램 → ± 선별 · 정리 → 성취기준 / 내용체계표 + 학습자료

종이가 활동으로 연결되는 선순환 체제 구축

바탕으로 문서 작업을 진행하기를 추천한다. 이렇게 실제 수업과 활동을 바탕으로 만들어진 문서는 차년도에도 수업으로 쉽게 구현되는 선순환 체제의 시작점으로 기능할 것이다.

학교자율시간은 전 학년에 도입할 의무는 없기 때문에 현장은 이를 2022 개정 교육과정 도입 시기부터 모든 학년에서 운영하지는 않을 것이다. 그렇기 때문에 학교자율시간 과목이나 활동을 적용하지 않더라도 이와 연관성이 높은 수업이나 교육 활동, 프로그램 들을 먼저 운영해 볼 수 있다. 이후에 수업을 선별하여 문서화하면 학교자율시간 문서와 실제 수업의 일관성, 즉 계획된 교육과정과 실행된 교육과정 그리고 생성된 교육과정 간에 일관성을 확보할 수 있을 것이다.

모두 함께하는
학교자율시간 만들기

학교자율시간은 교육공동체 모두의 참여로 함께 만들어가는 교육과정이어야 한다. 학교관리자나 업무담당자의 의지와 결정만으로 운영되는 학교자율시간은 또 다른 캐비닛 속 교육과정으로 끝나거나 과거 교육과정(7차, 2007 개정 시기)의 재량활동처럼 학생들에게 교육적 의미를 남기지 못하는 시간이 되어 버릴 것이다. 학교자율시간을 만들고 운영하는 주체는 결국 교사다. 따라서 모든 교사가 다음의 의사결정 과정에 함께 참여할 수 있어야 한다.

첫째, 학교자율시간을 어떤 학년과 학기에 운영할 것인지에 대한 사항을 결정해야 한다. 둘째, 운영 주제를 선정할 때는 교육공동체(학생, 학부모, 교원)에 대한 설문결과를 바탕으로 대토론회 등의 질적 숙의의 과정을 거쳐 학교와 학생, 지역 실태를 반영한 과목이나 활동 주제를 선정해야 한다. 셋째, 운영방식을 결정할 때는 과목 혹은 활동으로 운영을 할 것인지, 과목을 개발할 것인지 혹은 기승인 과목을 사용할 것인지에 대한 사항과 인정도서를 자체 개발할 것인지 혹은 시·도 교육감 승인도서를 사용할 것인지에 대해 결정해야 한다.

이처럼 학교자율시간에는 다양한 의사 결정이 필요하다. 이 과정에 모든 교사가 함께 참여하고 합의하여야 운영이 원활하고 학생들에게도 의미 있는 시간이 만들어질 것이다.

이를 위해, 필자가 근무한 학교는 모든 구성원이 각자의 의견을 낼 수 있는 협의 시스템을 운영하였다. 일반적으로는 중요 의사결정을 모든 교육 주체가 한 자리에 모여 협의하는 대토론회 방식을 거치지만 이 방식으로는 대개 목소리가 크거나 의사결정 권한이 큰 사람의 의견에 따라가게 되기 십상이다. 이를 방지하기 위해 모두가 자신의 의견을 자유롭게 개진할 수 있도록 모자이크 방식의 협의 시스템을 도입하였다.

젊은 교사들은 경력이 짧고 나이가 어리다는 이유로 자신의 의견을 개진하는 데 어려움이 있기 때문에 젊은 교사들이 자유롭게 이야기할 수 있는 회의 조직을 구성해 주었다. 경력이 있는 교사들은 별도의 회의 그룹을 조직해 주어 그들만의 고충을 나눌 수 있도록 했다. 이외에 교육과정 재구성 경험 유무에 따른 그룹, 학년별 대표 그룹 등 다양한 특징을 반영한 그룹별 협의를 진행하도록 하여 모두의 어려움과 대안을 반영하여 학교자율시간의 제반 사항들을 결정하였다.

타인이 결정한 사항을 수동적으로 받아들여야 하는 상황이 되면 교육과정을 운영하는 과정 또한 수동적이 될 수밖에 없다. 반면 자신들이 학

284

학교자율시간 과목 활동 바이블

교자율시간의 제반 사항들에 대하여 직접 의견을 개진하고 이것이 반영 된다면 교사들은 교육과정 운영에 주인 의식을 갖고 자율적으로 교사 주 도성을 발휘하며 교육과정을 구현해 낼 것이다.

학교자율시간을 위한
새로운 학교 문화: 초등학교

초등학교는 동학년 단위로 조직과 문화가 형성된다. 게다가 학교자율시간은 운영 학년을 정하고 실제 학년 교육과정 체제하에서 구현을 해내야하기 때문에 동학년 단위 협의 시스템을 적극 활용해야 한다. 이를 위해서는 학년말 교내 인사조직에서부터 세심한 배려가 필요하다.

교육경력과 교육과정 재구성 경험 여부 등을 고려하여 교육과정 문해력과 역량이 높은 교사를 3~6학년에 고루 배치하면 모든 학년에서 학교자율시간을 시도해 보도록 할 수 있다. 아니면, 파일럿 학년을 설정하고이 학년에 교육과정 역량과 경험이 많은 교사들을 집중배치하여 해당 학년에 학교자율시간을 실천해 본 뒤 차년도에 이 교사들을 여러 학년에흩어지게 하여 모든 학년에 사례를 전파하는 방식으로 교내 학년 인사조직의 묘를 발휘할 수 있다.

그 밖에도 학교자율시간의 성패 여부는 문서작업으로 좌우되는 것이 아니라 30차시 내외의 수업운영으로 판가름 나기 때문에 학교자율시간이라는 새로운 교육과정을 만들고 나눌 동학년 단위 학습공동체 운영이 뒷받침되어야 한다. 또한 현재 초등에서는 유명무실한 상태인 학교교육과정위원회의 전문성과 역할 또한 재정립되어야 한다.

학교자율시간을 위한
새로운 학교 문화: 중학교

중학교는 한 명의 교사가 모든 교과를 가르치는 초등학교와 달리 모든 교과 각각을 서로 다른 교사가 담당한다. 따라서 학교자율시간 설계와 운영에는 초등학교와 다른 고려점들이 적지 않다.

어떤 교과들을 기본으로 교과 교육과정을 구성할 것이며, 누가 어느 정도의 비율로 수업을 맡을 것인지가 의사결정의 주요 사항이다. 중학교는 교과 시수에 의해 교과별 교사 TO가 결정되기 때문에 교과별 과원과 과부족 인원 실태를 반영하여 학교자율시간을 어떤 교과(군)에 편성할지를 결정해야 한다.

학교자율시간 과목 설계 시에도 교과협의회와 학년협의회의 교차 설계 시스템이 구축되어야 한다. 먼저 교과협의회에서는 학교자율시간 과목과 관련된 각 교과 베이스의 내용요소들을 추출한다. 그 후 동학년 협의회에서는 각 교과협의회에서 추출한 내용요소들을 종합하고 선별과정을 거쳐 과목 내용체계표와 성취기준을 공동으로 개발해야 한다. 이런 방식의 교차 협의 시스템이 구축되어 있어야 중학교 학교자율시간 설계와 운영이 원활하게 진행될 수 있다.

시 · 도 교육감 승인과목은 어떻게 찾아보나요?

학교자율시간을 과목으로 운영할 경우 학교에서 자체적으로 과목을 개발할 수도 있지만, 고시 외 승인 과목을 활용하는 방법도 있다. 학교와 학생 실태를 바탕으로 학교가 자체적으로 과목을 개발하는 것이 학교자율시간의 이상적인 운영 방향이지만 과목 개발의 여건이 되지 않는 학교들도 분명히 있다. 이런 경우에는 시 · 도 교육감이 승인한 기개발 과목을 사용하면 된다. 시 · 도 교육청에서 개발한 과목들을 찾아보는 방법은 다음과 같다.

시 · 도 교육감 승인 과목 확인 방법

에듀넷 티 클리어(www.edunet.net) → 교육정책 → 교육과정→ 시도교육청 자료 → 교육감 승인 과목

이 경로로 찾아들어가면 17개 시·도 교육청에서 기승인된 다양한 주제의 과목들을 확인할 수 있다. 이 과목들의 경우 모두 고시 외 과목이기 때문에 2022 개정 교육과정 시기에 맞추어 개발된 과목들을 학교자율시간으로 활용할 수 있다.

학교에서 과목이나 활동을 개발하여 학교자율시간을 운영하는 경우에도 유사 주제의 기승인 과목들을 검색한 후 해당 과목의 내용을 학교 실태에 맞추어 수정·보완하는 방식으로 활용할 수 있다. 학교에서 과목이나 활동 문서를 참고자료 없이 개발하는 것보다는 성격과 목표가 유사한 과목의 내용체계나 성취기준, 교수·학습 내용을 각 학교의 실태에 맞게 수정·보완하여 개발하는 것이 교사들에게 과목이나 활동 개발의 편의성을 크게 높일 수 있다.

학교자율시간을 만드는 4단계 노하우

1년 동안의 학교 교육과정은 전년도 교육과정을 분석하고 계획 단계에서 이를 반영하고 실제 운영한 후, 차년도를 위한 교육과정 반성을 하며 순환하는 구조를 거친다. 학교자율시간도 학교 교육과정의 일부이므로 같은 단계를 거쳐 계획하고 운영하며 환류하는 큰 흐름이 필요하다. 특히 학교자율시간은 학교 실정에 맞춰 교육과정을 운영할 수 있도록 자율성이 강조되므로 관리와 운영을 보다 체계적으로 할 필요가 있다. 체계적인 학교자율시간 운영을 위해 필요한 4단계 절차를 준비(Prepare)−계획(Plan)−실행(Practice)−발전(Progress)으로 제시한다.

- 학교 비전과 추구하는 가치 분석
- 교육환경 분석(학교, 학생, 지역사회, 교사)
- 교육 요구(학생, 학부모, 교사) 분석

준비하기(Prepare)는 학교자율시간 운영의 초석을 세우는 단계이다. 학교자율시간 운영의 방향성을 설정하기 위해 학교의 비전, 운영하고자 하는 주제와 운영방식 등을 정하는데 특히 사전 분석이 매우 중요하다.

사전 분석에서는 전년도 교육과정 운영 반성과 교육공동체의 요구 조사 자료뿐만 아니라 학교와 학교를 둘러싼 교육환경을 분석해야 한다. 학교의 특성과 관련된 중점 사업, 활용 가능한 인적 물적 자원 등을 분석할 수 있으며 이 과정에서 학교 문화와 교사 자원의 특징 분석 또한 매우 중요하다. 열심히 하고자 하는 열의가 넘쳐 실제 운영이 버거운 경우도 있기 때문에, 학교에 근무하고 있는 동료 교사의 교육과정 재구성 및 프로젝트 수업 등의 경험 유무, 교육과정 문해력 수준, 교직 경력 등을 진단하여 학교의 상황에 맞추어 계획할 필요가 있다. 그리고 설문지로 학교자율시간 설정을 위한 교육 요구 조사를 진행하면 학생 맞춤형 교육을 실현하고 교육 주체의 다양한 교육적 요구를 반영할 수 있다. 다음은 학생, 교사, 학부모를 대상으로 하는 학교 자율시간 설문지의 예이다. 이를 학교 실정에 맞게 수정, 활용할 수 있을 것이다.

학교자율시간 교육 요구 설문지

학교 목표	아름다운 어울림과 즐거운 배움이 있는 행복한 학교

1. 우리 학교 목표를 고려하여 학생 모두가 배움을 통해 갖추어야 할 가치 3 가지를 골라 ○하세요.

감사	균형	평화	건강	협력	절제	관계	적응	행복	리더십	즐거움	용기
책임	진취	소통	기쁨	감수성	정직	자신감	끈기	신뢰	융통성	사랑	열정
존중	주도성	공동성	관용	공감	예의	자율	성실	배려	통찰	나눔	공헌

2. 기존 교과(국어, 수학, 체육 등) 외에 자유로운 주제로 공부할 수 있게 된다면 배우고 싶은가요?

  ① 네.   ② 아니요.

3. 여러분이 더 공부해 보고 싶은 교육 주제는 무엇인가요?

  ① 민주시민교육   ② 생태전환교육   ③ 문화예술교육

  ④ 독서교육   ⑤ 디지털 AI 교육   ⑥ 인성 및 인권교육

  ⑦ 진로연계교육   ⑧ 지역 및 마을교육   ⑨ 놀이 및 스포츠교육

  ⑩ 기타(   )

4. 3번에서 답한 배우고 싶은 주제에서 해 보고 싶은 활동이 있다면 구체적으로 적어 주세요.

  _____

  _____

학교자율시간 교육 요구 설문지

학교 목표	아름다운 어울림과 즐거운 배움이 있는 행복한 학교

1. 우리 학교 목표를 고려하여 학생 모두가 배움을 통해 갖추어야 할 가치 3 가지를 골라 ○하세요.

감사	균형	평화	건강	협력	절제	관계	적응	행복	리더십	즐거움	용기
책임	진취	소통	기쁨	감수성	정직	자신감	끈기	신뢰	융통성	사랑	열정
존중	주도성	공동성	관용	공감	예의	자율	성실	배려	통찰	나눔	공헌

2. 학교자율시간(학생들에게 필요한 교육을 위하여 일부 교과 시간을 감축하여 학교에서 자유로운 주제로 정하여 교육하는 시간)을 운영할 수 있다면 필요하다고 생각하시나요?

    ① 필요함.   ② 필요하지 않음.

3. 우리 학교 학생들을 위하여 필요한 교육 주제는 무엇인가요?

    ① 민주시민교육   ② 생태전환교육   ③ 문화예술교육

    ④ 독서교육   ⑤ 디지털 AI 교육   ⑥ 인성 및 인권교육

    ⑦ 진로연계교육   ⑧ 지역 및 마을교육   ⑨ 놀이 및 스포츠교육

    ⑩ 기타(   )

4. 3번에서 답한 배우고 싶은 주제에서 해 보고 싶은 활동이 있다면 구체적으로 적어 주세요.

    _____

    _____

학교자율시간 교육 요구 설문지

학교 목표	아름다운 어울림과 즐거운 배움이 있는 행복한 학교

1. 다음 중 선생님이 실천 경험이 있는 것에 표시해 주세요.

내용	(O, X)	내용	(O, X)
교육과정 재구성		내용체계 개발	
프로젝트 수업 주제 중심 교육과정		성취기준 개발 재구조화	

2. 학교자율시간(학생들에게 필요한 교육을 위하여 일부 교과 시간을 감축하여 학교에서 자유로운 주제로 정하여 교육하는 시간)을 운영할 수 있다면 필요하다고 생각하시나요?

   ① 필요함.   ② 필요하지 않음.

3. 우리 학교 학생들을 위하여 필요한 교육 주제는 무엇인가요?

   ① 민주시민교육   ② 생태전환교육   ③ 문화예술교육
   ④ 독서교육   ⑤ 디지털 AI 교육   ⑥ 인성 및 인권교육
   ⑦ 진로연계교육   ⑧ 지역 및 마을교육   ⑨ 놀이 및 스포츠교육
   ⑩ 기타(   )

4. 3번에서 답한 필요한 교육 주제에 관하여 학생들과 함께 하고 싶은 교육 활동이 있다면 구체적으로 적어 주세요.

   _____

5. 학교자율시간을 운영하기 위해 기존 교과 시수 감축을 한다면 시수 감축을 하여도 무방한 교과 두 가지를 선택해 주시기 바랍니다.

   ① 국어   ② 사회   ③ 도덕   ④ 수학   ⑤ 과학
   ⑥ 실과   ⑦ 영어   ⑧ 창의적 체험활동

· 주제와 역량, 운영방식 선정
· 학교자율시간 과목(활동)명과 목표 선정
· 학교자율시간 편제
· 학교자율시간 내용체계와 성취기준 개발
· 학교자율시간 세부영역 설정
· 성취기준에 따른 교수 · 학습 방법 구안
· 협업하여 수업 아이디어 산출
· 학교자율시간 평가 선정 및 개발

계획하기(Plan) 단계에서는 준비 단계의 분석 결과를 토대로 학교자율시간을 운영할 주제와 역량을 선정하고 과목/활동명과 목표를 선정한다. 또한 학교자율시간의 편성을 위한 시수 감축을 계획하고 주제와 목표에 부합하는 내용체계와 성취기준을 개발한다. 다음으로 학교자율시간을 운영하는 세부 영역을 설정하고 만든 성취기준에 따른 교수 · 학습 방법의 세부 활동을 구안하고 평가를 계획한다.

이때 동료 교사들과 협업하며 수업 아이디어를 산출하고 함께 운영할 내용의 얼개를 계획한 뒤, 사용할 교수 · 학습 자료도 수집하여 적절성을 검토해 선정한다. 학교자율시간의 학생 평가를 위해 수업 장면과의 연결성을 고려하여 평가 기준과 요소, 방법 및 시기를 계획할 때는 계획한 수업과 평가의 내용을 함께 공유하고 실제 운영에 도움될 수 있도록 클라우드 형태로 정리하는 방식을 추천한다. 관련 내용은 이후 자세히 다룰 예정이니 참고하기 바란다.

3단계 실행하기(Practice)

- 학교자율시간 운영
- 학교자율시간 교수 · 학습 자료의 수정 및 보관
- 학교자율시간의 평가와 기록

실행하기(Practice) 단계에서는 계획한 학교자율시간을 실행하고 운영한다. 실제 교육과정을 운영하다 보면 계획한 내용이 학생의 학습 수준이나 학습 환경의 영향으로 변경될 수 있는데 이때는 수정하여 기록하거나 특이사항을 남겨 두어야 한다. 그리고 실행하기 단계에서 운영을 함께하며 개발한 활동지나 에듀넷 티-클리어, 인디스쿨, 유튜브 등 다양한 참고 자료눈 공유 드라이브에 함께 모아 두어서 차년도 학교자율시간 운영에 도움을 주도록 한다. 이는 교육과정이 문서로만 남지 않고 계획된 교육과정이 실행된 교육과정으로 구현될 수 있게 한다. 마지막으로 학교자율시간을 운영한 뒤에는 학생 수행 결과를 평가하고 교과 세부능력 및 특기사항에 대한 부분도 함께 협의하고 기록하도록 한다.

발전하기(Progress)

· 학교자율시간 운영 돌아보기와 성찰
· 교육과정 나눔 협의
· 차년도 운영방향 설정

마지막으로 발전하기(Progress) 단계는 교육과정을 이후로 연결하는 데 꼭 필요하다. 학교자율시간을 운영한 후, 교육과정 나눔이나 반성 협의회 등을 통해 성찰하고 돌아보는 시간을 가진다. 특히 각 단계에 따른 과정들의 잘된 점뿐만 아니라 어려운 점들도 분석하여 이것이 차년도 학교자율시간 계획에 반영되도록 한다. 이 과정에서 학교자율시간을 운영하지 않았던 학년에서도 학교자율시간 운영의 필요성을 깨닫고 수정·실천하는 모델링 효과도 일어난다. 발전하기 단계에서 학교자율시간을 돌아보며 나눌 수 있는 성찰 질문 예를 다음에 제시해 두었다. 이러한 성찰 과정을 통해 학교자율시간의 계획과 운영이 체계를 더욱 갖추고 정교해지며 교육과정을 설계하는 교사의 교육과정 문해력과 전문성도 신장된다.

단계	성찰 질문 (예)
준비	학교자율시간의 주제나 목표에 학교의 비전과 가치가 담겨 있나?
	교육공동체 모두의 의견을 반영하여 학교와 학년 주제가 선정되었나?
	학생 분석을 통한 교육적 필요와 교육공동체의 요구가 반영되었는가?

계획	학교자율시간의 시수 확보를 위한 타 교과 증감이나 교과 편성이 적절하였는가?
	개발성취기준이 학교자율시간의 교수·학습과정과 평가를 잘 반영하는가?
	학교자율시간을 운영하기 위한 교수·학습과정이 적절하게 시수 배분되었는가?
	학교자율시간 평가가 학생의 삶과 연계되고 전이되도록 계획되었는가?
실행	교육과정 주제와 관련된 교육내용의 양이 계획된 시수에 맞게 적절하게 운영되었는가?
	시수를 감축한 교과에서 학생들의 교과 목표 혹은 해당 학기 성취기준 도달에 문제는 없는가?
	학교자율시간 교육내용이 학생들의 깊이 있는 학습을 돕는 내용인가?
	학교자율시간 내용의 난이도, 학생 참여도 등은 어떠했는가?
	교과서 없이 새로운 교육내용을 선정 및 조직하고 운영하는 것에 어려움은 없었는가?
발전	운영한 주제와 학교자율시간 교육활동을 차년도에 학교 과목으로 개설하여 운영할 수 있는가?
	운영한 교육내용이 교과교육에서 이미 다루고 있는 내용은 아닌가?
	교육과정 주제와 자율시간을 운영하는 데 어려운 점은 없었는가?
	학교자율시간 운영을 통해 교육공동체에게 어떤 성장이 일어났는가?
	학교자율시간 운영으로 차년도 운영계획에 어떻게 반영할 것인가?

클라우드로 만드는 학교자율시간

교육공동체의 요구와 학교 환경의 특성을 모두 고려한 특색 있는 학교자율시간을 만들기 위해서는 공동체 협업이 필요하다. 최근 학교에서 온라인 협업 툴(패들렛, 공유 스프레드 시트, 드라이브 등)을 많이 사용하고 있다. 학교자율시간 운영의 4단계, 준비(Prepare)-계획(Plan)-실행(Practice)-발전(Progress)에 맞춰 우리 학교만의 학교자율시간 클라우드 만드는 방법은 다음과 같다.

클라우드 관련하여서도 큰 틀은 4단계에 따르는데 다만 패들렛으로 만들지, 공유 스프레드시트로 만들 것인지 고민이 된다면 상황상 더 활용하기 좋은 것으로 선택하면 된다. 패들렛으로 만들게 되면 하나의 페이지에 방향 설정부터, 실행, 교수학습자료 및 활동 결과, 발전 환류 단계까지 한눈에 보인다. 그리고 공유 스프레드시트로 클라우드를 만들게 되면 학교 및 학년별 드라이브 링크로 연결하기 용이하고 자료 관리가 편리하다는 장점이 있다.

먼저, 2월 교육과정 함께 세우기 주간에 교사의 협업 활동을 통해 학교의 결을 맞추고 학년의 특색을 세우는 과정을 진행하는데 모두가 확인할 수 있도록 패들렛에 섹션을 구분해 제시하거나 스프레드시트별로 소통한다. 클라우드는 실시간 협의가 가능하고 게시글이나 댓글 달기로 주제와 위계를 확인하며 맞춰 갈 수 있다. 특히 스프레드시트는 문서로 전환이 가능하여 자료를 표준화하여 보관하기 좋다. 클라우드 교육과정은 학급 수가 많은 초대형 학교의 경우 한 번에 모여 협의하는 어려움을 해결해 주고, 학교자율시간을 운영하지 않는 학년도 학년 특색 교육의 틀을 세우기 위해 학교 교육의 틀을 이해하는 기회를 준다.

학교자율시간 설계 시트의 순서에 맞춰 준비(Prepare) 단계를 통해 학교의 비전, 가치 선정과 학교 환경 분석을 교육과정 만들기 주간에 실행한다. 준비 단계를 2월 교육과정 만들기 주간에 수행하면 전입해 온 교사들이 학교 정보를 쉽게 습득하고 적응하도록 돕는 효과가 있다. 이어 학교자율시간의 목표와 편제를 설정하고 내용 체계와 성취기준을 개발하는 계획(Plan)단계를 거친 뒤 실행(Practice)단계에서 수업 디자인을 구체화하며 실제 수업에 사용할 교수 · 학습 자료 섹션을 채운다. 계획으로 끝나는 것이 아니라 학교자율시간을 운영하는 학년 협의를 통해 교수 · 학습 자료를 개발하거나 참고 영상, 수업 자료를 하이퍼링크로 한 곳에 모아 제시하면 차년도에 학교자율시간 운영과 수정 · 보완에 좋은 도움 자료가 된다. 운영한 활동 결과도 기록으로 남기면 교육과정 운영 결과의 자료로 남을 수 있으며 이것 또한 차년도에 운영할 동료들을 위한 길잡이가 된다.

교육과정의 결을 맞추고 학교만의 기틀을 마련하는 작업을 하면 학교만의 색깔이 한눈에 보이는 장점이 있고 학년 간 중복활동 요소들을 점검하고 유목화할 수 있다. 또한 교사들도 담당 학년의 내용뿐만 아니라 다른 학년의 교육활동을 공유하고 아이디어를 추가하며 협력적 학교문화 형성에 기여할 수 있다.

이렇게 학교자율시간의 설계부터 실행, 환류까지의 모든 자료를 한눈에 볼 수 있도록 패들렛이나 스프레드시트 및 클라우드에 보관하면 매년 교육과정을 새롭게 만드는 것이 아니라 수정·보완하며 정교화함으로써 특색있는 학교자율시간을 완성할 수 있다. 이 교육과정은 지속 가능하며 발전하는 교육과정이다.

마지막으로 중요한 발전(Progress) 단계에서는 학교자율시간 준비, 실행 단계를 거치며 환류할 수 있도록 교육과정 반성 협의회와 연계 운영하며 기록한다. 특히 교육과정 반성을 위한 교육공동체의 교육 요구 설문조사 결과도 같이 첨부해 두면 차년도 학교 자율시간 준비(Prepare)의 단계를 위한 밑거름이 될 수 있다.

이렇게 클라우드로 운영하면 종이로만 남아 매년 새롭게 계획하는 학교자율시간이 아니라 실제적이고 의미 있는 학교자율시간을 수월하게 만들어 나갈 수 있다. 이 과정은 추후 학교자율시간 운영 학년을 맡은 교사에게도, 학교자율시간을 운영하지 않는 다른 학년에게 비계로 작용하여 교육의 선순환을 일으킬 수 있다.

안심해슬프 > 1 · 5시간

학교자율시간 클라우드(예시)

4학년-준비(Prepare)

+

학교 환경 분석
○ 7

- 익명 2개월
  14학급 소도시
- 익명 2개월
  학교 옆 작은 숲과 텃밭교실 운영
- 익명 2개월
  혁신학교 4년차
- 익명 2개월
  협력적 학교문화와 교사간 상호작용 활발
- 익명 2개월
  교육과정 재구성 경험 교사 다수
- 익명 2개월
  학생주도 탐구학습 중점학교 운영
- 익명 2개월
  교육복지중점사업학교

학생 분석
○ 6

- 익명 2개월
  기초학력 부진 학생 높은편
- 익명 2개월
  학생 스스로 참여 의지 높음
- 익명 2개월
  사교육 받는 비율이 높지 않은 편임
- 익명 2개월
  활발한 학생 자치회 활동
- 익명 2개월
  학생 및 학부모의 다양한 체험활동 요구
- 익명 2개월
  소규모 학교로 교우관계 원만하나 개인

4학년-계획(Plan)

+

행복생태수비대(1학기)
목표: 지역의 생태환경에 대한특성과 현상을 이해하고 관련 문제해결을 탐구하며 지속가능한 삶을 실천한다.

편제

행복초 4학년

(표)

내용체계표
핵심아이디어
① 자연의 가치에 관한 다양한 이해와 탐구활동은 생태 감수성을 바탕으로 한 자연에 대한 책임 있는 태도에 영향을 미친다.
② 생태·환경 문제 경험과 이에 대응하는 지속 가능한 발전을 위한 책임 있는 행동이 생태 전환의 기초가 된다.
○ 3

- 익명 2개월
  <지식이해>동식물과 생태 환경, 생태·환경의 변화, 생태·환경의 문제점과 해

4학년-실행(Practice)

+

수업디자인1
1-15차시: 지역환경과 우리
○ 8

- 익명 2개월
  1-2차시: 지역의 동식물 알아보기
- 익명 2개월
  3-4차시: 밀물과 썰물일때, 00만 모습 관찰하고 비교하기
- 익명 2개월
  5-6차시: 지역 생물의 특징과 서식지 조사하기
- 익명 2개월
  7-8차시: 지역의 환경과 생물 간의 관계 토의하기
- 익명 2개월
  9-10차시: 지역 소식지를 통해 사라진 지역의 생물 찾아보기
- 익명 2개월
  11-12차시: 우리 지역의 환경이 생물과 인간에게 주는 이로움 찾아보기
- 익명 2개월
  13-14차시: 다양한 방식으로 우리 지역의 생물 서식지 표현하기
- 익명 2개월
  15차시: 공유발표회 열고 소감 나누기

수업디자인2
1-14차시: 지속가능 사회를 위한 우리
○ 7

- 익명 2개월
  1-2차시: 우리 지역 문제 인식하고 원인 조사하기

304

학교자율시간 과목 활동 바이블

4학년-수업자료	4학년-활동결과	4학년-발전(progress)

수업활동지1

HWP

1-2차시 수업 활동지

비디오 · 02:43
11-12차시 영상4(바람의 빛깔)

교수학습자료2

비디오 · 02:51
11-12차시 영상2(생명탄생의기적)

교수학습자료1

안신초등학교 3학년
운역원이

비디오 · 06:32
진로연극

Prepare 준비

1. 학교자율시간의 주제나 목표에 학교의 비전과 가치가 담겨있는가?
2. 교육공동체 모두의 의견을 반영하여 학교와 학년 주제가 선정되었는가?
3. 학생 분석을 통한 필요한 교육과 교육공동체의 교육적 요구가 반영되었는가?

○ 4

익명 2개월
활발하며 협력적 학교문화로 인해 사전 계획 과정에서 교육공동체의 의견이 반영됨

익명 2개월
사전 교육과정 설문에 학생, 학부모의 요구조사 과정이 좋았음

익명 2개월
구체적인 주제와 활동에 관한 설문을 추가하는 것이 필요함.

익명 2개월
제작 및 발표시수가 부족했기에 차년도는 1-2차시 늘이거나 관련 교과연계로 활용하는 것이 좋겠음

Plan 계획

1. 학교자율시간의 시수 확보를 위한 타 교과 증감이나 교과 편성이 적절하였는가?
2. 개발한 성취기준이 학교자율시간의 교수·학습 과정과 평가를 잘 반영하고 있는가?
3. 학교자율시간을 운영하기 위한 교수·학습 과정이 적절하게 시수 배분되었는가?
4. 학교자율시간 평가가 학생의 삶과

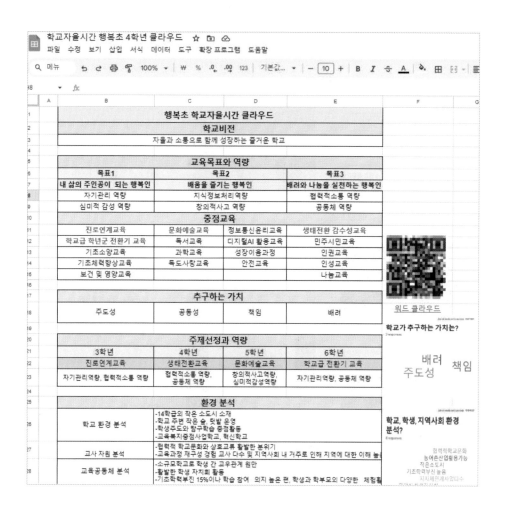

행복초 학교자율시간 클라우드

학교비전
자율과 소통으로 함께 성장하는 즐거운 학교

교육목표와 역량

목표1	목표2	목표3
내 삶의 주인공이 되는 행복인	배움을 즐기는 행복인	배려와 나눔을 실천하는 행복인
자기관리 역량	지식정보처리역량	협력적소통 역량
심미적 감성 역량	창의적사고 역량	공동체 역량

중점교육

진로연계교육	문화예술교육	정보통신윤리교육	생태전환 감수성교육
학교급 학년군 전환기 교육	독서교육	디지털AI 활용교육	민주시민교육
기초소양교육	과학교육	성장이용과정	인권교육
기초체력향상교육	독도사랑교육	안전교육	인성교육
보건 및 영양교육			나눔교육

추구하는 가치

주도성	공동성	책임	배려

주제선정과 역량

3학년	4학년	5학년	6학년
진로연계교육	생태전환교육	문화예술교육	학교급 전환기 교육
자기관리역량, 협력적소통 역량	협력적소통 역량, 공동체 역량	창의적사고역량, 심미적감성역량	자기관리역량, 공동체 역량

환경 분석

학교 환경 분석	-14학급의 작은 소도시 소재 -학교 주변 작은 숲, 텃밭 운영 -학생주도 탐구학습 중점활동 -교육복지중점사업학교, 혁신학교
교사 자원 분석	-협력적 학교문화와 상호교류 활발한 분위기 -교육과정 재구성 경험 교사 다수 및 지역사회 내 거주로 인해 지역에 대한 이해 높...
교육공동체 분석	-소규모학교로 학생 간 교우관계 원만 -활발한 학생 자치회 활동 -기초학력부진 15%이나 학습 참여 의지 높은 편, 학생과 학부모의 다양한 체험활...

워드 클라우드
학교가 추구하는 가치는?

배려 책임
주도성

학교,학생,지역사회 환경 분석?

협력적학교문화 농어촌산업활용가능 작은소도시 기초학력부진 높음 지지체인게시않다수

학교자율시간 과목 활동 바이블

				수업디자인		
영역	성취기준	내용	혐의필요	수업아이디어	자료링크 및 출처	
지역환경과 우리 (15차시)	[4생태01-01]	[1~2] 지역의 동식물 알아보기		-여러가지 동식물 카드로 이해하기 -고고전전 퀴즈 -디지털기기 활용 조사활동	학년드라이브	에듀넷티클리어
		[3-4] 밀물과 썰물일 때, 00만 모습 관찰하고 비교하기	O	-기상청 홈페이지(https://www.weather.go.kr/w/index.do) -인근 교외 체험학습 연계(현장답사 사전답사 및 경로 혐의 필요) -체험학습 알기 쓰기	에듀넷티클리어	
		[5~6] 지역 생물의 특징과 서식지 조사하기	O	-사이버 생태박물관 개최 정보 활용하기 -디지털기기 활용하여 모둠별 전지에 발표자료 만들기 -발표자료 갤러리워크 교내 활용하기(전시위치 사전협의)	인디스쿨	
	[4생태01-02]	[7~8] 지역의 환경과 생물 간의 관계 토의하기		-토의절차 학습하고 예절과 규칙 만들기 -환경과 생물간의 관계 묶음별색사료스교 토의하기 (선택1) -환경과 생물간의 관계 자료 조사하고 패물편에 자료 토의하기 (선택2) -토의를 통해 올바른 환경과 생물의의 관계에 대해 정의내리기 (선택3) -토의의 정과 발표하기	인디스쿨	학년드라이브
		[9~10] 지역 소식지를 통해 사라진 지역의 생물 찾아보기		-디지털기기 활용하여 생태공등 홈페이지 방문하기 -우리 지역의 생물 살펴보고 분류하기 -모둠별 생물트립 만들기	00생태공원홈피	
		[11~12] 우리 지역의 환경이 생물과 인간에게 주는 이료을 찾아보기	O	-내셔널 지오그래픽 영상 감상하고 요약하기 -우리 지역의 환경이 인간에게 주는 이료을 조사 면밀 계획하기 -지역사회를 직접 올며 조사발문하기(조사계획 구체화 혐의필요)	유튜브	
	[4생태01-03]	[13~14] 다양한 방식으로 우리 지역의 생물 서식지 찾아보기		-우리 지역의 생물 서식지 소개하는 자료 만들기 (현자, 미피현버스 등 디지털 활용)	인디스쿨	학년드라이브
		[15] 공유 발표회 열고 소감 나누기		-발표회 감상 및 공유 성찰활동 (성장과 반확일 올아보기)	학년드라이브	
지속가능사 회를 위한 우리 (15차시)	[4생태02-01] [4생태02-03]	[1~2] 우리 지역 문제 인식하고 침인 조사하기	O	-우리 지역의 해양오염과 쓰레기 매립지와의 관계 파악하고 조사하기 -직접 요열지역 탐방하기	유튜브	
		[3~4] 우리의 삶과 해양 오염 관계 할기	O	-다큐멘터리 사례보며 직접 조사와 해결과정 간접경험하기 -해양오염으로 인한 피해 주민 면담계획 세워 알아보기 -공공기관에 방문하여 협제 피해 사례 확인하기 (조사계획 사전 협의)	MBC 다큐	
		[5~6] 해양쓰레기 저감 사례 알아보기	O	-우리 지역의 해양쓰레기 저장 사례 조사하기 (사이버, 직접 탐방) -현재 푸의 비교를 통한 신문기사 작성하기	학년드라이브	유튜브
		[7~8] 해양쓰레기 저감 해결 방안 구상 제작하기		-다른 지역 및 나라의 해양 쓰레기 저감 해결 방안 조사하기 -우리 지역의 해양 쓰레기 저감 해결을 위한 실천 계획하고 실행하기 (인터넷, 직접 스티커 올이기)	유튜브	
		[9~10] 해양쓰레기 문제 해결 결과 발표하기		-실현가능한 해결방안 토의하고 의견 묘으기 -결과 정리하고 발표하여 민원센터 홈페이지에 국민참여의견 제출하기	학년드라이브	
		[11~12] 우리가 지킬 수 있는 해결 방안 실천하고 공유하기		-우리가 지킬 할 수 있는 방안 찾아보고 계획하기 -학교 내 홍보 포스터 제작하고 알리기 (전시 위치 사전협의)	학년드라이브	
		[13~14] 다양한 방식으로 해양 환경을 지키기 위한 보존 방법을 위한 표현하기 (시화, 포스터, 미니북, 기사문, 동영상, 플래시몹)		-다양한 방식으로 해양문제 보존 방법 홍보물 제작하기 (그림, 글, 동영상 및 복합매제를 활용하여 다양한 형태로 표현하기)	인디스쿨	

		평가			
관련 성취기준	평가요소		평가도구	기록방법	
[4생태01-01] 우리 지역의 동식물과 생태 환경을 관찰하고 다양한 방법으로 표현한다.	밀물과 썰물일 때의 00만 모습 관찰 기록하기		포트플리오 실일		
[4생태02-02] 우리 지역의 다양한 생물 보전의				과학 교과군 '항목생태수비대'	

학교자율시간을 위한
온라인 연구실

학교자율시간은 독립적 교육과정이 아니라 연간 교육과정 흐름의 한 부분이다. 이 과정에 클라우드 협업 툴(공유 드라이브, 공유 문서, 스프레드 시트 등)을 활용하여 온라인 연구실을 만들면 1년 간 동학년 동교과 선생님들과 협업하며 전체 교육과정을 공동 교육과정으로 설계·운영할 수 있다. 특히 학급 수가 많은 대형 학교는 한 번에 모이기 어렵고 다양한 의견을 수렴하고 결정하는 데 시간이 오래 걸린다는 어려움이 있는데 온라인 연구실이 이 난점을 해결해 준다. 온라인 연구실에서는 학교 구성원이 많다는 점이 효율적 업무 분담이 가능하다는 장점으로 활용된다.

학년 단위뿐만 아니라 학년군 단위로도 연구실을 운영하면 교육과정의 위계성 기반의 연계 활동을 손쉽게 진행할 수 있다. 예를 들어 학교자율시간을 3학년과 4학년이 모두 민주시민교육으로 운영한다면 학교자율시간 수업 자료와 아이디어에 대해 학년군 전체가 함께 논의하고 위계를 적절히 나누어 함께 캠페인 활동과 학교신문고 운영 활동 등의 발전과 실천 단계를 연계하여 운영할 수 있다. 농산어촌 지역의 6학급 이하 소형 학교는 학교 단위로 온라인 연구실을 운영하여 인근 학교와의 공동 교육과정으로 학교자율시간을 함께 설계하고 운영할 수 있다.

이와 같이 구축한 학교자율시간 교육과정 자료를 온라인 클라우드라는 환경에 안정적으로 유지한다면 차년도 교육과정에도 지속적으로 활용할 수 있어 교육과정의 지속가능 발전이 가능해진다.

뒤에 안산해솔초등학교의 3학년 온라인 연구실 운영의 실제 예를 제시해 두었다. 온라인 연구실에는 학교자율시간의 모든 데이터를 모아 두기도 하지만 학교 전반에 관한 모든 자료를 보관할 수 있다. 이렇게 1년 동안 함께 운영하며 학년 비전과 교사 공동 약속도 정해 한눈에 보이게 두면 공동의 목표를 향해 함께 나아가고 있음을 느낄 수도 있다. 또한 온라인 연구실은 교육과정 운영뿐만 아니라 학교의 세세한 정보도 담을 수 있어 교사들이 '지난번 그 자료가 어디 있더라?' 하는 의문을 해소시켜 주는 백과사전 역할을 한다.

온라인 연구실에는 어떤 것을 담을 수 있을까? 우선 학교 월간 일정인 학교 한해살이, 월간 부서별 협의 기록 및 주요 학년 공지 등을 함께 작성하고 나눌 수 있다. 학기별 자료를 누적 보관하면 지난 기록을 확인하면서 전반적 흐름도 파악할 수 있다. 그리고 교육과정 관련 사항 전반을 클라우드 협업 툴을 활용해 드라이브에 저장하고 협의 사항을 기록할 수 있다. 앞서 제시한 학교자율시간 클라우드와 학습공동체 운영사항을 함께 나타내면, 함께 만들고 운영하는 문화를 자연스럽게 조성할 수 있다.

필자는 실제로 온라인 연구실을 3년 넘게 써보았는데 매년 운영할 때마다 함께하는 동료들과 어떤 부분을 보완할지를 누적 자료를 바탕으로 논의하며 계속 발전시켜 나갈 수 있었다. 처음에는 통계 업무 수합만을 위해 사용하였지만 점점 교육과정, 수업운영, 평가에 관한 업무 공유의 비중이 커지게 되어서 함께 만들어 가는 학년 운영을 체계적으로 진행할 수 있었다. 또한 다음 학년도에 다른 교사가 해당 학년을 맡았을 때, 교육과정 운영의 길잡이가 될 좋은 지침 자료가 되어 그들만의 또 다른 온라인 연구실을 운영하는 계기로 작용하기도 한다.

간혹 이러한 클라우드 협업 툴과 온라인 연구실을 운영하면 공문이나 문서 작업을 이중적으로 하게 되는 것이 아닌가 하는 의문을 가지는 경우가 있다. 를 들어 학생 평가계획이나 학교자율시간을 클라우드로 만들어 운영할 때, 이를 내부 결재를 위해 다시 문서화하는 번거로운 과정이 일어날 수 있다는 염려일 것이다. 하지만 실제로 스프레드시트를 활용하여 구성하는 경우, 내용을 파일 양식으로 그대로 내려받기 한 뒤 내부 결제에 첨부파일로 탑재할 수 있고 아예 학교드라이브의 공유 링크를 내부 결재 본문에 제시하여 간편하게 갈음할 수도 있다.

즉 학년 운영의 전반을 관리하는 온라인 연구실을 구축하고 구성 항목 중 하나로 학교자율시간을 둔 뒤 여기에 모든 데이터를 모아 데이터베이스를 구축하듯이 운영하면 교육과정 운영이 보다 편리하고 정교하게 진행될 뿐 아니라 이후의 발전 가능성 또한 확보할 수 있다.

학년도 안산해솔초 '자람' 3학년 연구실

학교비전 : 자율과 소통으로 함께 성장하는 즐거운 학교

1. 진로연계교육으로 삶의 주인공이 되는 해솔인 2. 생태감수성교육을 통해 자연과 함께 살아가는 해솔인

학년비전 : 자람(자연과 사람),이 만나 나와 너 우리 함께 자라나기

교사약속 : 자유롭게 소통하기, 활발하게 교육자료 나누기, 통일된 학생 지도하기

점심시간 및 쉬는시간 교실에서 활동하기, 화장실 안전예절지키기 함께 지도하기

3학년 전용 계단(엘리베이터옆계단) 사용하기, 휴대폰은 교실기준으로 전원을 끄고 학교생활하기

다른반 다녀가볍게 지도 후 담임교사 인계하기, 다른반과의 갈등 시 해당 담임교사와 함께 지도하기

학교공지 : ___학년도 안산해솔초 한해살이__

학년공지 __물품관리대장__   <지난학년공지>

3월	6일까지 방과후 코디마스터 동의 명단 작성 https://docs.google.com/spreadsheets/d/1Kj11olQRLJMs34KrHFdY4Br5-I5WPm98XR_qJpGwAUE/edit#gid=...
	환경물품 품의서 작성 각반 5만원 담기 (10일까지) / 아래 학교아이디 확인 https://docs.google.com/spreadsheets/d/179WI5EOS8p69-1ZBmkpfmgTtAsaaR6BKb3SAmbk-ryU/edit#gid=...
	주도형 감사 의견수렴 설문 https://docs.google.com/spreadsheets/d/1kxyOW5qCQt6CtsU6ze8ljyrKLzeruSdq2p_iyp3TZZU/edit?...
	6일까지 나이스에서 작업할것 1. 각 반 아동명부 확인 및 번호 수정: 3.6(월)일까지 -행정실 스물뱅킹, 도서관 등과 연계되므로 3.6 이후 수정 불가

수합코너

학급통계	정보부 관련	학년교육과정연구
전담강사시간표	학습준비물	학교자율시간 자료
학급경영자료	학년드라이브자료	음악실+VR예약
생기부 정정대장	특별실/준비물예약	도서관예약
생존수영협의	학급임원선거	교직원 필수연수

정보코너

학교아이디	내선번호	학교드라이브자료
교내각종비밀번호	회비사용내역	

교실 무선인터넷

ssid :   (59hz로 선택)

id(사용자이름):

pw: ●●●●   인증서 선택x

경조사 출석인정 결석 (증빙서류 제출 필요)
-결혼: 형제, 자매, 부, 모 1일
-입양: 본인 20일
-사망:
부모 조부모, 외조부모 5일 / 증조부모, 외증조부모, 형제자매 및 그의 배우자 3일 / 부모의 형제자매 및 배우자 1일

학교자율시간을 위한
학교교육과정 문서

학교교육과정 문서에는 다양한 정보가 담기는데 여기에 학교자율시간 관련 사항으로는 운영을 위한 시수 편제만 담으면 된다고 여기는 경우가 있다. 하지만 학교만의 색깔 있는 교육과정인 학교자율시간은 시수 편제 외에도 교육공동체의 교육적 요구, 학생 분석과 학교 비전과의 연결 등을 문서에 담아낼 필요가 있다. 만약 학년의 위계에 따라 연속적으로 운영하려는 경우라면 학교교육과정에 학년(군)별 체계성도 담아야 한다.

구체적으로는 학교의 비전과 추구하는 세부 목표와의 연결성, 학생 분석을 통한 학교자율시간의 방향 설정, 구체적 시수 편성 방안, 학교자율시간을 운영하는 학년(들)의 세부 주제 등을 학교자율시간 하위 내용으로 학교교육과정 문서 안에 포함시켜야 한다.

다음은 필자가 근무하고 있는 학교의 학교교육과정 문서의 내용을 일부 수정하여 제시한 예이다. 예시 학교에서는 진로연계교육과 생태전환교육을 주제로 3~6학년이 모두 특색교육을 운영하기 위해 학교자율시간을 1학기씩 각각 과목으로 운영한다. 같은 주제로 운영을 하다 보니 학년군 간에 겹치는 내용 요소가 없도록 2월 교육과정을 만드는 주간에 협의하여 교육목표와 내용체계의 결을 맞추어 위계와 체계를 갖추도록 하였다.

이 과정은 교수·학습의 구성의 주춧돌이 되어 진로연계교육과 생태전환교육이라는 주제 안에서 학년별 세부 특색있는 활동을 체계적으로 운영하는 기초로 작용한다. 그리고 학교자율시간을 운영하는 모든 학년의 교원이 함께 고민하는 과정을 거치도록 함으로써 협력 체계를 세워준다. 또한 학교자율시간을 운영하는 학년의 교육과정 흐름에도 반영할 수 있도록 표시하면 학교교육과정과 학년별 학교자율시간을 연결할 수 있다. 마지막으로, 학교자율시간의 시수 편제를 제시하여 학교자율시간에 담겨야 하는 학교의 비전와 가치, 체계와 내용 흐름의 일관성을 갖춘 내용 체계, 학년 교육과정과의 연결성의 맥락을 자연스럽게 나타낼 수 있다.

이처럼 학교자율시간을 담는 학교교육과정 문서에 시수 편제뿐만 아니라 학교자율시간 설계의 개요와 학교만의 체계가 담긴 내용체계표, 교육과정 흐름 안에서의 학교자율시간의 모습을 담으면 칸 채우기를 위한 학교교육과정 문서가 아닌 실제 학교 운영 시스템을 보여 주는 학교교육과정 문서가 될 수 있다.

학교자율시간 특색과목 운영

가. 특색과목의 기저

학교 비전	자율과 소통으로 함께 성장하는 즐거운 학교
가치	주도성, 배려, 평화
주제	진로연계교육, 생태전환교육
역량	미래역량

나. 특색과목 설계의 개요

과목명	진로연계와 생태전환
목표	성장 단계에 따른 진로인식 탐구와 나를 둘러싼 환경의 이해를 통해 변화를 선도하고 조화로운 삶을 실천하는 미래역량을 기른다.
성격	학생의 성장 발달 단계에 맞춰 학교급(군) 변화에 따른 적응과 일생에 걸쳐 이루어지는 진로 인식, 진로 관리, 그리고 자신을 둘러싼 환경과의 지속 가능한 삶을 실천하는 데 필요한 역량을 함양하는 교과이다.

다. 내용체계표

범주	영역	3학년	4학년	5학년	6학년
지식·이해	진로 인식	자기이해와 존중 공동체의 의미 함께 성장하는 삶 다양한 직업 세계	자기 관리 나의 강점과 흥미 미래를 준비하는 삶 관심있는 직업 세계	주도적인 삶 삶의 목표와 가치관 다양한 진로 탐색 진로 결정과정	변화에 따른 진로 설계 미래의 직업 주도적 진로 탐색 진로 결정과정
	학교 급(군) 전환	중학년의 이해 새로운 과목의 이해 생활 습관과 규칙	새로운 학년의 준비 중학년 생활의 발전 다양한 학습 기능	고학년의 이해 새로운 과목의 이해 자기 주도적 학습	중학교의 이해 중학교의 교육과 정과 생활 자유학기제
	지속 가능한 삶	주변의 생태환경 다양한 동·식물 더불어 살아가는 삶	인간과 자연 생태환경의 이해 환경문제와 해결 방법	기후위기의 의미 지속가능한 삶 자원 재활용	기후위기의 방안 세계의 생태환경 문제 탄소중립
과정·기능		탐색하기 역할극하기 의사결정하기 활용하기 문제해결하기 평가하기	조사하기 발표하기 놀이하기 상호작용하기 표현하기 이해하기	탐구하기 분석하기 제안하기 체험하기 실천하기 토의하기	
가치·태도		주도적 삶의 태도 긍정적 자아 형성 타인 배려 책임있는 실천 태도 협력적 소통 태도	직업 윤리 의식 정보 통신 윤리의식 환경 보호 의지 자신감 공동체 의식	생태 감수성 긍정적 자기 확신 바람직한 진로 가치관 생명 존중 의식 학습에 대한 관심	

라. 특색과목 운영을 위한 학년별 계획

학년	운영시수	세부주제
3학년	29시간	'자람'으로 지속 가능한 미래 그리는 3학년
4학년	29시간	나의 강점을 알고 함께의 가치를 깨달아 미래를 준비하는 4학년
5학년	32시간	너와 나 함께 '꿈'디자인하는 5학년
6학년	32시간	초·중 연계 진로활동을 통해 자신의 미래 준비하는 6학년

마. 3학년 교육과정 흐름도

3학년의 비전
자람(자연과 사람)이 만나 나와 너 우리 함께 자라나기

3학년 교육목표에 따른 교육과정의 구현 (★진로연계교육, 생태전환교육)		
나의 자람 나를 찾아 성장하는 3학년	우리의 자람 배려와 협동으로 성장하는 3학년	함께 자람 꿈을 키우고 자연과 성장하는 3학년

• 긍정적 자아개념 형성 - 나를 바르게 이해하는 학기초 적응주간 운영 ★ - 감정코칭, 글짓기 기초학습 등을 활용한 생각과 감정과 생각 표현 확대 - 관계중심 수업, 프로젝트 수업을 활용한 학생 성장 줌심의 배움 및 교사별 상시평가 ★ - 몸과 마음이 건강한 체육활동 활성화 • 배움활동의 내면화 및 습관화 - 아침 독서로 책 읽는 습관 기르기 - 다양한 독서활동 및 주제 글쓰기 학년 특색활동 운영 • 배움의 확장으로 주변 돌아보기 ★ - 나의 고장탐험대 프로젝트를 통한 나의 고장 주변 돌아보기 기회	• 학기 초 관계 형성 주간 운영 - 학기 초 적응 주간 학년 특색 활동 운영 학급존중의 약속세우기 ★ • 함께 학급과 학년 세우기 - 긍정학급훈육법으로 재구성 - 학급친교활동과 학급행사 운영 • 긍정적 사회적 관계 형성 방법 알기 - 친구사랑주간, 친구만드는 방법을 위한 다양한 학급 친교활동 - 바른 예절과 상대방에 대한 예의지키기, 또래조정, 나 전달법 등 다양한 사관계형성 프로그램 운영 - 거꾸로 교실 온작품 읽기를 통한 관계성의 의미 획득과 함께하는 연극활동 ★ • 함께하는 자람 프로젝트 운영 - 자람 스포츠데이, 알뜰시장, 성장나눔데이, 예술콘서트 등 운영, 학년말 친교 활동 ★	• 체험적 생태감수성 교육 ★ - 〈나는 3학년 2반 7번 애벌래〉 온작품읽기 - 숲체험활동으로 주변 살피기 - 평화시민교육, 생명존중교육 - 지속가능한 성장을 위한 환경교육 • 나의 성장을 통한 미래 그리기 - 진로 탐색 주간 및 진로 프로젝트 운영 ★ - 진로 적성 검사를 통한 자신의 장단점과 관심 분야 알기 - 문화 예술 감수성의 활성화를 통한 진로 인식 확장 ★ • 꿈·끼 탐색 프로젝트 운영 - 흥미와 관심 분야에 대한 진로 체험을 통한 진로탐색의 기회 ★ - 체계적 단계별 나의 진로 만들기 운영 ★

⬇

학교 특색 과목	➡	성장과 진로

학교 특색 과목 학년 목표	'자람'으로 지속 가능한 미래 그리는 3학년

전문적 학습공동체 운영 3학년 '자람'교육과정 연구
1. 생활 속 인성교육 및 진로프로젝트, 학교자율시간 과목 운영 연구 2. 교과 및 창의적 체험활동의 교육과정 재구성 연구

바. 3학년 교육과정 시수편제

과목		학년군 기준	본교 기준	자율 증감	3학년 1학기	3학년 2학기	3학년 계	4학년 필요 시수	최종 이수
교과군	국어	408	204	-10	95	99	194	185	408
	학교 자율시간			+29	29	0	29 (계 223)		
	사회	272	102	-4	53	45	98	142	272
	도덕		34	-2	17	15	32 (계 130)		
	수학	272	136	-4	71	61	132	140	272
	과학	204	102	-7	47	48	95	109	204
	체육	204	102	0	55	47	102	102	204
	음악	272	68	0	36	32	68	136	272
	미술		68	0	36	32	68 (계 136)		
	영어	136	68	-2	34	32	66	70	136
	소계	1,768	884	0	473	411	884	884	1,768
창의적 체험 활동	자율	204	102	0	39	37	76	102	204
	동아리				10	10	20		
	진로				2	4	6		
	합계		102	0	51	51	102	102	204
총 수업시간 수					524	462	986	986	1,972

※ 4~6학년의 예시는 지면 부족으로 생략함.

학교자율시간을 위한
학년교육과정 문서

학교자율시간은 2022 개정 교육과정 개정 중점 중 하나인 교육과정 자율화 · 분권화를 반영한 새로운 교육과정 편성 · 운영 기준이다. 좋은 취지의 새로운 변화임에도 불구하고 학교 현장은 새로운 편성 · 운영 기준으로 인해 교육과정 문서화에 대한 업무 부담감이 크다. 문서화에 대한 부담은 최소화하면서 학교자율시간의 취지를 구현해 낼 수 있는 실제 학년교육과정에 필요한 항목들을 다음과 같이 제시하였다.

학교자율시간을 학년 교육과정에 담아낼 때는 학교자율시간 과목(활동)의 기본 정보인 목표와 성격, 내용체계, 성취기준, 운영 내용 및 시기가 드러나도록 한다. 교육과정 만들기 주간에 설계 프로세스대로 작성한 학교자율시간에 대한 정보를 간단하게 담아낸다. 번거로운 문서화를 줄이기 위하여 기존의 학년 교육과정에 들어가는 학생 실태에 맞춰 학교자율시간에 어떤 부분을 반영하였는지 키워드 형태로 작성하여 학교 실태와 요구를 반영하여 문서화할 수 있다. 운영 시기 역시, 기존의 연간 시간표를 일부 수정하여 작성하여 나타내어 문서화의 부담을 덜어 낼 수 있다. 다음은 학교자율시간 설계 시트의 행복초 4학년의 학교자율시간 과목에 대한 학년 교육과정 예시이며 학교 실정에 맞게 재구성하여 사용할 수 있다.

가. 학교자율시간 구성 방향

학교 비전	아름다운 어울림과 즐거운 배움이 있는 행복한 학교
가치	행복, 주도성, 배려, 나눔
주제	생태전환교육
역량	협력적 소통역량, 공동체성

나. 목표와 성격

과목(활동)명	행복 생태 수비대
목표	지역의 생태환경에 대한 특성과 현상을 이해하고 관련 문제해결을 탐구하며 지속 가능한 삶을 실천한다.
성격	행복 생태 수비대 과목은 학생들이 자신을 둘러싼 생태환경에 대한 탐구와 문제해결과정으로 인간의 역할을 인식하고, 지속 가능한 삶을 실천하는데 필요한 역량을 함양하는 교과이다.

다. 학교자율시간의 적용

O학년 학생 실태	교육과정 반영 과제		학교자율시간 반영
• 성취 욕구 높은 편이며 함께하는 활동에 적극적임. • 공동체 의식이 부족하고주변을 돌아보고 공감하는 태도 미흡한 편. • 부진 아동이 O명이며 심하지 않은 편으로 주변의 도움으로 과업 수행 가능. • 지역 생태 환경 조성이 좋은 편이나 직접 체험 경험이 적음.	• 미래 역량 위한 협력적 주도성 살린 교육과정 운영 • 학생의 삶과 학교 주변 환경을 활용한 생태교육 • 학생이 직·간접 체험하는 다양한 문제의 탐색과 공동체와 협력하는 탐구 교육	⇒	• 나의 주변 돌아보기 • 공동체 속 상호작용 • 모둠별 협력학습과 조사탐구학습 • 나를 둘러싼 다양한 문제와 해결 방안

라. 학교자율시간 내용체계표

핵심 아이디어	• 자연의 가치에 관한 다양한 이해와 탐구활동은 생태 감수성을 바탕으로 한 자연에 대한 책임 있는 태도에 영향을 미친다. • 생태 · 환경 문제 경험과 이에 대응하는 지속 가능한 발전을 위한 책임 있는 행동이 생태 전환의 기초가 된다.
범주	**영역**
지식 · 이해	• 우리 지역의 동식물과 생태환경 • 우리 지역의 생태 · 환경의 변화 • 우리 지역의 생태 · 환경의 문제점과 해결방안 • 우리 지역의 다양한 생물 보전의 중요성
과정 · 기능	• 우리 지역의 생태 · 환경 관찰하기 • 우리 지역의 생태 · 환경을 표현하기 • 우리 지역의 생태 · 환경과 인간의 관계 토의하기 • 우리 지역의 생태 · 환경 변화와 문제점 조사하기 • 생태 · 환경 문제 해결방안 발표하기 • 생태 · 환경 문제 해결방안 공유하기
가치 · 태도	• 생태 · 환경에 대한 감수성 • 생태 · 환경을 보존하는 태도 • 생태 시민으로의 책임의식

마. 학교자율시간 성취기준

[4생태01-01] 우리 지역의 동식물과 생태 · 환경을 관찰하고 다양한 방법으로 표현한다.
[4생태01-02] 우리 지역의 생태 · 환경의 변화를 알고 인간과의 관계를 토의하기를 통해 생태 · 환경에 대한 감수성을 지닌다.
[4생태01-03] 생태 · 환경을 표현한 작품을 공유하며 생태 · 환경을 보존하는 태도를 지닌다.
[4생태02-01] 우리 지역의 생태 · 환경 다양한 문제를 조사하고 문제해결 방안을 발표할 수 있다.
[4생태02-02] 우리 지역의 다양한 생물 보전의 중요성을 인식하며 생태 · 환경 문제해결 방안을 공유한다.
[4생태02-03] 생태 · 환경 문제를 인식하고 생태시민으로서의 책임감을 가진다.

바. 학교자율시간 운영 내용

영역	성취기준	내용	차시
지역 환경 과 우리	[4생태 01-01] 평가	[1~2] 지역의 동식물 알아보기 [3~4] 밀물과 썰물일 때, 00만 모습 관찰하고 비교하기 [5~6] 지역 생물의 특징과 서식지 조사하기	15 차시
	[4생태 01-02]	[7~8] 지역의 환경과 생물 간의 관계 토의하기 [9~10] 지역 소식지를 통해 사라진 지역의 생물 찾아보기 [11~12] 우리 지역의 환경이 생물과 인간에게 주는 이로움 찾아보기	
	[4생태 01-03]	[13~14] 다양한 방식으로 우리 지역의 생물의 서식지 표현하기 [15] 공유 발표회 열고 소감 나누기	

지속 가능 사회 를 위한 우리	〔4생태 02-01〕 〔4생태 02-03〕	〔1~2〕 우리 지역 문제 인식하고 원인 조사하기 〔3~4〕 우리의 삶과 해양 오염 관계 알기 〔5~6〕 해양쓰레기 저감 사례 알아보기 〔7~8〕 해양쓰레기 저감 해결 방안 구상 제작하기 〔9~10〕 해양쓰레기 문제 해결 결과 발표하기	14 차시
	〔4생태 02-02〕 〔4생태 02-03〕 평가	〔11~12〕 우리가 지킬 수 있는 해결 방안 실천하고 공유하기 〔13~14〕 다양한 방식으로 해양 환경을 지키기 위한 보존 방법 표현하기(시화, 포스터, 미니북)	

사. 학교자율시간 운영 시간표

주	기간	수업일수	월1	월2	월3	월4	월5	월6	화1	화2	화3	화4	화5	화6	수1	수2	수3	수4	수5	수6	목1	목2	목3	목4	목5	목6	금1	금2	금3	금4	금5	금6	학교자율시간(29시간)
13	5.19-5.23	5	영	국	국	사	수		수	사	국	체	음		사	과	영	자	체		국	수	과	도	생	생	수	체	과	국	음		1~2차시
14	5.26-5.30	5	영	국	국	사	수		수	사	국	체	음		사	과	영	자	체		국	수	과	도	생	생	수	체	과	국	음		3~4차시
15	6.2-6.6	4	영	국	국	사	수		수	사	국	체	음		사	과	영	자	체		국	수	과	도	생	생	현 충 일						5~6차시
16	6.9-6.13	5	영	국	국	사	수		수	사	국	체	음		사	과	영	자	체		국	수	과	도	생	생	수	체	과	국	음		7~8차시
17	6.16-6.20	5	영	국	국	사	수		수	사	국	체	음		사	과	영	자	체		국	수	과	도	생	생	수	체	과	국	음		9~10차시
18	6.23-6.27	5	영	국	국	사	수		수	사	국	체	음		사	과	영	자	체		국	수	과	도	생	생	수	체	과	국	음		11~12차시
19	6.30-7.4	5	영	국	국	사	수		수	사	국	체	음		사	과	영	자	체		국	수	과	생	생	생	수	체	과	국	음		13~15차시
20	7.7-7.11	5	영	국	국	사	수		수	사	국	체	음		사	과	영	자	체		국	수	과	도	생	생	국	국	수	음			16~17차시
21	7.14-7.18	5	영	국	국	사	수		수	사	국	국	과		사	과	영	자	체		국	수	과	도	생	생	생	생	생	생	생		18~24차시
22	7.21-7.25	5	생	생	생	생	생		수	사	국	국	음		사	과	사	자	국		국	수	과	도	미	미	미	국	과	자			25~29차시

학교자율시간을 위한
학습공동체 운영

학교자율시간은 교육과정 개발자 혹은 설계자로서의 교사 전문성을 발휘하게 한다. 그러나 학교자율시간이라는 새로운 그림을 그려내기에 혼자서는 막막하다. 학생생활지도, 학부모 상담, 학교 업무 등을 모두 수행하면서 실행하자니 시간적 여유도 없다. 그렇다면 필요한 것은 무엇일까? 함께하는 힘, 집단지성이다. 집단지성(Collective intelligence)은 개인들이 모여 협력이나 경쟁을 통해 공동의 지적 결과물을 만들어 내는 집단적 능력을 의미한다(한경 경제용어사전).

학교자율시간은 운영 학년에서 공통의 주제로 함께 설계하고 실행해야 하기 때문에 집단지성의 힘이 필수적인데 이를 위해서는 학습공동체가 효율적으로 운영되어야 한다. 학교자율시간의 설계와 운영을 위해 학습공동체를 효율적으로 운영하기 위한 구체적 방안은 다음과 같다.

첫째, 체계성을 갖춘 학습공동체를 운영한다.

기존의 주제별 프로젝트 수업과 학교자율시간의 분명한 차이는 교육 내용의 체계성이다. 기존 교과에 없는 내용을 담아야 하기 때문에 성취 기준을 개발하거나 재구조화하고 내용체계표를 작성해야 한다. 이 점에서 기존 성취기준을 그대로 따르되 교수·학습 방법과 운영 시기를 다르게 설정하는 주제별 프로젝트 수업과 차이가 분명하다. 그렇다면 학교자율시간을 구성하는 다양한 교육활동에 대한 체계적 분석을 혼자서 할 수 있을까? 학습 공동체를 통해 한결 체계와 위계를 갖춘 프레임을 구축할 수 있다.

우선 운영하고자 하는 학교자율시간 교수·학습 방법을 브레인스토밍으로 다양하게 펼쳐 낸다. 그리고 비슷한 주제로 운영 가능한 것들을 모아 다양한 활동 속에서 체계성을 갖출 수 있는 지식·이해, 과정·기능, 가치·태도를 추출한다. 이러한 내용 요소들을 조합하여 성취기준을 개발하거나 내용체계를 만들어 낼 수 있다. 학교자율시간의 체계성은 협의 과정을 거치며 많은 눈과 머리가 더해질수록 정교화된다.

둘째, 유연성을 발휘하는 학습공동체를 운영한다.

기존의 학습공동체들은 대부분 대면으로 활동하면서 교육활동의 흐름에 대해 돌아가며 의견을 피력하고 각자 찾아볼 자료를 분담한 뒤 다시 협의할 시간을 계획하는 방식으로 운영되었다. 그렇다 보니 참여하는 교사 입장에서는 학습공동체에서 숙제를 받아 돌아오는 듯하고 다시 또 모여야 한다는 점이 번거롭게 느껴지기도 했다. 각종 회의나 출장이 예정되어 있다면 협의 날짜를 또 잡은 과정 자체가 더욱 힘겹게 느껴지기도 했을 것이다. 이런 어려움을 해소하기 위해 학습공동체 운영 방식에 유연성이 필요하다.

대면 모임 전에 우선 학교자율시간 교육활동 흐름에 대한 각자의 생각을 온라인 설문지나 구글 스프레드시트로 취합한다. 관련 수업 자료도 사전에 간단하게 조사하여 하이퍼링크를 걸어 두도록 한다. 그리고 충분하게 사전 검토 기간을 두어 타인의 의견과 자료를 살펴보도록 한 뒤 대면 협의 시간을 갖도록 한다. 학습공동체를 이렇게 운영하면 결론에 이르기까지 필요했던 의견 조정 시간과 협의 횟수가 모두 현격히 줄어든다.

또한 교육활동에 대한 교수 · 학습자료는 드라이브나 하이퍼링크로 제시하도록 하면 더욱 구체적인 의견 교환이 이루어질 수 있다. 한번 채택이 되지 않았던 의견일지라도 추후 다른 교육활동을 위해 재검토되면서 유망한 아이디어로 활용될 수 있기 때문에 다양한 의견을 모두 기록으로 남겨 두는 것이 좋다.

대면으로 머리를 맞대며 협의하는 시간을 가지는 것도 유의미하지만 각자 개별적으로 교육활동을 준비할 시간, 개개인의 의견을 비대면으로 공유하는 시간을 적절하게 활용하여 운영하면 대면 협의의 효율을 크게 높일 수 있어 바람직하다.

셋째, 독립성을 존중하는 학습공동체를 운영한다.

학습공동체의 협의를 거치면 보다 완성도 높은 교육활동을 구현할 가능성이 높아질 것이다. 그러나 통일성 있는 운영을 너무 강조하다 보면 교사들이 개별적 색깔을 드러내기 어렵고, 무엇보다도 굳이 모두가 통일하여 운영할 필요가 있는 것인지 의문이 들 수 있다.

따라서 학교자율시간의 성취기준은 협의를 통해 정하되 이에 따르는 교수·학습의 방법은 다양하게 펼치도록 하는 것이 바람직하다. 동일한 방법으로 활동을 진행하더라도 교수·학습 자료를 교사의 개별적 특색이 드러나게 운영할 수도 있다. 예를 들어 '지역의 환경과 생물 간의 관계를 토의하기'라는 활동을 운영할 때 A교사는 6색 사고모자를 활용해 토의를 진행하고, B교사는 패들렛에 근거자료 수집 활동을 실시한 뒤 토의 활동을 댓글로 진행할 수 있다.

이처럼 다양한 교수·학습 자료를 클라우드나 온라인 연구실에 제시한 뒤 각자 수업을 운영해 보도록 하고, 학교자율시간 운영 결과에 대한 반성과 발전을 위한 협의 시간에 자신이 사용한 교수·학습 자료에 대한 의견을 나누고 이를 기록해 두면 학교자율시간 운영 데이터베이스를 내실화할 수 있다.

초등 1~2학년에서도 할 수 있는 학교자율시간

'학교는 3~6학년별로 지역과 연계하거나 다양하고 특색 있는 교육과정 운영을 위해 학교자율시간을 편성·운영한다.'라고 2022 개정 교육과정 총론에 명시되어 있다. 그렇다면 1~2학년은 지역과 연계한 특색 있는 교육과정 운영을 할 수 없는 것일까? 그렇지 않다.

1~2학년에 학교자율시간을 행정적으로 적용할 수 없을 뿐이다. 실질적으로는 1~2학년에서도 특색 있는 교육과정을 운영할 수 있다. 3~6학년 학교자율시간과 연계하여 특색 있는 교육과정을 운영한다거나 1~2학년 실태에 맞는 주제를 설정하여 교육과정을 운영할 수 있다. 이에 대한 구체적인 운영 방법은 다음과 같다.

1~2학년도 할 수 있는 학교자율시간 Key Point
① 교과(군)별 창의적 체험활동 20% 범위 시수 증감 활용
② 통합교과 모듈형 교과서 활용
③ 교과 교육과정의 내용요소와 연계 (국어, 수학, 통합교과)
④ 창의적 체험활동과 연계

① 교과(군)별 창의적 체험활동 20% 범위 시수 증감 활용

교과(군)별 창의적 체험활동은 20% 범위 시수를 증감하여 다양하게 편성할 수 있다(2022 개정 교육과정 초등 교육과정 편성·운영 기준). 1~2학년에서도 학교자율시간처럼 특색 있는 교육을 편성·운영하려면 운영 주제에 가장 적합한 교과의 시수를 증배하고 다른 교과 및 창의적 체험활동에서 감축하여 탄력적으로 시수 편성을 한다.

예를 들어 배움 지원 대상 학생 비율이 높은 학교, 혹은 기초소양교육을 강화하고자 하는 학교라면 한글 해득 및 기초 수리 소양을 함양하기 위해 국어, 수학을 증배 편성하고 나머지 통합교과를 감축 운영할 수 있다. 신체 및 놀이 교육을 통해 체력을 향상하고자 하는 학교는 즐거운 생활을 증배하고 다른 교과 및 창의적 체험활동을 감축한다. 이 예를 시수 편성한 표를 다음에 제시하였으니 참고하시기 바란다. 이 외에도 인성교육을 위해 바른생활 교과 시수를, 생태전환 교육을 위해 슬기로운 생활 교과 시수를 증배하는 등 학교 상황과 특색교육 주제에 따라 다양하게 편성할 수 있다.

예시 ① 기초소양 강화형

1~2학년군		기준시수	시수 증배	시수 편성
교과	국어	482	+20	522
	수학	256	+20	296
	바른생활	144	-10	134
	슬기로운생활	224	-10	214
	즐거운생활	400	-20	380
	소계	1,506	0	1,506
창의적 체험활동		238	0	238
총 수업시간 수		1,744	0	1,744

예시 ② 신체 및 놀이 강화형

1~2학년군		기준시수	시수 증배	시수 편성
교과	국어	482	0	482
	수학	256	-10	246
	바른생활	144	0	144
	슬기로운생활	224	0	224
	즐거운생활	400	+20	420
	소계	1,506	+10	1,516
창의적 체험활동		238	-10	228
총 수업시간 수		1,744	0	1,744

② 통합교과 모듈형 교과서 활용

초등 1~2학년의 통합교과는 학생이 누구로, 어디서, 어떻게 무엇을 하며 살아가는지를 다루고 있으며 학생과 함께 만들어 가는 교육과정이 되도록 모듈형 교과서를 제시하였다. 통합교과의 교과서는 사용 순서의 일부 변경이 가능하며 지역, 학교, 학생 상황에 따른 탄력적 운영이 가능하다. 이렇게 통합교과 교과서는 학생들과 함께 단원을 재구성하고 주도적으로 계획할 수 있는데 '우리 반 배움 지도'에서 주제, 놀이, 안전 영역 가운데 선택하여 활동을 구성할 때, 학교 특색 교육을 담는 수업 활동을 담아 운영할 수 있다.

예를 들어, 우리 학교 특색교육과 학교자율시간의 주제가 지역화 교육이라고 가정하자. 2학년 '마을'의 관련 성취기준은 '우리가 살고 있는 마을과 사람들이 생활하는 모습을 살펴본다.'이며 수업 활동은 다양한 마을의 모습과 사람들의 생활 모습 조사하기, 교통수단 이용 방법 조사하기, 신변 안전을 위한 방법 구안하기 등이 있다. '마을' 단원의 배움 지도를 그릴 때 우리 학교만의 특색 있는 지역화 교육을 2학년 수준에서 담아낼 수 있다. 다양한 모습으로 보이는 마을의 모습 표현하기, 지역사 이해 교육 단체와 연계하여 학생들과 마을 탐방하기, 마을 안내 지도를 만들어 주변 사람들에게 알리기 등의 활동을 교과서의 다른 활동 사이에 넣어 운영하면 학교자율시간의 취지를 살린 학교특색교육을 운영할 수 있다.

③ 교과 교육과정의 내용요소와 연계 (국어, 수학, 통합교과)

초등 1~2학년의 통합교과는 학생이 살고 있는 삶 주변에서 의미 구성이 일어날 수 있도록 교과 내용이 통합되어 있기 때문에, 운영하고자 하는 특색 교육을 구현하기에 내용 요소들이 부족하지 않을 수 있다. 예를 들어 통합교과 내용체계표에서 '생태전환교육'과 관련한 내용 요소를 찾아 보면 다음 표와 같이 다양한 내용요소가 제시되어 있는 것을 확인할 수 있을 것이다. 이는 실제 통합교과에서 다루는 내용이기 때문에 내용 요소를 모아 성취기준을 재구조화하거나 새로 개발할 수 있으며 교과서 대신 원하는 교수 · 학습 활동을 운영할 수도 있다.

구체적으로 바른생활의 '지속가능한 삶의 방식' 지식 · 이해 내용 요소에 관한 주제 학습이 통합교과 교과서에 구성되어 있는데 이를 학교 특색교육과 연계하여 새롭게 재구성할 수 있다. 또한 6학년에서 생태전환교육으로 학교자율시간을 운영할 때 '지속가능한 삶을 실천하기' 주제로 6학년과 1학년이 짝이 되어 함께 마을 주변 환경정화를 함께하는 페어-플로깅(pair-plogging) 활동도 운영할 수 있다.

물론 반드시 통합교과만 활용해야 하는 건 아니다. 국어나 수학 교과의 내용 요소를 다양한 주제와 연계하여 과정 · 기능으로 충분히 활용할 수 있다. 예를 들어 매체 영역의 '일상의 경험과 생각을 글과 그림으로 표현한다.'라는 성취기준을 재구조화하여 '지속가능한 삶에 대한 생각을 글과 그림으로 표현한다.'라는 성취기준으로 수업을 진행할 수 있다.

통합교과 속 '생태전환교육' 관련 내용요소 추출표

영역	범주	내용요소		
		바른 생활	슬기로운 생활	즐거운 생활
우리는 누구로 살아 갈까	지식 · 이해	• 학교 생활 습관 과 학습 습관 • 자기 이해 • 생태환경	• 학교 안팎의 모습과 생활 • 자아인식 • 가족과 주변 사람 • 사람·자연·동식물	• 건강과 안전 • 신체 인식과 감각 • 자연의 아름다운 장면
	과정 · 기능	• 습관 형성하기 • 관계 맺기	• 탐색하기 • 설명하기 • 탐구하기	• 놀이하기 • 소통하기 • 감상하기
	가치 · 태도	• 안전하고 건강 한 생활 • 자기 존중 • 배려 • 더불어 사는 삶	• 안전한 학교생활	• 어울림 • 건강한 생활 • 안전한 생활
우리는 어디서 살아 갈까	지식 · 이해	• 공동체 생활 모습 • 우리나라의 소 중함	• 마을의 모습과 생활 • 우리나라의 모습과 문화 • 다른 나라의 모습과 문화 • 궁금한 세계	• 우리나라의 문화 예술 • 다른 나라의 문화 예술
	과정 · 기능	• 실천하기 • 호기심 갖기	• 살펴보기 • 조사하기 • 탐구하기 • 매체 활용하기 • 탐색하기	• 문화 예술 활동하기 • 표현하기 • 상상하기
	가치 · 태도	• 나라 사랑 • 다양성 존중 • 적극성과 도전 의식	• 관심 • 호기심	• 문화 예술 향유

우리는 지금 어떻게 살아 갈까	지식·이해	• 인물의 삶 • 지속가능한 삶의 방식	• 하루의 변화와 생활 • 계절과 생활 • 과거-현재-미래	• 자연의 변화 • 전통문화 • 아동권리
	과정·기능	• 하루 생활 관리하기 • 변화에 대응하기 • 실천하기	• 탐색하기 • 탐구하기 • 살펴보기	• 자연에서 놀이하기 • 창의적으로 표현하기 • 권리 누리기
	가치·태도	• 시간의 가치 • 적절성 • 공동체성 • 지속가능성	• 상상력	• 활기찬 생활 • 전통의 소중함 • 안전과 안녕
우리는 무엇을 하며 살아 갈까	지식·이해	• 모두를 위한 생활 환경 • 학습 습관 • 생활 습관	• 생활 도구의 모양과 기능 • 다양한 매체와 재료 • 관심 주제 • 배운 것과 배울 것	• 생각과 느낌
	과정·기능	• 참여하기 • 생각이나 의견 나누기 • 협력하기 • 되돌아보기	• 바꾸기 • 매체 활용하기 • 상상하여 구현하기 •조사하기 • 연결하기 • 탐색하기	• 고치기와 만들기 • 놀이하기 • 전시하기 • 공연 하기 • 경험 떠올리기
	가치·태도	• 모두를 위한 마음 • 개방성 • 자발성	• 창의성	• 자유로운 상상 • 의미 부여

④ 창의적 체험활동과 연계

2022 개정 교육과정의 창의적 체험활동은 자율 · 자치활동, 동아리활동, 진로활동으로 영역이 구분되어 있으며 구성의 중점은 다음과 같다.

창의적 체험활동 구성의 중점
출처: 교육부(2022b), 초등학교 교육과정(별책2)

- 창의적 체험활동은 학생의 자기 주도성과 선택을 기반으로 역량 함양에 기여하는 교육과정이다.
- 교과와 창의적 체험활동, 학년(군) 및 학교급, 영역과 활동간의 연계와 통합을 추구한다.
- 학교급의 정체성을 강화하기 위하여 학교 급별 특성을 고려하여 설계 · 운영한다.
- 학교의 자율적인 설계와 운영을 강조한다.

이처럼 창의적 체험활동의 특징은 학생의 삶에 갖추어야 할 요소를 담아내고자 하며 따라서 모든 교육활동을 담아낼 수 있다는 점이다. 어

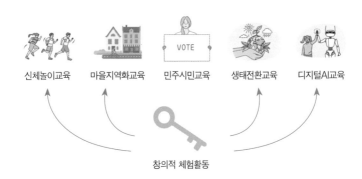

신체놀이교육   마을지역화교육   민주시민교육   생태전환교육   디지털AI교육

창의적 체험활동

떤 문이든 다 열 수 있는 마스터키(Master Key) 같은 존재다.

창의적 체험활동의 증감 가능 여부는 2022 개정교육과정 편성 운영에서 가장 눈에 띄는 부분 중 하나다. 2015 개정 교육과정에서는 교과(군)에서만 20% 증감 가능했으나 2022 개정 교육과정에서는 교과(군)뿐만 아니라 창의적 체험활동에서도 탄력적 시수 증감이 가능해졌다. 즉 창의적 체험활동의 시수를 증배하여 학교자율시간처럼 특색 있는 교육을 위한 시수로 활용할 수 있다.

다음은 3~6학년에서 운영하는 학교자율시간을 1~2학년에도 연계하기 위하여 교육과정을 편성한 예이다. 창의적체험활동은 1-2학년군 기준 최대 47시간까지 증배가 가능하나 다른 교과를 감축하면서 기존 교과의 성취기준 이수에 무리가 없는지를 살펴봐야 한다.

예시 ③ 학교자율시간 연계형

1~2학년군		기준시수	시수 증배	시수 편성
교과	국어	482	-10	472
	수학	256	-5	251
	바른생활	144	-5	139
	슬기로운생활	224	-5	219
	즐거운생활	400	-10	390
	소계	1,506	-35	1,471
창의적 체험활동		238	+35	273
총 수업시간 수		1,744	0	1,744

창의적 체험활동 영역별 운영 내용 예시

출처: 교육부(2022a), 초·중등 교육과정 총론

영역	활동	운영 내용
자율 · 자치 활동	자율 활동	• 주제 탐구 활동: 개인 연구, 소집단 공동 연구, 프로젝트 등 • 적응 및 개척 활동: 입학초기적응, 학교이해, 정서지원, 관계형성 등 • 프로젝트형 봉사활동: 개인 프로젝트형 봉사활동, 공동 프로젝트형 봉사활동 등
	자치 활동	• 기본생활습관 형성 활동: 자기 관리 활동, 환경·생태의식 함양 활동, 생명존중 의식 함양 활동, 민주시민 의식 함양 활동 등 • 관계 형성 및 소통 활동: 사제동행, 토의·토론, 협력적 놀이 등 • 공동체 자치활동: 학급·학년·학교 등 공동체 중심의 자치활동, 지역 사회 연계 자치활동 등
동아리 활동	학술 · 문화 여가 활동	• 학술 동아리: 교과목 연계 및 학술 탐구 활동 등 • 예술 동아리: 음악 관련 활동, 미술 관련 활동, 공연 전시 활동 등 • 스포츠 동아리: 구기 운동, 도구 운동, 계절 운동, 무술, 무용 등 • 놀이 동아리: 개인 놀이, 단체 놀이 등
	봉사 활동	• 교내 봉사활동: 또래 상담, 지속가능한 환경 보호 등 • 지역 사회 봉사활동: 지역 사회참여, 캠페인, 재능 기부 등 • 청소년 단체 활동: 각종 청소년 단체 활동 등

진로 활동	진로 탐색 활동	• 자아탐색 활동: 자기이해, 생애 탐색, 가치관 확립 등 • 진로 이해 활동: 직업 흥미 및 적성 탐색, 진로 검사, 진로 성숙도 탐색 등 • 직업 이해 활동: 직업관 확립, 일과 직업의 역할 이해, 직업 세계의 변화 탐구 등 • 정보 탐색 활동: 학업 및 진학 정보 탐색, 직업 정보 및 자격(면허) 제도 탐색, 진로진학 및 취업 유관기관 탐방 등
	진로 설계 실천 활동	• 진로 준비 활동: 진로 목표 설정, 진로 실천 계획 수립 등 • 진로계획 활동: 진로 상담, 진로 의사 결정, 진로 설계 등 • 진로체험 활동: 지역 사회 · 대학 · 산업체 연계 체험활동 등

학교자율시간, 나이스 활용법

학교자율시간은 편제와 시수, 세부능력 및 특기사항 활용 평가 등이 나이스(교육행정정보시스템)에 연동된다. 나이스에는 다음과 같은 방식으로 학교자율시간이 구현된다.

첫째, 편제와 시간배당이다. '학교 교육과정 편제 및 시간배당 관리' 페이지에 '교과명'이 '과목'으로 일괄 수정되어 나타나는데, 개설 학년 학기에 학교자율시간 과목의 시수만 입력한다. 과목/활동 선택은 이후에 이루어지므로 초기값 0만 수정한다.

둘째, 과목과 활동 선택 및 학생 배정이다. 2024년 10월 기준, 재'학급 담임 편성 및 교과 개설' 아래 '학교자율시간' 페이지가 새로 만들어져 과목과 활동을 선택할 수 있다. 여기서 과목으로 선택하면'고시 외 과목'기능이 활성화되며 과목은 교과 평가 실시가 기본값으로 설정된다. 활동의 경우는 교과 평가 여부를 선택하게 된다. 그리고 현재 창의적 체험활동의 동아리 활동처럼 담당 교사를 추가하고 학생을 배정할 수 있어서 과목과 활동 모두 반별, 혹은 동학년별, 무학년제로 운영이 가능하다. 이 페이지에서 출석 관리, 누가기록, 활동 내역 및 관리가 이루어지고 이는 성적 및 학생부 탭과 연계 가능하다.

나이스에서는 과목과 활동의 등록 개수에는 제한이 없으나 시 · 도 지침에 따라 개수에 제한을 둔 곳도 있으니 해당 학교의 시 · 도별 지침을 확인해야 한다.

셋째, 학급시간표 관리이다. 편제가 입력되어 있기 때문에 시수표와 기초 시간표에도 학교자율시간은 반영되어 있을 것이며, 반별 시간표와 교과 진도표 관리 입력도 가능하여 실제 학교자율시간을 운영한 시기에 학교자율시간을 입력하여 시간표를 작성할 수 있다.

학급 시간표 예

교시	월	화	수	목	금
1교시	국어(김OO)	사회(김OO)	국어(김OO)	학교자율시간 (김OO)	학교자율시간 (김OO)
2교시	도덕(김OO)	과학(박OO)	영어(이OO)	학교자율시간 (김OO)	학교자율시간 (김OO)
3교시	수학(김OO)	국어(김OO)	학교자율시간 (김OO)	학교자율시간 (김OO)	학교자율시간 (김OO)
4교시	영어(이OO)	체육(김OO)	학교자율시간 (김OO)	과학(박OO)	체육(김OO)
5교시	과학(박OO)	사회(김OO)	학교자율시간 (김OO)	미술(김OO)	국어(김OO)
6교시				미술(김OO)	

넷째, 성적의 평가계획 및 교과평가, 과목별 세부 능력 및 특기사항이다. '평가 계획(안) 관리'에서 평가준거 및 성취기준 관리에 학교자율시간인 과목 이나 활동을 선택하여 평가 계획을 작성할 수 있다. 활동의 경우 교과 평가를 실시 선택한 경우에만 학교자율시간 활동명이 표기된다. 또한 평가를 실시하기 위한 성취기준의 탭이 활성화 되는데 성취기준 입력은 선택사항이며 교과평가의 단계는 각 시·도 학업성적관리 규정에 따른다.

학생평가 뿐만 아니라 학기말 종합의견에 학교자율시간의 과목 및 활동 내용을 입력하도록 구현된다. 학기말 종합의견은 교과학습발달사항을 통해 학생부 관련 교과의 '과목별 세부능력 및 특기사항'에 연계되어 입력된다. 과목과 활동 학생부 자료가 연동되어 편성된 교과(군) 아래 '세부 능력 및 특기사항'에 자동으로 입력되며 입력 최대 글자 수는 현행 교과와 동일하게 500자이다.

과목별 세부능력 및 특기사항 예

학년	교과	과목	세부능력 및 특기사항	비고
6	국어	생활 속 문학	'○○'문학 소설을 읽고 ~○○시간(2025.00.00. ~2025.00.00.) 이수함.	학교자율시간 (활동*)

학교자율시간의 나이스 기록

구분	과목	활동
편제 시간배당	[편제 및 시간배당관리]에서 시수 먼저 입력	
편성	'학교자율시간' 새로운 탭 구성 및 창의적 체험활동 동아리 활동처럼 담당 교사 설정 및 학생 배정 및 출결 활동 관리	
	과목-고시 외 과목 활성화	기존 편성 과목 아래 소속
시간표 관리	[시간표관리] 및 [교과진도표관리]에 모두 독립적으로 편성되며 실제 운영시간에 입력 가능	
학생 평가	교과평가(필수) (평가계획안 입력)	교과평가(선택) (평가 시, 평가계획안 입력 활성화)
	교과평가의 단계는 시·도 학업성적관리 지침에 따름. 평가계획안 성취기준 입력은 선택사항 학기말 종합의견 과목 활동 모두 입력 학생부 교과별 세부능력 및 특기사항 연계 (단, 활동의 경우 편제된 교과 아래 입력되며 비고에 (활동)으로 표기)	

학교자율시간 현장의
질문과 해결책 모음

A 학교자율시간 과목이나 활동은 학교의 필요에 따라 한 학기에 2가지 과목이나 활동(예 한 학기 29시간을 A활동 15시간, B활동 14시간으로 편성 혹은 A과목 17시간, B활동 12시간)으로도 편성 운영할 수는 있으나 이를 초과할 경우 학교자율시간의 취지를 살리는 데 어려움이 따를 수 있다. 학교자율시간은 학생들의 주도성과 역량을 기르는 데 목적이 있고 필요성, 목표, 활동내용, 내용체계, 성취기준 개발 등 체계적 교육과정 설계가 필요하기 때문에 여러 과목 및 활동별로 이를 구성하기 어려울 수 있다. 또한 한정된 시간을 여러 개의 활동으로 쪼개어 개설하다 보면 수업시간 수가 충분히 확보되지 못하여 학생의 주도성과 역량을 키우기에 한계가 있을 수도 있다.

Q 창의적 체험활동과 학교자율시간의 차이점은 무엇인가?

A 학교자율시간을 주제로 교사 대상 연수를 진행해 보면 학교자율시간과 창의적 체험활동의 차이점 구분이 어렵다고 하는 교사들을 종종 볼 수 있다. 실제 다음 표에 제시된 2022 개정 교육과정 창의적 체험활동 자율·자치 영역의 활동목표와 예시 활동을 살펴보면 학교자율시간의 취지와 유사한 성격을 갖고 있다.

활동	활동 목표	예시 활동
자율 활동	학생이 주제를 스스로 선택하여 활동함으로써, 신체적·정신적·환경적 변화에 적응하고 자신의 삶을 개척해 나가는 자기주도성을 함양한다.	• 주제 탐구 활동: 개인 연구, 소집단 공동 연구, 프로젝트 등 • 적응 및 개척 활동: 입학 초기 적응, 학교 이해, 정서 지원, 관계 형성 등 • 프로젝트형 봉사활동: 개인 프로젝트형 봉사활동, 공동 프로젝트형 봉사활동 등
자치 활동	성숙한 민주시민으로서 타인과 원활하게 소통하고 공동체의 문제를 상호연대하여 해결할 수 있는 역량을 함양한다.	• 기본생활습관 형성 활동: 자기 관리 활동, 환경·생태의식 함양 활동, 생명존중 의식 함양 활동, 민주시민 의식 함양 활동 등 • 관계 형성 및 소통 활동: 사제동행, 토의·토론, 협력적 놀이 등 • 공동체 자치활동: 학급·학년·학교 등 공동체 중심의 자치활동, 지역 사회 연계 자치활동 등

또한 창의적 체험활동 자율활동의 경우에도 교과와 성취기준이 정해져 있는 것이 아니라 교사의 재량에 의해 수업 내용 구성이 가능하다는 점에서 학교자율시간과 유사하다. 이처럼 실제 수업 장면은 유사하지만 행정적으로는 구분되어 학교자율시간 과목이나 활동은 교과에 편성되는 것이다. 따라서 창의적 체험활동과 다르게 편성되는 교과(군)의 시수 기준에 따르고, 독립적 과목의 성격을 갖고 있기 때문에 목표-내용(내용체계표 및 성취기준 개발)-방법-평가라는 하나의 교육과정 체제를 갖추어야 한다. 평가 방법에 있어서도 창의적 체험활동과는 다르게 교과에 준하여 평가와 기록이 이루어진다.

Q 주제 중심 프로젝트와 학교자율시간의 차이점은 무엇인가?

A 학교자율시간 도입 이전 학교 현장에서는 학교 실태에 맞는 주제를 정하고 주제 중심 교육과정, 주제 중심 프로젝트 등의 이름으로 교과서 순서와 내용 그대로의 교육과정 운영이 아닌 학생·학교·지역 실태 및 교사의 교육철학을 반영한 교육과정 재구성 및 운영을 실행하였다. 말 그대로 교육과정 재구성이었기 때문에 기존 교과 교육과정 성취기준 틀 안에서 교사들이 새롭게 정한 주제의 맥락을 입히는 방식으로 교육과정을 재구성한 것이 학교자율시간 도입 이전의 모습이었다. 이 방식은 시수와 교육내용(성취기준) 모두 기존 교과의 틀 안에서 구현해야 하기 때문에 교육과정 자율성 구현에 제한선이 있었다. 하지만 학교자율시간은 편제표에서 과목이나 활동만의 시수를 확보하여 독립적인 하나의 교육과정으로 제시할 수 있기 때문에, 과거 교육과정 재구성 방식과 같이

기존 교과의 성취기준을 연결해야 하는 불필요한 장치가 제거되어 교사가 보다 온전히 교육과정 개발자로서의 역량을 발휘할 수 있다.

Q 학교자율시간과 우리 교육청에서 하고 있는 학교자율교육과정 (학교자율과정, 학교자율특색과정, 학교자율탐구과정, 학생중심 자율 교육과정, 학교교과목)의 차이점은 무엇인가?

A 각 시·도 교육청별로 지역 특화 교육과정 운영을 위해 경기도-학교자율과정, 충남-학교자율특색과정, 충북-학교자율탐구과정, 인천-학생중심 자율교육과정, 전북-학교교과목 등의 정책을 2022 개정 교육과정 도입 이전부터 실시해 오고 있었다. 다섯 개 지역에서 운영해 오던 이 교육과정들을 '학교자율교육과정'이라 통칭하고 학교자율시간과의 차이를 표로 정리해 제시해 두었다.

다음 표에서 알 수 있듯이 학교자율시간은 국가 교육과정 편성·운영 기준에 제시된 사항으로 모든 학교에 적용된다. 반면 시·도 교육청에서 실시하고 있던 학교자율교육과정은 시·도 교육과정에 고시된 내용으로, 적용범위가 해당 시·도 교육청의 학교들이며 의무가 아닌 학교에서 적용 여부를 선택해 결정한다.

결정적인 차이점은 학교자율교육과정은 국가교육과정에 명시되어 있지 않기 때문에 교과(군) 기준시수 20% 증감 기준을 시·도 교육청에서 교과(군)간 시수의 이동에 국한하지 않고 새로운 교육내용 확보의 방안으로 적극 해석하여 학교자율시간(학기당 30시간 내외)와 달리 연간 130시간 이상의 많은 시간을 확보하여 운영할 수 있었다.

학교자율시간 과목 활동 바이블

	학교자율시간	학교자율교육과정
개념	지역과 학교의 여건 및 학생의 필요에 따라 교과 및 창의적 체험활동의 일부 시수를 확보하여 국가 교육과정에 제시되어있는 교과 외 새로운 과목이나 활동을 개설·운영하는 시간	학생이 주체적으로 삶의 역량을 기를 수 있도록 학생의 학습 선택권을 확대하고 학습 경험의 질과 폭을 심화하기 위해 교육공동체가 함께 개발하여 운영하는 교육과정
근거	2022 개정 교육과정 총론 (교육부 고시 제2022-33호)	시·도 교육과정 총론
시수 확보 방법	연간 34주를 기준으로 한 교과별 및 창의적 체험활동 수업 시간의 학기별 1주의 수업 시간을 확보하여 필수 운영	교과(군) 기준시수(음미체 제외)의 20% 범위 내 감축 + 창의적 체험활동의 연계 시수 활용하여 선택 운영
운영 방법	학교 자율 과목(활동) 개발·운영	학교 자율 활동 개발·운영
성취 기준	과목개설 : 개발 활동개설 : 개발, 재구조화	활용, 재구조화, 개발

　따라서 기존에 학교자율교육과정을 운영해 오던 학교에서는 학교자율교육과정과 학교자율시간과의 차이점 및 시수의 감소로 인해 혼동을 겪을 수 있다. 실제 필자가 지역 수준 교육과정인 경기도 교육과정 개발에 참여하였을 때 기존 경기도의 학교자율과정과 2022 개정 학교자율시간과의 양립이 첨예한 논의사항이었다. 결과적으로는 학교자율교육과정을 나이스에 구현할 수 없다는 불편과 학교자율과정과 학교자율시간 두

가지가 양립할 때 현장에서 발생할 혼란에 대한 우려를 반영하여 2022 개정 교육과정이 적용되는 시점에 기존 학교자율과정이 일몰되는 방식으로 개정 경기도 교육과정이 고시되었다.

학교자율시간
문서 양식 QR 모음

※ QR을 찍어 보세요.
학교자율시간 주요 문서양식
을 다운로드할 수 있습니다.

1. 학교자율시간 설계시트

2. 과목활동 체크리스트

3. 학교자율시간 과목 예시

4. 학교자율시간 활동 예시

5. 학교운영위원회 심의록

6. 학교 교육과정 문서

7. 학년 교육과정 문서

8. 학교자율시간 클라우드 예시 (1) : 패들렛

9. 학교자율시간 클라우드 예시 (2) : 스프레드시트

10. 학교자율시간 사전 설문지

에필로그

"이론 없는 실천은 맹목적이고 실천 없는 이론은 공허하다."

– 칸트

이 책은 위에서 언급한 칸트의 어록을 철학으로 만들었다. 대한민국 교사들은 수많은 교육정책을 만나게 된다. 이러한 교육정책들은 대다수가 이론적 우수성과 당위성을 주장하고 일부 이상적인 실천 사례들을 제시하며 학교 현장에서 교사들의 실천을 강요한다. 그러나 이와 같은 이론과 정책의 당위성 그리고 현실성 없는 이상적 실천사례는 정책과 학교 현장의 괴리감만 넓혀 갈 것이다. 학교자율시간 또한 이와 다르지 않다. 학교자율시간의 필요성은 공감하지만 너무나도 바쁜 대한민국 교사들의 현실을 감안하여 이를 구현해 낼 현실적인 방안을 제시하지 않는다면 또 하나의 캐비넷 속 종이 교육과정이 되어 버릴 것이다.

이를 위해 이 책은 현장 선생님들이 처음 주어진 교육과정 개발자의 역할을 기초부터 실천해 나갈 수 있도록 하였다. 칸트의 말처럼 이론 없는 맹목적 실천이 되지 않도록 단순 실천사례만을 제시하는 것이 아닌 실제 2022 개정 교육과정 모든 교과 교육과정이 만들어지는 과정에 참여해 온 정책 참여 경험을 바탕으로 이론의 방향성을 근거를 갖춰 제시하였다.

실천 없는 이론은 공허하다는 말처럼 이상적 방향만을 제시하지 않는 책이 되기 위해서 실제 필자가 학교자율시간 과목을 개설한 경험과 운영 노하우, 전국의 많은 학교의 과목 개발을 컨설팅해 온 경험, 학교자율시간을 주제로 수많은 선생님들과 나눈 대화를 바탕으로 실제 실천 가능한 내용들을 이 책에 담아내었다.

이 책 내용의 밑바탕이 될 수 있도록 2022 개정 교육과정 정책에 참여할 수 있는 기회를 주신 분들과 학교자율시간을 주제로 전국의 많은 선생님들과 만날 수 있는 기회를 주신 분들, 제주도를 비롯한 특례법에 의해서 학교자율시간 이전부터 과목을 만들 수 있는 학교들과 함께 고민할 수 있는 기회를 주신 분들, 그리고 학교에서 함께 고민하고 실천한 동료 선생님들께 감사의 말을 전한다.

참고문헌

교육부(2022a), 초 · 중등 교육과정 총론(교육부 고시 제2022-33호, 별책1)

교육부(2022b), 초등학교 교육과정(교육부 고시 제2022-33호, 별책2)

교육부(2022c), 중학교 교육과정(교육부 고시 제2022-33호, 별책3)

교육부(2022d), 고등학교 교육과정(교육부 고시 제2022-33호, 별책4)

교육부(2024a), 2022 개정 교육과정 초 · 중학교 총론 해설서

교육부(2024b), 2022 개정 교육과정 초 · 중학교 톺아보기

교육부(2021), 2022 개정 교육과정 총론 주요 사항 설정 연구보고서

경기도교육청(2024), 학교자율시간 과목, 활동 예시자료

유영식(2023), 2022 개정 교육과정 기반 교사 교육과정과 수업 디자인. 테크빌교육

전국 17개 시 · 도 교육청 학교자율시간 편성 운영 지침

한국교육과정평가원(2022), 2022 개정 교육과정 각론 조정 연구 I , II

한국교육과정평가원(2023), 2022 개정 교육과정에 따른 초중학교 교육과정 편성운영 방안

OECD(2018), The future of education and skills Education 2030. E2030 Position paper